文学作品朗诵艺术

（第二版）

谢伦浩 编著

中国广播影视出版社

图书在版编目（CIP）数据

文学作品朗诵艺术 / 谢伦浩编著 . --2 版 . -- 北京：中国广播影视出版社，2020.8（2025.5 重印）
ISBN 978-7-5043-8465-2

I . ①文… II . ①谢… III . ①朗诵—语言艺术 IV. ①H019

中国版本图书馆CIP数据核字（2020）第 116019 号

文学作品朗诵艺术（第二版）

谢伦浩　编著

责任编辑	黄月蛟
封面设计	智达设计
责任校对	龚　晨

出版发行	中国广播影视出版社
电　　话	010-86093580　010-86093583
社　　址	北京市西城区真武庙二条9号
邮　　编	100045
网　　址	www.crtp.com.cn
微　　博	http://weibo.com/crtp
电子信箱	crtp8@sina.com

经　　销	全国各地新华书店
印　　刷	河北鑫兆源印刷有限公司

开　　本	787 毫米 ×1092 毫米　1/16
字　　数	250（千）字
印　　张	18.25
版　　次	2020 年 8 月第 2 版　2025 年 5 月第 3 次印刷

书　　号	ISBN 978-7-5043-8465-2
定　　价	48.60 元

（版权所有　翻印必究·印装有误　负责调换）

序　言

　　目前，关于朗读、朗诵或者诵读的书籍、文章相当丰富，这是因为开展的活动多了，爱好者也多了。特别是课堂教学的需要更是热切而急迫。这是我国民族文化复兴、日益繁荣发展的表现，值得鼓掌欢呼！

　　谢伦浩的著作，理论阐述明白晓畅，实例解读深入浅出，表明了作者在这方面的修养和造诣，也显现了作者恪尽职守的责任感。作者研究播音主持艺术多年，教学实践经验丰富，自从担任系主任后，更能感受到教师和学生两方面的强烈愿望和迫切要求。学习播音主持艺术，必须加强基本功力的锤炼，而朗诵，就是一条有效的途径。在这本书里，我们可以了解朗诵艺术的基本理论知识，习得朗诵艺术的应用表达技巧；可以拣选适合学生具体条件的篇目，按部就班地进行训练；也可以根据不同场合，集中某些题材、体裁相近的篇章，分别由集体或个人进行演出。因为理论技巧实用，内容材料丰富，汇集了多种多样的类别和品种，所以本书具有广泛的适应性，普及和提高的层级性，深入研究的可能性，以及风格各异的多样性，作为教学参考和材料训练，应该说很有特点、很有价值，可以备于案头，时时阅读。

在读过的类似的著作里,我发现存在着某种共同的问题,可以提出来一起探讨。

首先是"轻朗读、重朗诵"的问题。人们总以为朗读就是简单地念字出声,没有什么艺术性,远不如朗诵那样激情洋溢、感人至深。其实,朗读和朗诵具有同样的"语言功力"的要求,只不过是内容需要和场景不同,而产生了各自的传播目的和表达形态的差异,两者都属于有声语言创作范畴。关于朗读的种种要素,可以参看拙著《朗读学》,里面谈到了诸多法则和技巧。朗读,不仅适合社会生活中的各种文本,而且有优劣、高下的区别,并不是人人都能朗读得好的。应该说,朗读正是朗诵的基石,没有打好朗读的基本功,要想提高朗诵水平,那是很难的。现在很多朗诵,之所以不能满足广大受众的期待,恰恰是由在有声语言创作基础方面存在缺憾造成的。

要想在朗诵上深造,首先必须进行朗读训练。正如要想在播音主持艺术方面成熟起来,也必须打好朗读的基础一样。朗读水平也会影响即兴口语的明晰晓畅,道理自在其中。

其次是"轻感受、重技巧"的问题。古今中外的名篇佳作,只要将其选定为朗诵材料,那就先要对其加深理解和加强感受。感受是关键。缺乏感受,只能在有声语言艺术殿堂外面徘徊。而所谓感受,在朗读、朗诵的要求中,是指"感知于外、受之于心",核心是有声语言创作主体与文本创作主体必须达到"视域融合"。朗诵之前,一定要悉心感受作品的创作语境、时代背景、题材体裁、写作目的、写作手法,特别是作者的具体思想感情。由此,朗诵者熟稔作品于胸中,化为自己的切身体验,再进行朗诵的诸种细节准备。在朗诵过程中,把这些感受融会贯通,并行之于声。其中,朗诵者的"回溯感""当代感"便会油然而生。这样,就把作者和朗诵者融为一体,而以朗诵者作为创作主体,给以准确、恰当的表达,便有可能进入朗诵艺术的佳境。否则,或者只是作者的化身,脱离当代语境,或者只是朗诵者的当下身份,产生同作者的隔阂,这都给朗诵本身造成两张皮的效果,不容易成功。

再次是"重文字、轻声音"。以为文字中已经蕴含了一切,只要按照文字的读音去朗诵,肯定没有问题。如此,语音固然标准、规范了,但是却缺乏生命的活力，不能动人心弦、感人肺腑。在朗诵时，最好能够做到：把作品变成自己想说、自己要说的"话"，脱口而出。千万不要"有字无句、有句无章"，更不要刻意地、机械地模仿别人的声音、语调。只有这样，才可能达到"有感而发、有的放矢、有动于衷"，而不是"睁眼看字不动脑，张口说话不动心"。

最后是"重语言、轻状态"。认为朗诵既然是使用有声语言，那就不必考虑状态问题了，或者只是稍加注意就可以了。这种做法，往往不能"进入状态"，而且还会导致"错误状态"，甚至"功亏一篑""劳而无功"。朗诵状态，是有声语言创作"成败攸关"的问题，绝不可小觑。错误状态经常使朗诵者身不由己，把相当充分的准备工作付之东流，使一切美好的设想化为泡影。因此，我们要注意"变声音先变状态"，努力随时随地调整状态，实现"自如状态"的心理预期，以便达到始终"自如"的目的。

我们在普及朗诵活动的过程中，事实上就在普及和推进文化的自觉，并提升人们的生存质量和生活价值。人们需要时代精神的哺育，需要人文关怀的陶冶。而有声语言，正是"人文精神的声音化"，凝聚着民族的血脉，负载着文明的传承。它确实是口耳之学，同时，又是"心有灵犀"的精神乐园！谢伦浩同志的著作，正包含着这样的人生哲理。

是为序。

中国传媒大学　播音主持艺术学院　张颂　2009年端午

目 录

上篇 朗诵理论技巧

第一章 朗诵的特性 /003
 一、朗诵的界定 /003
 二、朗诵的特点 /004
 三、朗诵的社会功能 /005
 四、朗诵的历史发展 /007
 五、对文学作品朗诵的认识 /009

第二章 朗诵的准备 /013
 一、朗诵的前期准备 /013
 二、朗诵作品的选定 /014
 三、对朗诵作品的理解 /015
 四、对朗诵作品的感受 /016
 五、朗诵作品的语音把握 /018
 六、朗诵者的声音造型 /027
 七、朗诵者要具备的素质 /039

八、朗诵者的风格形成 /041

第三章　朗诵的技巧 /044

　　一、朗诵技巧的整体把握 /044

　　二、朗诵的停顿技巧 /045

　　三、朗诵的重音技巧 /048

　　四、朗诵语速与节奏的把握 /051

　　五、朗诵语势与语调的运用 /052

　　六、朗诵时特殊有声技巧的运用 /055

　　七、朗诵时目光语的运用 /057

　　八、朗诵时脸部表情的控制 /058

　　九、朗诵中的手势表达 /060

　　十、朗诵时的姿态调整 /063

　　十一、朗诵者服饰装扮技巧 /065

第四章　朗诵的进行 /069

　　一、朗诵进行的整体设计 /069

　　二、朗诵时的状态调控 /070

　　三、朗诵过程中的心理表征 /072

　　四、朗诵怯场的心理调控 /073

　　五、朗诵进行中的情感调控 /076

　　六、朗诵作品的配乐 /077

　　七、朗诵时麦克风的使用 /079

　　八、集体朗诵的设计与进行 /079

　　九、朗诵比赛的策划与实施 /081

下篇　朗诵文本指导

第五章　古典诗词的朗诵　/ 097
　　一、诗歌的文学特征及古代诗歌的类型　/ 097
　　二、古代诗歌的朗诵方法　/ 098
　　三、古典诗词文本朗诵指导　/ 099

第六章　现代诗词的朗诵　/ 126
　　一、现代诗歌的文学特征与类型　/ 126
　　二、现代诗歌的朗诵方法　/ 127
　　三、现代诗歌文本朗诵指导　/ 128

第七章　散文的朗诵　/ 166
　　一、散文的文学特征与类型　/ 166
　　二、散文的朗诵方法　/ 167
　　三、散文文本朗诵指导　/ 168

第八章　小说、故事的朗诵　/ 205
　　一、小说、故事的文学特征与类型　/ 205
　　二、小说、故事的朗诵方法　/ 206
　　三、小说、故事文本朗诵指导　/ 207

第九章　童话、寓言的朗诵　/ 227
　　一、童话、寓言的文学特征与类型　/ 227
　　二、童话的朗诵方法　/ 228
　　三、寓言的朗诵方法　/ 229
　　四、童话、寓言文本朗诵指导　/ 230

第十章　剧本的朗诵 /251
　　一、剧本的文学特征与类型　/251
　　二、剧本的朗诵方法　/252
　　三、剧本文本朗诵指导　/254

参考文献 /279
后　　记 /281

上篇　朗诵理论技巧

第一章　朗诵的特性
第二章　朗诵的准备
第三章　朗诵的技巧
第四章　朗诵的进行

第一章　朗诵的特性

一、朗诵的界定

朗诵是把诉诸人们视觉的书面文字转化为诉诸听觉的有声语言的再创作活动，它把源于生活、高于生活的文学作品，经过抑扬顿挫、声情并茂的加工，使之形于声，创造出有声语言的艺术品，具有很强的表现力和感染力。

朗诵是一门艺术，是文学作品的延伸。当朗诵者以优美的声音，清晰而富有激情的语言，同时通过内心辅之以手势、眼神等表情动作，绘声绘色地将文学作品生动形象地表达出来，给听众以强烈的感受和艺术上的享受时，朗诵就是融语言与表演为一体的艺术。

朗诵与说话都是语言表达的方式，都可以传情达意，但两者又有很大差别：朗诵表达书面语言，而说话是表达口头语言的。一个人只要没有生理缺陷，即使不识字，也能说话，能随时用语言来表达自己的思想，与人进行交流；朗诵则是具有一定文化程度的人才能做到，因为，要朗诵，首先要阅读。要理解书面材料中所表达的思想感情，才能把无声的书面语言变成活生生的口头语言。朗诵是阅读、思维、想象、口头表达等各种能力的综合运用。要使朗诵达到一定的效果，需要掌握一定的朗诵知识和技巧，需要经过一定的训练。

朗诵和朗读，都属于单向的口语表达的基本形式，都是凭借文字作品来进行的。二者都要求运用一定的表达技巧对作品进行加工。同时，二者也有很大的区别。

第一，朗诵的对象选取主要涉及文学作品，如诗歌、散文、小说、寓言、剧本、台词等，而朗读的范围很广，可以说只要是文字，都可进行，不仅是文学作品，也包括新闻、通讯、社论等，甚至包括打油诗等。

第二，朗诵讲求艺术表达，要求气息要充沛、音色要优美、感情要强烈、音调要变化，而朗读本质上还是一种"念读"，一种应用型的朗声阅读，它更加注意语言的规范、语句的完整和语意的精确，将原文字的主旨明晰、准确地转换为相应的有声语言传送给听众，以呼唤听者的理智思考。

第三，朗诵一般指舞台朗读表演，它比朗读的要求更全面、更艺术。朗诵虽然也是照书面材料诵读，但要求对材料十分熟悉，要求背诵，而且要讲究语言表达技巧，不仅要达意，还要传情，通过面部表情、动作、手势、身势等来加强表达效果。同时，可以运用相应的化妆、音乐、灯光等技巧来强化感情的表达。相对来说，在这些方面，朗读就显得"弱"些。

第四，朗诵更趋于严谨规范，它一般要求表达者运用标准的普通话。而朗读，当然也要求规范标准，但现实生活中，在听者听得明白、能够理解的前提下，方言朗读如读文件社论、司法公文，以至在课堂教学中朗读也是存在的。

第五，朗诵的场合一般较大，地点确定，往往应有群体对象，而朗读的对象可以是一个人、几个人或更多的人，人数比较随便，地点也较灵活。

朗诵作为一门口耳艺术，具有悠久的历史，随着文学作品的出现而诞生，可以说朗诵和文学是一对孪生兄弟。在我国朗诵具有几千年的历史，《孟子》中的"诵其诗，读其书"就明显地反映了先秦乃至更早时期朗诵的盛况。从那以后，朗诵便成为社会进程中文化教育生活的重要组成部分。

二、朗诵的特点

朗诵是指清晰、准确、响亮、有感情地把文章表达出来，是一种把文字作品转化为有声语言的创作活动，它属于再生性的口语艺术。它以独特的创作方式和表现手段产生相应的艺术感染力。其特点如下。

第一，有声性。

朗诵是有声语言的"读"的艺术，这种"读"不是简单地把文字念出声来，而是圆润悦耳、吐字、声响讲究，充满感情的。朗诵要防止两种不正确的方式：一是唱读，有口无心，和尚念经，总是一个固定的腔调，导致音与义的隔离，声不表义，声不传情；二是"硬读"，即照字出声，或有字无词，或有字无句，词与短语都没有轻重之分，听不出完整的句与段，一字一字地进出声来，死板、生硬。

第二，依赖性。

朗诵有一定的文字作品为依据，这些作品的语言、结构、思想和感情都是确定的。朗诵者只能依据原作进行再创作，不能抛弃作品任意发挥。这样可能约束朗诵者的表达，朗诵时容易形成"照字念声，有口无心"的无思维状态。这就要求朗诵者引发感情，放开思维，跳出圈子，主动创造。

第三，创造性。

朗诵是朗诵者对文字作品进行的第二次创作，这种再创作要求朗诵者深入理解、具体感受作品，调动自己的真情实感，把作品的无声文字变成饱含作者感情的有声语言，配合各种技巧立体地展示出来。

第四，规范性。

规范性主要表现在朗诵所选择的文字作品和使用的语言两方面。一般来说，朗诵作品都是规范的，它从思想内容到语言形式都是作者精心创作反复修改而成。朗诵者的表达也应标准，应用普通话表达。

第五，求同性。

在通常情况下，朗诵都是在舞台进行表演或在话筒前进行录音，供人们视听欣赏，无论在何种场合下朗诵，都应以自我身份出现在听众面前，都是直接把朗诵内容传达给听众，这样，与听众的交流是直接而明朗的。为了达到目的，要求朗诵者对所描述的环境、场面、人物的命运有身临其境之感，并通过朗诵者的语言、眼神、表情活灵活现、栩栩如生地把这种感受传达给听众，以求引起他们的共鸣。

三、朗诵的社会功能

在现代社会生活中，朗诵的运用是非常广泛的，作用和意义是巨大的。

首先，能获取信息，增长知识，开阔眼界。

一般来说，诵读的作品都是具有较强的思想性和较高的艺术性的精品。优美的朗诵作品，不仅主题鲜明，情调高雅，而且词句精当，逻辑严谨，构思巧妙，内容丰富。通过朗诵可以掌握词汇概念，学习作品的艺术表现手法，有助于形象思维和逻辑思维的锻炼。朗诵过程，实际上是知识汲取的过程，作品中的知识、信息会被我们吸收储存，转化为可供我们取用的表现手段，从而使我们掌握的信息越来越多，驾驭语言的能力越来越强，知识越来越丰富。

其次，能提升语言运用能力和表达能力。

口头表达能力是人的重要素质，一个人口头表达能力强，主要表现在发音纯正，吐词清晰，言语得体，运用自如；同时有中心、有层次，干净利落，形象生动。要获得这种能力，一方面要进行发音吐词、语音语调的训练；另一方面，还要扩大知识面，丰富词汇等。这些都可以通过长期的朗诵实践而获得。

通过朗诵可以加深对文字作品的深入体会，为用有声语言表现文字作品的思想性、艺术性提供依据。另外，朗诵作品一般都是规范、优美的，是良好的语音运用与表达的范例，朗诵时如果反复读，反复练，体会思想，捕捉情感，可熟能生巧，学为己用。

再次，能使语音规范统一，纯化语言表达。

《中华人民共和国宪法》第一章总纲第十九条明确规定：国家推广全国通用的普通话。朗诵是推广普通话的重要形式，是达到语音规范化的最佳途径。因为朗诵某部文学作品，作品里的每个字、每个词、每句话，都要首先解决声母、韵母、声调以及轻声儿化等语音规范问题，这些范本自然是人们学习普通话掌握共同语的范例，它将引导人们学会用规范标准的语言方式去交流、去表达。

最后，能修身养性，提高人文品质。

优秀的作品总能给人以积极进取、奋发向上的精神熏陶，而优美的朗诵则可通过艺术的声音塑造一个生动、形象、丰富的世界，引导听众进入作品情境，无论是读者还是听众都可以观照时代风云，了解历史变迁，洞察世人心灵，明白深刻道理，特别是作品塑造的平凡而高尚的人物形象，在饱含激情的朗诵中，使真、善、美潜移默化地渗透，从而在社会公德、职业道德、家庭美德诸方面受到启发，得到教化。

四、朗诵的历史发展

朗诵作为口耳艺术，源远流长。远古时代，东方学者就大力倡导朗诵艺术。《诗大序》说："在心为志，发言为诗，情动于中而形于言；言之不足，故嗟叹之；嗟叹之不足，故咏歌之；咏歌之不足，不知手之舞之，足之蹈之。"说的是人们为了抒发心灵感悟，情不自禁地要吟诵、要歌咏，于是便手舞足蹈起来。南宋大哲学家朱熹告诫人们读书时，一定要朗诵，朱熹在《训学斋规》中说："凡读书，需要字字响亮，不可误一字，不可少一字，不可多一字，不可倒一字，不可牵强暗记，只是要多诵变数，自然上口，久远不忘。古人云：'读书千遍，其义自见。'谓读得熟，则不待解说，自晓其义也。"

但是，在中国古代，人们不把朗诵叫朗诵，而是称为吟诵或吟咏。古代诗人或文人墨客聚集在一起，往往是一边饮酒、品菜，一边吟诗作赋，吟诵者踱着方步，晃着脑袋，拖着长声，带着颤音陶醉在诗作之中。这就是我们最早的朗诵。

朗诵作为语言表达艺术有悠久的实践史，可以说与人类劳动同时产生，在《淮南子·道应训》中有这样的记载："今夫举大木者，前呼'邪许'，后亦应之。此举重劝力之歌也。"鲁迅曾对此阐述了自己的观点，他说："我们的祖先的原始人，原是连话也不会说的，为了共同劳作，必须发表意见，才渐渐练出复杂的声音来。假如那时大家抬木头，都觉得吃力了，却想不到发表，其中有一个叫道'杭育杭育'，那么，这就是创作；大家也要佩服、应用的，这就等于出版；倘若用什么记号留存下来，这就是文学，他当然就是作家，也是文学家，是'杭育杭育派'。"鲁迅这段话是针对文学的产生而言的，很清楚地阐明一个问题：文学起源于口头传诵。

朗诵从劳动中诞生后，发展迅速。

在周代，诗歌吟诵是当时大学（即太学）以及小学里都开设的一门必修课。在《礼记·内则》中曾有记载："十有三年，学乐、诵诗、舞勺。"这反映了当时贵族子弟学校教学诗歌吟诵的情况。到了汉魏六朝时期，我国吟诵之学得到重要发展，汉武帝时，《易》《书》《诗》《礼》《春秋》五部儒家典藏被尊为"五经"，人们普遍重视诵习诗书，加之当时声律理论的兴起，完善了吟诵作品的声律之美，对文学作品的创作与欣赏产生了重大影响。

到了唐宋时期，格律严谨、音律铿锵的近体诗词产生了，整个诗词创作进入了百花争艳、万紫千红的黄金盛世，一个个伟大的诗人、一个个吟诗诵词的爱好者，他们或自吟自赏，或品味他人之作，或聆听他人之诵，怡然自得。到了明清时期，吟诵之学得到进一步发展，更是出现了诸如《三字经》《千家诗》《幼学琼林》《增广贤文》等朗朗上口、易诵易记的启蒙读物，吟诵艺术在民间得到广泛传播。

其实，在朗诵艺术茁壮成长的同时，对朗诵艺术的理论跟进也很早。在战国时期，《孟子》中的"诵其诗，读其书"就明确地总结了先秦时期以至更早时期诵读的盛况。先秦时期的第一部历史散文《尚书·舜典》有记载："诵其言谓之诗，咏其言谓之歌。"从中可以看出，当时不仅有"诵"的表达形式，并且十分清楚地与"歌"的形式进行了区别。到了汉代，古文字学家郑玄为"诵"字作了更为专业的注解："以声节之曰诵。"意思是用声音把诗的节拍表示出来就叫诵。这种解释是符合"诵"的本义的，与今天我们理解的"朗诵"基本相似。到了宋代，"朗诵"二字正式出现，宋代著名文学家陆游极其重视读书、诵诗，他写过很多抒怀的诗篇，吐露了"此生有志不移"的志向。在他的《剑南诗稿》中，出现了"朗诵"二字：

　　　　浮生过六十，百念已颓然；
　　　　独有枕书癖，犹同总角年；
　　　　横陈粝饭侧，朗诵短檠前；
　　　　不用嘲痴绝，儿曹尚可传。

从诗中可以看出诗人陆游读书、朗诵的良好习惯。朗诵也从此出现并成为一门艺术日臻完善。

朗诵艺术从诞生到成熟、从实践到理论经历了漫长的历史年代,这漫长的时代中,文学作品也从内容到形式在不断发展变化,从歌谣辞赋、格律诗、近体诗到散文、杂文、小说、戏剧等构建着丰盈宏伟的文学殿堂,由于朗诵艺术的参与陪伴,二者更是相得益彰、光耀辉煌。多少年来,不但文学家们自己吟诗诵赋、调词会友,广大百姓也父传子继、师生相沿地吟诵美篇佳作。特别是私塾授受、寒窗苦读,几乎全仰仗吟诵之功,由得心应手到得心应口。同时,朗诵在宗教界也广为运用,读经或诵经,是各教派的普通法规,甚至有因诵经文而得名的"声教"的存在。

随着社会的发展进步,随着新诗体、散文、杂文等各种文学作品的大量出现,古人那种饮酒赋诗、以诗会友、低吟轻诵的方式难以适应时代了,随之而兴起的是有组织、有系列的大型朗诵会、朗诵表演等方式,朗诵也因此被赋予了除欣赏性外的教育性、娱乐性、号召性等更大的社会功能。

在战争年代,朗诵成了斗争的有力武器,许多仁人志士振臂高呼,倾心呐喊,咏诵着发自肺腑的诗文佳作,向民众宣传救国救民的道理,传播强国富民的知识。长征途中的宣传队员,用深情的朗诵,鼓舞红军战士克服从"三皇五帝到于今"从未有人遇到过的生与死的困难,走向胜利。中华人民共和国成立初期,多少热血青年在长诗《向困难进军》《雷锋之歌》的激励下满怀豪情地到边疆去、到祖国最需要的地方去,建设社会主义。在改革开放的新时期,朗诵更是以其巨大的艺术魅力为人们喜闻乐见,它被广泛运用于教学活动、媒体宣传、人际交往中。

五、对文学作品朗诵的认识

文学是一种语言艺术,是以语言为手段塑造形象来反映社会生活、表达作者思想感情的艺术形式。它将语言文字用于表达社会生活和心理活动,属于社会意识形态艺术范畴。文学按载体分,可分为口头文学、书面文学和

文学作品朗诵艺术

网络文学三类；按体裁分，包括诗歌、小说、散文、报告文学、民间传说、童话、寓言、电影、剧本、对联和笑话等。文学作为语言艺术具有审美性、形象性、情感性、虚拟性等特征。文学对人类具有巨大的社会功能，首先是审美功能，能使受众受到强烈的艺术感染，在情感上产生激动，心灵上得到熏陶，思想上受到启迪；其次是认识功能，能给人们以历史和现实生活的认识，使人们增强对自然、社会和人生的了解，从而扩大视野、增长阅历、发展智能；另外是教化功能，文学可以通过其所反映的生活内容及其所渗透于其中的是非判断和爱憎倾向，对人们的政治思想、道德情操、精神性格产生较大的影响。

由于文学作品以上的性质、特点和功能，决定着对文学作品的朗诵具有自身独特的原则与要求。

首先，对朗诵者有素质技能要求。

我们对朗诵的通俗理解是准确、清晰、响亮、有感情地把文章表达出来。这就要求我们朗诵表达时要语音纯正、准确无误，不出现错别字，不出现方言土语，在推广普通话规范语言表达方面起到积极作用。这就要求我们吐词清晰，声音响亮，圆润丰满，正如川剧表演艺术家胡度所说的："播字如擒兔，字字圆如珠。"既要求表达者咬准字音，又要"圆润悦耳，满如贯珠，使人听来有立体感"。任何口齿不清，言语含糊，语意不明的朗诵都是不能达到最佳效果的。这就要求朗诵时音声轻松自如，自然悦耳，毫不做作，给人以"清水出芙蓉，天然去雕饰"的美感，那些矫揉造作、声嘶力竭的表达令人生厌，这就要求朗诵时技巧灵活，情感丰盈，变化多姿，给人以"凤头、猪肚、豹尾"的完整充实感。要达到以上目的，我们平时必须坚持训练，天长日久才能渐入佳境。

其次，对作品的表达有特征定位要求。

这体现在以下三个方面：

第一是形象性。这取决于文学作品的形象性特征。文学形象即文学作品中的艺术形象，是作家根据创作规律创造出来的具体、生动、真实、可感而又具有审美意义的生活图画或生活情境。在叙事性作品中，文学形象就是一幅幅生活的图画,而在抒情性作品中,文学形象就是一种情景交融的艺术氛围、意象、情景或意境。文学形象是间接性和可感性的统一,是具体性和概括性的统一,是客观性和主观性的统一,是审美意象和语言物象的统一。由于文学作品文本的形象丰富,生动感人,主题深刻,意境深远,要求作为二度创作的朗诵必须生动形象,具体可感,使表达言之有物、言之有形、言之有景、言之有意。

第二是情感性。我们知道,情感是艺术的内在生命。如果说形象感是文学作品及其朗诵的基础与依托,那么,情感则是其灵魂与归宿。因为,情感性是文学区别于其他社会意识形态的主要特点,艺术是情感的符号,情感是艺术形象的内核、血液和生命,是产生艺术感染力的内在驱动力。文学作品的朗诵必须借助形象表达情感、释放情感,也作用于人的情感,并唤起人的情感体验,使人得到情感的满足和净化。在文学创作与表达的历史进程中,曾有很多对情感性的强调与肯定的观点,魏晋时出现的"诗缘情"说,刘勰提出的"情以物迁,辞由情发",白居易认为情是诗的"根",清代诗人袁枚说"诗者,由情生也",都把"情"的作用摆到了文学本体与阅读的主导地位。因此,文学作品的朗诵情感必须处于激昂状态,饱满浓烈、昂扬向上方可体现文学作品的内蕴和一度创作者的初衷,才能使之感染人、打动人、启迪人、教育人。

第三是艺术性。文学作品是在人们的经验世界以外创造出来的幻想世界,是基于现实世界又超越现实世界的艺术再现,是源于生活高于生活的艺术展示。因此,虚拟性也是文学艺术的基本特征,也是生活走向艺术的必由之路,而这种虚拟需要借助语言构筑的形象体系,实现其语言指称的双层功效,通过想象的途径,用虚构、夸张、变形、寓意、象征等艺术手法,构建起源于生活但又高于生活的艺术世界。因此,朗诵文学作品时必须借助深切的感受、丰富的想象、多变的技巧等艺术处理手段才能达到出神入化、感人至深的目的。

最后,对技巧的处理有整体把握要求。

文学作品的朗诵形象定位是基础、情感处理是灵魂,而技巧把握是关键。成功的朗诵是建立在灵动可控的技巧处理上的。文学作品朗诵的技巧处理应从以下五个方面注意：

第一是整体把握。朗诵作品时切忌单刀直入、局部求奇，必须从作品的主题思想、情感基调、语音面貌、音声调控、表达技巧诸方面综合考虑，立体把握。

第二是内化意象。理解作品时必须深入细致，真心感受，捕捉意象，再现情景并内化为表达的心灵意识，以联通起理解和表达之间的桥梁。

第三是外化情感。文学作品以情动人，朗诵时必须真情外露，情感指向鲜明，情绪激昂似火，切忌遮遮掩掩、虚情假意、言不由衷。

第四是超越技巧。朗诵的表达技巧分为内部技巧和外部技巧两种，有很多具体的方法，文学作品朗诵时必须大胆而得体地运用，必须注意的是"有技巧但不能有技巧的痕迹"，这是技巧运用的指导方针，超越技巧是指灵活自由地将朗诵技巧运用得天衣无缝、恰到好处，从技巧的必然王国走向自由王国。

第五是展示风格。风格是个性化的最佳境界，文学作品的朗诵要有个性体现、有风格追求，当然我们不反对初级阶段的模仿学习，但绝不可依样画瓢、照搬不变。只有不断创新出奇出巧，才能达到朗诵艺术的巅峰。

第二章　朗诵的准备

一、朗诵的前期准备

凡事预则立，不预则废。朗诵作为一门艺术有很多技巧和方法的准备，这些准备有些是可以通过认真细致的前期案头备稿进行，而有些技能素养必须经过长期的刻苦训练而习得和积累。前期准备工作如下：

第一，学好规范语言。

朗诵时力求使用汉民族的共同语，即普通话。要学好普通话不是一日之功，要平时多学、多练、多记、多背、多读、多听，要树立良好的思想意识，早日攻克语言关。

第二，加强理论修养。

朗诵既是一门有自己特点，可以独立存在的语言艺术，又与戏剧、电视、电影等表演艺术有着密切的联系。朗诵者平时要认真研读揭示朗诵规律、探索朗诵训练方法方面的理论书籍，加强理论修养，同时还要进行声音、形体、造型等技巧方面的训练。

第三，用心欣赏模仿。

朗诵需要模仿，需要借鉴。那些音声洪亮，感情充沛，抑扬顿挫的朗诵常常在我们心中留下深刻的印象，经常模仿这些朗诵可以激发自己的表达欲望，提高自己的朗诵水平。

第四，选定好作品。

作品是朗诵的依靠，是凭借，唯有好的作品才有好的表达。俗话说：剧本剧本，一剧之本。倘若没有选好作品就可能使整个准备工作和朗诵表达成为徒劳。因此不妨平时处处留心，养成良好习惯，收集整理一些好的朗诵作品以备急用。

二、朗诵作品的选定

一次成功的朗诵，首先取决于朗诵作品的选择，选定作品时应考虑以下几个方面。

第一，主题鲜明，内容健康，情趣高雅。

任何一篇文学作品，无论散文、诗歌、小说或童话、寓言都有一定立意，也就是作者通过这篇作品要告诉人们一个道理，歌颂什么？反对什么？赞扬什么？批判什么？让人们从中受到教育和启示。朗诵前选取作品时要反复默读，认真分行，比较揣摩，选取内容健康，格调高雅的好作品，同时感情要丰富，一篇作品如果缺少了真挚而生动的情感，就等于失去了生命，无法打动听众。

第二，语言规范流畅，通俗易懂。

所选作品要用词优美，音律铿锵，悦耳动听，给人以"大珠小珠落玉盘"之美感。更重要的是要明白浅显，通俗易懂，因为朗诵主要是作用于人的听觉，转瞬即逝，应在短暂的过程中，唤起听众的思想感情，使之投入作品的情境中去。如果用词运句深奥难懂，情节曲折，人物庞杂，听起来费神劳思，就会难以引起听众的共鸣。

第三，符合特定要求。

有些既定性主题的朗诵活动，如朗诵比赛、朗诵联谊会等，所选朗诵作品要符合主题要求，不能离题；有些朗诵活动在朗诵时间、朗诵体裁上都有规定，选材时都要注意。

第四，符合自身特点。

朗诵者有年龄、性别、兴趣、爱好、文化层次等的不同，选材时都要整体考虑。老年人喜欢节奏徐缓，语调平稳的文章，如散文、辞赋等；小朋友喜欢节奏明快、内容生动活泼的文章，如诗歌、故事、童话、寓言等；而年轻人则喜欢语调高昂、节奏强烈的作品，如诗歌、杂文、小说、台词等。男性朗诵者应选取起伏变化大，感情激越，音声宽厚雄浑的作品；女性朗诵者应选取起伏变化小，感情平缓，音声平和亲切的作品。

三、对朗诵作品的理解

选定好朗诵范本以后，就必须对作品进行阅读理解。可按如下步骤进行。

第一，弄清字、词、句的含义。

字、词、句是组成作品的单位，一篇文章是许多词句的有机组合。要想对作品进行整体控制，必须弄清字、词、句等构成单位的基本音义和引申含义，对一些读不准、意义模棱两可的词语要查字典，要特别注意多音多义字的发音与意义，朗诵时争取在这方面不出现任何错误。

第二，厘清作品的结构、线索。

好文章的文意是由精巧的构思、完整的结构一环紧扣一环、一层紧接一层体现出来的，如行云流水，连绵不断。只有厘清结构思路，才能深入把握主题，使表达整体一贯，完美无缺。因此，朗诵者必须理顺作品思路，剖析其内容结构，对文章的开头结尾，过渡照应，层次安排，文意推进或文意转折都了然于心。

第三，把握作品主旨灵魂。

主旨是作品的灵魂，是作品必须体现的主题，它明确地表达着作者的人生观与世界观，表明作者的喜怒哀乐和对人情世态的看法与分析。应该说，朗诵的终极目的，就是要把作者的创作目的、作品的主题传达给听众。因此必须认真分析作品，通过文字材料把握蕴含在其中的深刻主题，并以此摸透作品的情感基调，确定表达的情感倾向。

第四，分析作品重点与难点。

不同作品有不同的侧重点和难点，如诗词重在语言，小说重在情节；古文难在词句表达，现代文难在意境体现。拿到作品后，应深入理解作品，分析其难点和重点，并根据其难点和重点调用不同的表达技巧，设计表达方式。如王之涣的诗《登鹳雀楼》一诗的重点是充分表达出只有站得高才能看得远的主题思想，难点主要是一、二句和三、四句中的情感转折，并由此而产生的声音转折和声音变化。

第五，确定作品基调。

基调是指音乐作品中的主要的调子，朗诵中引进"基调"概念是指作品的基本情调，作品总的态度感情，总的色彩和分量。不同的作品有着不同的感情基调，或庄重或诙谐，或欢快或悲哀，或沉郁或从容，或亲切或严肃，或颂扬或贬斥……不一而足。

把握作品基调首先要认清基调的整体性。基调是作品的整体情调，是作品感情的整体感的一种体现，也是作品具体思想感情的综合表露。如《周总理，你在哪里？》一诗的感情基调是深沉、哀婉、思念；童话《卖火柴的小女孩》则是将同情、爱怜、愤懑交织在一起；而长篇抒情诗《风流歌》的基调是亲切、优美、深沉。把握基调主要是指要把握作品整体感情倾向，朗诵时一定要理解把握，使之鲜明恰当，不可随心所欲地强加给作品任何态度感情，也不可被动地应付。

其次要注意基调的变化性。朗诵作品，基调应贯穿始终，但并不意味着全篇作品用一成不变的腔调来读。不同内容、不同人物、不同心情都应有不同的语气表达，只是异中有同，在生动丰富的语音表现之中有着内在的和谐的色彩。例如《海燕》的基调是热情高昂，气势豪迈，作品热情歌颂了英勇无畏、勇敢搏击的革命战士，这应该贯穿表达全过程，但文章也表明了对胆小怕事、畏缩不前的"海鸥""海鸭""企鹅"形象的鄙视，这对基调起反衬作用，会更加深化主题。再比如纪宇的长篇抒情诗《风流歌》，其感情基调是亲切、优美、深沉，但全诗分四部分："追求""引路""苦思""号召"，每部分的感情表达各有偏重，朗诵时一定要区别对待，灵活变化。

作品的基调是一种整体感，是部分、层次、段落、语句中具体思想感情的综合表现，没有整体感，具体感则会支离破碎；没有具体感，整体感也会空泛僵硬。因此，把握基调要处理好整体性与变化性的关系，无论怎么变化，万变不离其宗，语言风格、主体感情自始至终要和谐统一。

四、对朗诵作品的感受

当我们对选定的作品初步理解之后，接下来就是对作品进一步的感受。感受是感之于外、受之于心的过程。我们知道，文学作品具有鲜明的意象形态，而文学意象源于客观生活，以"物象"作为它的客观依据，清代叶燮提出的"遇于目，感于心，传之于手而为象"。认为意象的"象"即源于"物"再生于手。清代章学诚更明确地认为"人心营造之象"，即意象，"亦出于天地自然之象也"，是客观自然物的反映。感之于外就是通过语言符号并透过这些符号感觉到它所代表的具体可感的客观事物，然后通过联想和想象聚之于心，形成生动可感的意象，从而引发一系列的内心反应。感受是语言符号的生成物，对文学作品朗诵而言。感受从稿件中来，并要深化到声音中去。因此，如何感受作品对朗诵的成功具有重要的意义。首先，感受可以将没有生命力的文字符号转化为生动可感的形象画面，并让这些画面在自己脑海里活动起来，进而将脑海里所蕴含的思想感情内化为自己的感情，以便更为形象地传递给受众；其次，感受作品可以更为准确得体地把握作者第一次创作时的主题意识，领悟作者的情感定位，对蕴含在作品中的感情有充分准确的体现。当然，不同的朗诵者在处理相同作品时，总会有细微的区别，这正是不同朗诵者的风格差异所在。另外，感受作品是激发朗诵创作欲望的前提。朗诵者在进行朗诵活动时，创作的激情和表达的欲望是很重要的，没有创作的激情根本不可能进入创作的状态，朗诵的作品也就只有其表从而丧失本来的神韵。只有通过深入细致的感受，朗诵者的情感欲望才能被作品中的情感逐步唤起，并且在这种主动体验的过程中，通过和作品感情的呼应使自己的情感逐渐增加，从而使创作主体产生不吐不快的强烈表达欲望，引发朗诵激情。

感受是朗诵过程中通过词句的概念及其语流运动的刺激，引起表达主体对客观事物的感知、体会的过程，包括形象感受和逻辑感受两种。形象感受是指通过人体的感觉器官，如眼、耳、鼻、舌、身各方面的感觉和时间、空间、运动方面的知觉对作品形象语气的感知、分析与理解过程，这种感受是生动具体的，这主要源于文学作品语言尤其是实词所具有的形象性，它们是表达思想感情，给人以感染的明显因素。在形象感受过程中，朗诵者可以通过联想和想象看到、听到、嗅到、尝到、触到文学符号所代表的客观世界中的种种事物，也可以知道时间发展、空间移动、事物运动，感知丰富多彩的形象世界。逻辑感受主要是指通过作品中的逻辑关系即全篇各层次、各段落、各语句之间的内在联系，理解和把握作品的主次感、整体感的感受过程，这种逻辑关系犹如文气顺畅地贯穿全篇；犹如经络，紧密地布满全身。具体体现在作品结构中，主要通过虚词去获得。逻辑感受有两大范畴：一是语言本身要准确，不能含糊其辞；二是语言链条要清晰，不可模棱两可。

那么，如何增强对作品的感受呢？可以从以下几个方面做到：热爱生活，亲身体验，了解明白目的，理解作品。分析基调，联想想象，大胆描绘。

五、朗诵作品的语音把握

文学作品的朗诵必须准确、纯正，以普通话为语言载体，即运用以北京语音为标准音，以北方方言为基础方言，以典范的现代白话文著作为语法规范的汉族共同语为语音工具。因此，以下几个语音方面的问题必须了解。

（一）语音的要素

语音是语言的物质外壳，它是一种声音，所以它同其他声音一样具有音高、音强、音长、音色四种物理特性，即声音的四要素。

1. 音高

音高又称音调，指的是声音的高低。它主要决定于发音体振动的频率，即发音体振动的快慢，因此也有人称它为音频。同一个发音体在单位时间内振动快、次数多，声音就高，反之则低。声音的高低与发音体本身有密切关系，发音体的大小、长短、粗细、松紧，会直接影响声音的音高。语音的高低取决于以下三个因素：发音体声带的质地，对喉部肌肉的控制，呼出气流的强弱。汉语声调的变化，主要是音高的变化。

2. 音强

音强就是声音的强弱，也称音量、音重，也指音量的大小。音强与发音体振动幅度的大小和用力大小都有关系，用力大，振幅大，声音就强，反之，声音则弱。音强和声音的响度有关，但声音强未必就响度大，因为响度与音高、音长都有关。语音的强弱主要取决于声带的振动幅度。而声带振动幅度的大小又主要取决于呼吸器官所提供的气流的强弱。音强也有区别意义的作用，在普通话语音系统中，音强变化主要体现在词句的轻重上，在语流中，为了表达的需要，常常要重读或轻读某些词语，这就构成了语句重音，语句重音也与音强有关。重读的词语声音强度强，轻读的则弱。同是一个句子，不同的语句重音，往往能表示不同的意思。

3. 音长

音长就是声音的长短。它取决于发音体振动时间的长短，发音体持续振动时间长，声音就长，反之则短。在语音表达中，音长通常指音节发音所占的时间的长短，普通话每个音节的音长一般为 0.2~0.4 秒。在语流表达中，音长的变化对表情达意有重要意义，普通话中的轻声，不仅与音强有关，也与音长有关。音长还直接影响着语速，它是构成语言表达节奏的重要因素。

4. 音色

音色又称音质、音品，它是声音的特色和个性。音色的不同，取决于发音体的差异、共鸣器的形状和发音方法的不同。在语音表达中，音色的含义可分为三种：语音音色，即语音中区别语义的不同音素的声音特点，普通话里各种不同的声母和韵母是母语音音色的不同造成的。个性音色，即一个人表现出来的比较稳定的声音特点，个性声音是区别个体人声音的根本音色。情感音色，即由于感情的心理影响以及由此带来的用声方法等方面的音节变化而形成的音色，感情音色是朗诵表达时传情达意的重要手段。

（二）语音的生成

语音是由人的发音器官发出来的，是人体各发音器官协调活动的产物。

1. 原动力——呼吸器官

呼吸器官主要由肺和气管、支气管组成，肺是发音的原动力，提供发音的气流，气管和支气管是输送气流的管道。在言语发声时，它们的作用是提供并输送发声时所需要的气流。

2. 发音体——声源器官

声源器官主要由喉头和声带组成，喉头是发音时嗓音的成音部位，声带是主要的发音体，声带由两片有弹性的薄膜构成，正常成人的声带平均长约 13~17 毫米。

3. 制造场——吐字器官

吐字器官是变自然声音为语音的器官，包括口腔和鼻腔，其中口腔是主要的吐字器官。在发音过程中，由喉部发出的声音并不是语音，经咽腔到达口腔,在口腔内受到各个部位的控制形成不同的语音。口腔中唇、舌、软腭、小舌等是能动的器官,叫主动吐字器官;而齿、齿龈、硬腭等不能活动的器官,叫被动吐字器官。口腔中对吐字最有作用的是唇和舌。除口腔外,鼻腔也是比较重要的吐字器官,它在发鼻辅音和鼻韵母时有重要作用。

4. 美化器——共鸣器官

声带发出来的声音称为喉原音,喉原音是很微弱的,只有经过人体共鸣腔的控制,才可扩大和美化。人体的共鸣器官包括人体发声系统的全部实体。可分为三类:高音共鸣区、中音共鸣区和低音共鸣区。这些共鸣器官,有些的体积形状是固定的,是不可调节的,称为不可变共鸣腔,如鼻腔和头腔,也有些是可以控制和调节的,称为可变共鸣腔,如口腔和咽腔等。

(三) 语音的规范

语音规范是指我们的发音要符合普通话语音的发音标准,要掌握发音部位、语音单位和语音结构等知识,使语音准确无误。

1. 发音部位

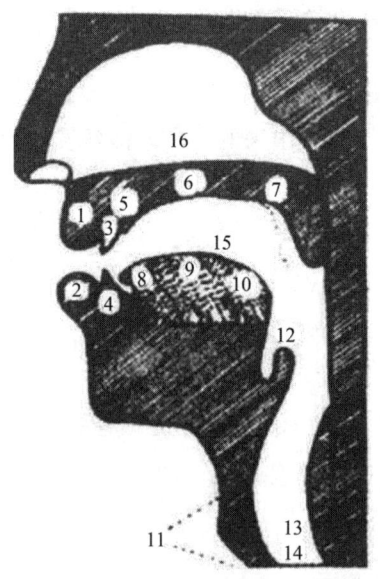

图 2-1 发音器官

1. 上唇;2. 下唇;3. 上齿;4. 下齿;5. 上齿龈;6. 硬腭;7. 软腭;
8. 舌尖;9. 舌面;10. 舌根;11. 喉头;12. 咽腔;13. 声带位置;
14. 气管;15. 口腔;16. 鼻腔

2. 语音单位

（1）音节和音素

音节是语音的基本单位，是听觉上最容易分辨的语音单位，但它不是最小的语音单位。音节再继续划分形成音素。音素是从音色角度划分出来的最小的语音单位，音素是音节的构成单位，一个音节可以由一个音素构成，也可以由几个音素构成。普通话语音共有 418 个基本音节，32 个基本音素。

（2）元音和辅音

从语音的发音特点可将其分为元音和辅音。元音是发音时气流在口腔、咽腔不受阻碍的音素，辅音是发音时气流受阻碍的音素。普通话的 32 个音素，元音有 10 个，辅音有 22 个。

（3）声母、韵母和声调

声母是一个音节开头的辅音。没有辅音声母的音节，称作零声母音节，零声母音节中的声母，叫作零声母。普通话共有 21 个辅音声母。

韵母是一个音节声母后面的部分，一个音节中可以没有辅音声母，但不能没有韵母，普通话共有 39 个韵母。

声调是一个音节高低升降的变化形式。汉语普通话音节中，声调是必不可少的。

汉语普通话的声母都由辅音充当，而"n"既可作声母，又可作韵尾。"ng"一般作韵尾，在"啊"的变读中，可起声母作用。汉语普通话的 10 个单韵母都由单元音充当，复韵母中则有 2~3 个元音，鼻韵母中有元音也有辅音。

3. 发音要领

（1）声母发音要领

声母是音节起首，起到吐字定位和引领字音的作用。

表 2-1　声母发音要领

部位	声母	发音要领
双唇音	b	发音时，双唇紧闭，阻塞气流，然后突然打开双唇，爆发成声，气流微弱，声音不响亮。
	p	发音时，双唇紧闭，阻塞气流，然后突然打开双唇，迸发出一股较强的气流成声。
	m	发音时，双唇紧闭，软腭下垂，气流从鼻腔通道透出，声音比较响亮。

续表

部位	声母	发音要领
唇齿音	f	发音时,上门齿与下唇轻轻接触形成狭缝。气流从狭缝中摩擦挤出,声音不响亮。
舌尖中音	d	发音时,舌尖抵住上齿龈,阻住气流,然后舌尖用力弹开,气流微弱,声音不响亮。
	t	发音时,舌尖抵住上齿龈,阻住气流,然后舌尖用力弹开,放出气流成声。
	n	发音时,舌尖抵住上齿龈,软腭下垂,气流从鼻腔通道透出,声音比较响亮。
	l	发音时,舌尖抵住上齿龈,堵住舌头中路的气流通道,让气流从舌的两侧流出成声。
舌根音	g	发音时,舌根抵住软腭,阻住气流,突然打开放出微弱气流,声音不响亮。
	k	发音时,舌根抵住软腭,阻住气流,突然打开放出气流,声音不响亮。
	h	发音时,舌根接近软腭,形成狭缝,气流从狭缝中摩擦成声,声音不响亮。
舌面音	j	发音时,舌面贴紧硬腭前端,舌尖下垂阻住气流,舌面离开硬腭挤出气流,摩擦成声,声音不响亮。
	q	发音时,舌面贴紧硬腭前端,阻止气流,舌面离开硬腭放出气流。
	x	发音时,舌面接近硬腭前端,形成狭缝,气流从缝中挤出,摩擦成声,声音不响亮。
舌尖后音	zh	发音时,舌尖抵住硬腭前端,阻止气流,形成狭缝,气流从狭缝中挤出,摩擦成声。
	ch	发音时,舌尖抵住硬腭前端,阻止气流,舌尖离开硬腭时放出气流,摩擦成声。
	sh	发音时,舌尖上翘,接近硬腭前端,形成狭缝,气流从狭缝中挤出,摩擦成声,声音不响亮。
	r	发音时,舌尖上翘,接近硬腭前端,形成狭缝,气流从狭缝中挤出,摩擦成声,声音较响亮。
舌尖前音	z	发音时,舌尖平伸,抵住上门齿背,形成狭缝,阻止气流,然后舌尖离开,气流挤出摩擦成声,声音不响亮。
	c	发音时,舌尖平伸,抵住上门齿背,阻住气流,舌尖离开时放出气流,摩擦成声,声音不响亮。
	s	发音时,舌尖平伸,抵住上门齿背,形成狭缝,阻止气流,然后气流挤出夹缝,摩擦成声,声音不响亮。

（2）韵母发音要领

韵母是音节主体部分,是声音的关键部位,分为单韵母、复韵母和鼻韵母三种。

气流通过口腔时,不受任何阻碍,声带振动,由于舌位和口型不同而发出不同的单纯响亮的声音。

表 2-2　单韵母发音要领

部位	单韵母	发音要领
开口	a	口大开，软腭提起，舌放平，舌位低。
	o	口半开，唇略圆，软腭提起，舌位半高靠后。
	e	口半开，嘴角展开，软腭提起，舌位半高靠后。
齐齿	i	嘴角向两边展开，舌尖自然抵住下齿两侧，舌面前部贴硬腭。
合口	u	唇要圆，舌后缩，舌面后部上升贴近软腭。
撮口	ü	唇要圆撮成圆孔状，舌面前部向硬腭升起。

复韵母是由两个或三个元音音素复合而成的。它们的发音特点是由前一个元音音素的口型、舌位逐渐向后一个元音音素的口型、舌位移动，发出一个新的声音。

表 2-3　复韵母发音要领

部位	复韵母	发音要领
开口	ai	先发前面的单韵母，较长较亮，然后口型、舌位逐渐向后一个单韵母移动，较轻较短。
	ei	
	ao	
	ou	
齐齿	iao	先发前面的单韵母，短而轻，然后口型、舌位逐渐向后两个单韵母移动，把其中 a、o、e 读长而响亮。
	iou	
合口	uai	
	uei	
齐齿	ia	先发前面的单韵母，短而轻，然后口型舌位很快向后一个单韵母移动。后一个单韵母应长而响亮。
	ie	
合口	ua	
	uo	
撮口	üe	

鼻韵母是由元音后面加上辅音 n 或 ng 构成的。发音时气流从鼻腔透出。

表 2-4　鼻韵母发音要领

部位	鼻韵母	发音要领
前鼻韵母	an	先发前面的元音，长而重，紧接着舌尖移动抵硬腭前端，将声音归入鼻腔。
	en	
	in	
	ün	
	ian	先发前面的元音，短而轻，然后口型、舌位移动至后面的鼻韵母，要把中间的元音读得长而重。
	uan	
	uen	
	üan	
后鼻韵母	ang eng	先发前面的元音，长而重，紧接着舌尖下垂，舌根升起抵软腭，将声音归入鼻腔。
	ong ing	
	iang iong	先发前面的元音，短而轻，然后移动口型、舌位至后鼻韵母，要把中间的元音读得长而重。
	uang	
	ueng	

（3）声调发音要领

声调是音节中具有区别意义作用的音高变化，在汉语中必不可少，一个音节可以没有声母，但不能没有韵母和声调。汉语的声调可以从调值和调类两个方面来分析。调值指音节高低升降曲直长短的变化形式，是声调的实际读法。调值又叫调型，其描写一般采用"五度标记法"进行。调类，就是声调的种类，是指调值相同的字归纳在一起形成的类。普通话有四个调类，一声阴平，二声阳平，三声上声，四声去声，其调值分别为 55、35、214、51。调型特点是一平、二升、三曲、四降。

表 2-5　声调发音要领

符号	声调	调形	声带	气息	例字
－	阴平	高平	紧－紧	多（稳劲充足）	资
／	阳平	高升	稍紧－紧	少－多（向上推进）	源
∨	上声	降升	稍紧－松－紧	稍多－少－多（沉下扬起）	广
＼	去声	全降	紧－松	多－少（一吐为快）	阔

（4）声韵配合规律

普通话声母和韵母的配合关系有如下一些基本规律：

①双唇音声母 b、p、m 能同开口呼、齐齿呼和合口呼中的 u 韵母相拼，不能同撮口呼韵母相拼；

②唇齿音声母 f 只同开口呼和合口呼中的 u 韵母相拼，不同齐齿呼、撮口呼韵母相拼；

③舌尖中音声母 d、t 只同开口呼、齐齿呼、合口呼韵母相拼，不同撮口呼韵母相拼；

④舌尖中音声母 n、l 能同开口呼、齐齿呼、合口呼、撮口呼四类韵母相拼；

⑤舌根音声母 g、k、h，舌尖后音声母 zh、ch、sh、r 和舌尖前音声母 z、c、s 只同开口呼、合口呼韵母相拼，不同齐齿呼、撮口呼韵母相拼；

⑥舌面音声母 j、q、x 能同齐齿呼、撮口呼韵母相拼，不同开口呼、合口呼韵母相拼；

⑦零声母可以同"四呼"所有的韵母相拼。

表 2-6　普通话声韵关系配合

		开口呼	齐齿呼	合口呼	撮口呼
唇音	双唇音 b、p、m	能	能	u	否
	唇齿音 f	能	否	u	否
舌尖中音	d、t	能	能	能	否
	n、l	能	能	能	能
舌根音	g、k、h	能	否	能	否
舌尖后音	zh、ch、sh、r	能	否	能	否
舌尖前音	z、c、s	能	否	能	否
舌面音	j、q、x	否	能	否	能
零声母		能	能	能	能

（5）音节结构特点

普通话音节结构一般是由声母、韵母、声调三部分构成。其中，韵母内部又可以分为韵头（介音）、韵腹（主要元音）和韵尾三个部分。因此，一个完整的普通话音节应该包括五个部分：声母、韵头、韵腹、韵尾、声调。有人形象地把这五个部分称为：头、颈、腹、尾、神。

普通话音节的构成情况有如下一些特点：

①普通语音节有8种不同的组合方式：

只有韵腹和声调的，例如"wu（乌）"；

只有韵头、韵腹和声调的，例如"wa（挖）"；

只有韵腹、韵尾和声调的，例如"ɑi（埃）、ou（欧）"；

有韵头、韵腹、韵尾和声调的，例如"you（有）、yun（晕）、yong（庸）"；

有声母、韵腹和声调的，例如"ti（梯）"；

有声母、韵头、韵腹和声调的，例如"xue（薛）"；

有声母、韵腹、韵尾和声调的，例如"lei（雷）、chen（晨）"；

有声母、韵头、韵腹、韵尾和声调的，例如"zhuang（壮）"。

②普通话音节构成的原则是，可以没有声母、韵头和韵尾，但不可缺少韵腹和声调。

③从构成普通话音节的音素数目来看，一个音节最少有1个音素，最多有4个音素。

④从构成普通话音节辅音的情况看，辅音的位置只能出现在音节的开头（充当声母）和音节的末尾（充当韵尾），没有两个辅音连续排列的复辅音。

⑤从构成普通话音节元音的情况看，每个音节都不可缺少元音，最少一个，最多3个；3个元音须连续排列，分别充当韵头、韵腹和韵尾。

⑥从韵母的构成情况看，10个单元音韵母都可以充当韵腹，充当韵头的只有3个高元音；充当韵尾的有元音和辅音。

表 2-7　普通话音节结构

声母	韵母				声调
	韵头	韵腹	韵尾		
	（介音）	（主要元音）	元音	辅音	
乌 wu		u			阴平
挖 wa	w	a			阴平
埃 ai		a	i		阴平
欧 ou		o	u		阴平
有 you	y	o	u		上声
晕 yun	y	u		n	阴平
庸 yong	y	o		ng	阴平
梯 ti	t		i		阴平
薛 xue	x	u	e		阴平
雷 lei	l		e	i	阳平
晨 chen	ch			n	阳平
壮 zhuang	zh	u	a	ng	去声

六、朗诵者的声音造型

声音具有天生性，但声音的美化与纯化可以通过后天的训练而习得。

（一）气息控制

气息是声音的"原动力""气乃音之帅""气不动则声不发"。这些都说明了气息控制在有声表达时的作用。唐代《乐府杂录》中说："善歌者必先调其气，氤氲自脐间出，至喉乃噫其词，即分抗坠之音，既得其术，即可致遏云响谷之妙也。"更是形象地道出了气息的作用。

1. 呼吸方式

呼吸方式一般包括胸式呼吸法、腹式呼吸法和胸腹联合呼吸法三种。

胸式呼吸法又叫锁骨式呼吸，多见于女性。呼吸时主要是胸廓放大、缩小改变容积，由肋间肌及斜角肌的运动而产生。由于胸式呼吸时胸部向前上方挺起，可明显看到锁骨及两肩的耸动，所以又叫锁骨式呼吸。由于胸式呼吸时胸、肩、头上耸，上胸部向上挺起，上胸部周围径改变，而肋骨下缘胸廓周围径基本不变，膈肌基本不参与呼吸运动，所以吸入及呼出气息量少，气流较弱且难以控制。从发声角度分析，胸式呼吸法由于气息浅、位置高，声音较尖细，声音强度不大且变化小，使表达语句短、断句碎，换气频繁。

腹式呼吸法主要由膈肌的上升与下降改变胸腔的上下径而控制，多见于成年男性及小孩。外部特征主要是随呼吸运动，腹部明显凸起收回，腹周变化明显，而胸廓周围径基本不变。腹式呼吸法吸入气息较多，呼气发声时呼出气流强度及流量有一定幅度变化。气息较深，位置较低，声音往往显得低沉，缺少弹性变化。

胸腹联合式呼吸法并不是简单的胸式呼吸加腹式呼吸，而是指胸、腹所有呼吸器官都参与了呼吸运动，使胸廓、膈膜及腹部肌肉控制呼吸运动的能力得到合作。不但扩大了胸腔的周围径，而且扩大了胸腔的上下径，使气息容量增大。另外，由于肋间肌的作用，控制膈肌升降的能力增强了，呼出气流的强度变化明显了，使声音的弹性变化得以实现。

朗诵的发声特点，决定了对呼吸控制的要求：运用胸腹联合式呼吸法调节气息，具有较持久的控制能力，能保持较为稳定的气息压力，使气息通畅、均匀，深浅适中，呼气发声时能持续较长时间，能在相当大的幅度内对呼出的气息做细微的调整、控制，使表达运用自如。

2. 呼吸状态

在控制呼吸训练时，应有良好轻松的心理状态和生理状态。心理积极热情，明朗向上，保持心态稳定，心情平和，精神饱满。从生理角度来讲，可取站姿和坐姿两种，吸气时做到双肩放松，两肋张开，横膈膜下降，小腹内收，呼气时稳劲平实，均匀持久，变化轻松。具体来说应注意：

（1）吸气时收胸，两肩垂平放松，肋骨向左右张开；横膈膜下降，扩大胸腔气息容量；小腹内收，后腰有向外扩张感，将气息贮存在两肋部。吸气时自然进入，不要太急太强，吸气不能过满，控制到七八成满即可，吸气时切忌耸肩扬头。

（2）呼气时收住小腹，两肋自然松弛，气息控制均匀，胸腔和两肋在控制下逐渐缩小，横膈膜上升，呼出气息。

呼气时要避免气息的僵持和挤压，不可为了追求延长时间而紧喉憋气，尽量放松自如，练习时最好声音和气息同步进行，并尽量节约呼气量。

（3）换气程序是，呼气发声时，小腹由收紧到逐渐放松，两肋则由上提张开到慢慢下移缩回，此时气流排出冲击声带发出声音；当需要吸气时，收小腹，张两肋，气流迅速由口腔或鼻腔充入，完成补气过程。在整个换气过程中，两肋和小腹的控制是关键。一般情况下换气时用鼻自然快吸，当读节奏要求快且长的句子的时候，吸气需求量大，可以口鼻同时吸气，但要平稳，不出声音，遇到一些特殊停顿而不能换气时，需要屏气，屏气时注意贮气各部位不能放松，要保持屏气前的状态。

3. 呼吸训练

呼吸训练并非一日之功，必须长期坚持，并注意如下要领：

活于腹：腹肌依据声音的高低强弱的需要产生上下活动，腹肌是气息的支力点。

赖于腰：气息要靠腰围的力量保持，气息控制依赖于腰围的稳定性。

出于胸：肺在呼吸过程中应保持平衡，不可忽张忽缩，胸腔的稳定状态是气息均匀的重要保证。

蓄于口：气顺咽壁提到口腔，口腔处于均衡状态，以便加强控制不让气跑掉，然后根据所要发的音，运用咬字器官发出声音。

立于颈：颈为咽壁所在，颈不立则咽壁松弛无力，声音得不到有力的反射。

以上五点相互关联，相互作用，五位一体，互为平衡。

可用下列方法练习气息：

（1）闻花香。想象眼前有一朵花，深深吸进香味，两肋渐开，控制一会儿，缓缓送出。

（2）模拟吹掉桌面上的灰尘。

（3）咬紧牙关，从牙缝里发出"咝——"声，平稳均匀。

（4）数数。"1、2、3、4、5、6、7、8、9、10。"循环往复，一口气能数多少，就数多少，慢慢增多。注意吐字要清晰。

（5）数"一个葫芦，两个葫芦"或"一张球拍，两张球拍"。反复进行，看一口气能坚持多久。

（6）喊人。"王刚""小胡"，延长时值。

（7）一口气反复念"吃葡萄不吐葡萄皮儿，不吃葡萄倒吐葡萄皮儿。"

（8）一口气诵读一首五言绝句或七言绝句。力求清晰、响亮、有感情。

4. 用气技巧

朗诵过程中，灵活自如地控制气流、运用气流可以表达丰富多彩的情感色彩。下面介绍几种用气方法：

（1）偷气

朗诵时，常常会遇到一些节奏较为紧凑，情绪比较连贯的语句，这时不容许有明显的停顿，也不适宜有明显的吸气动作，此时，运用偷气可以达到换气效果。偷气时，口鼻同时进行，口腔动作小，吸气少，从外形上与声音上不要让人觉得你在换气。偷气不仅仅是用气的需要，往往也是人物情绪、节奏处理的要求。

（2）续气

有些语句较长，感情连贯，节奏逐渐上升，语势不断加强，需要一气呵成，但不需要急促换气，可以运用续气的方法。即换气时口中还有蓄气，不断消耗，不断补充。

（3）叹气

对事物的感慨或哀叹而形成的一种气息状态。它要求先深吸一口气，然后长长地呼出，配合全身松弛、舒缓。叹气常常配合言语进行，常常表示不满、焦虑、思考等情感。

（4）托气

即屏住呼吸，形成音断声停气不动或声断意不断的状态。运用托气，可以生动、细腻地刻画出人物的心理状态，还可以配合台词来渲染气氛，制造悬念，产生很好的艺术效果。

（5）倒吸气

俗称"倒吸一口凉气"，吸气时动作迅速，时间可长可短，一般伴随齿缝动作发出"咝"的声音，一般表示突然、惊吓、意外等情感。

（6）揉气

吸气不太满，出气同字音糅合，利用气、声在口腔、咽腔、鼻腔等共鸣腔体中的上下迂回运动，就像有某种力量在揉动。一般表示夸张的感情色彩。

（7）喘气

由于内心的冲击或形体的激烈运动而形成的急促呼吸方式，喘气一般呼吸量大，速度极快，俗称"上气不接下气"状态，表示慌乱、紧张、急促等感情色彩。

（8）哼气

自然吸气，口腔闭合，气息从鼻腔哼出，可伴"哼"声，还可结合轻度的嘲笑声和脸部表情，表示对事物的鄙视、轻视和嘲弄态度。

（二）共鸣运用

一般来说，声带发出的"喉原音"是单调乏力的，只有经过人体共鸣器的控制才能产生洪亮悦耳的声音。人的共鸣腔以咽腔为主分为中、低、高三区。中音共鸣区就是咽腔共鸣，指硬、软腭以下，胸腔以上的各共鸣腔，中音共鸣区是声音的制造场；高音共鸣区是指鼻腔共鸣，头腔共鸣，可获得高亢、华丽、明亮的音色；低音共鸣区主要指胸腔共鸣，可获得深沉、低缓的声音。一般来说，高音产生色彩，低音产生感情。我们平时要加强训练和应用。控制好各个共鸣腔并求得整体配合以美化音色、加大音量，使声音变化无穷。

1. 共鸣方式

（1）口腔共鸣

有声语言表达以口腔共鸣为主，应当充分发挥口腔共鸣的作用，以提高声音质量。口腔共鸣要注意四点：

提颧肌，简单的理解就是将上腭前部抬起。它对增强口腔前部的共鸣，提高声音的明亮度和字音的清晰度都有明显的作用。颧肌用力向上提起时，口腔前上部有展宽的感觉，同时上唇与牙齿相贴，口腔前部开度加大，能够使声音在硬腭前得到比较充分的共鸣，同时唇齿相依也使唇的运动有了依托。提颧肌时，面部要略显微笑状，辅以微笑动作来体会。

打牙关，即把下颌保持在一个固定的位置，使上槽牙与下颌保持较大的开度。牙关打开，以增大口腔中部的容积，改善共鸣的效果。打牙关要使上下槽牙之间拉开一定的距离，尤其是双侧上后槽牙应保持向上提起的感觉，像嚼着橡皮糖时的状态。可以用开口较大的元音"a"的发音寻找感觉，并用"以开带闭"的方法，帮助闭元音打开口腔，带动这些元音的发音。

挺软腭，即将软腭向上挺起，它可以扩大口腔后部空间，使共鸣得以改善，缩小鼻咽的入口，使流向鼻腔的气流减少，避免产生大量鼻音。提软腭时口腔后部打开，而嘴并不张大，像是哈欠打了一半没全出来的状态。软腭上抬并非越高越好，上抬过高容易使声音显得不自然。

松下巴，就是把下巴肌肉放松，就是下巴不着力，是轻松灵活的，有的人平时说话就有下巴用力主动"帮忙"的不良习惯，所以到了艺术发声时更为明显。他们误以为只有这样才能咬字有力、字音清晰。其实，下巴用力会使舌根紧张、咽管变窄、口腔变扁，把字咬"横"、咬"死"，这是错误的。松下巴不是说有意识地把下巴向下拉，而是让自己有一种下巴轻松得如同不存在的感觉，目的是让它松弛。

（2）鼻腔共鸣

鼻腔共鸣属于高音共鸣，它是通过软腭来实现的。当软腭放松、鼻腔通路打开，口腔的通道关闭，声音在鼻腔得到共鸣，就产生了标准的鼻辅音 m\n\ng 等，当鼻腔和口腔同时打开，产生的是鼻化元音，少量的元音鼻化可以使音色更明亮，但过多的鼻化会形成"齉鼻"音，这是发音之大忌。鼻音共鸣时要深呼吸，以保证发音时气柱的强度和密度，否则，气流浅弱，声波到达口腔就难以产生较强的共振，鼻腔共鸣难以形成。同时要稳住喉头，控制喉头上下频繁运动，通过自然舒适的呼吸状态保证喉头稳定。

（3）胸腔共鸣

胸腔共鸣属于低音共鸣，能量最大，发出的声音有深度和宽度，声音听来深厚、宽广，会给听众以庄严、深沉、真实、可信感。它是共鸣不可少的基础。胸腔是由肋骨支撑的胸廓，是不可调节的共鸣器，由于胸腔容积大，对低频声波共鸣作用明显。胸腔共鸣不参与语音的制作，但可以扩大音量，并增加低泛音，使声音听起来洪亮、厚实、结实、有力。要想得到良好的胸腔共鸣，首先应该使声音在喉、咽、口、鼻各腔体得到很好的共鸣。由于发低音时声带是整体振动，且变长变厚，所以应该尽量放松声带，在发音时应感到声带在振动。发音时应注意两肋打开、撑住，以保存胸廓的积极状态，产生较好的共鸣效果。

2. 共鸣要领

朗诵发声的特点决定了其采取的共鸣方式是以口腔共鸣为主，以胸腔共鸣为基础，以混合共鸣为后备的声道共鸣方式。在发声时要通过调节、控制口腔共鸣，善于运用胸腔共鸣，以胸腔共鸣这个扎实的基础作为"基座"，使声音结实有力。同时要感觉经口腔发出的声束，沿上腭中纵线前行，向硬腭前部冲击，使声音"挂"在硬腭穹隆上的感觉，使声音圆润、集中。表达时尽量使共鸣器扩大，口腔、咽腔、舌头放松，喉头处于吸气位置，整个声道通畅无阻。同时灵活控制舌头，因为舌头的前后变化可以改变口腔的形状，对共鸣产生重大影响，如果将舌头前部抬得过高，口腔扁平，声音单薄；如果舌根下压过分，发音通道向前延伸，声音会浑浊不清。另外，要保持肌肉的均衡紧张状态，肌肉过紧，声音僵硬没有弹性，肌肉过松，声音不集中便没有力度。

3. 共鸣训练

（1）"哼鸣"练习：放松喉头，把"哼"的感觉置于叹气的呼吸状态上。训练时不能太紧。检验方法是：哼鸣时看嘴巴能否灵活动作，可以则为正确。

（2）半打"哈欠"：即闭口打一个哈欠，喉咙呈打开状，软腭上提。

（3）气泡音练习：嘴闭，用轻匀的气流冲击声带，使之发出细小的抖动声。

（4）模拟汽笛长鸣"di——"，可平行发音，也可由小到大或由大到小变化进行。

（5）模拟声乐节奏发"mi—mi—mi，ma—ma—ma"。

（6）呼唤练习：假设一个对象分别处在50米、100米或更远点，大声拖喊："小程——等一等。"

（7）音阶层递练习：

由低到高，由高到低或高低变化层递训练。如：

        天啦 走开！

    天啦   走开！

天啦   走开！

       请安静！

         请坐好！

           我们开始上课啦！

（8）夸张四声练习：

    山清水秀；

    风调雨顺；

    胸怀广阔；

    鲲鹏展翅。

要注意的是，共鸣的训练不单纯是技巧问题，日常生活的习惯对嗓音有很大的影响，平时要注意饮食起居习惯，少吃刺激性食物，保证充足的睡眠，坚持体育锻炼，坚持练声，日久天长，才能见效果。

（三）吐字归音

1. 注意要点

吐字归音是源自我国传统说唱艺术的吐字的一种方法。它根据汉语音节特点，把一个汉字的发音过程分为出字、立字和归音三个阶段，要求出字叼住弹出，立字拉开立起，归音收尾完整，整个过程发音轨迹貌似"枣核形"。

（1）出字

出字，是指吐字归音过程中对字头的处理。字头是一字之头，对它的处理影响整个音节的质量。字头有阻气、蓄气的作用。字头阻气有力，气息才能在成阻部分之后形成一定压力；叼住的意思是指咬字要有一定力度，成阻部分的肌肉要有一点的紧张度，同时，咬字的力量要集中在相对部位的中纵部分而不是满口用力。叼要使巧劲儿，不可咬得过紧或过松，叼住才能弹出。只有出字有力，才能带动整个音节，使之响亮清晰。

（2）立字

立字，是指吐字归音过程中对字腹的处理。要求做到字腹饱满，拉开立起。字腹就是韵腹，是韵母中的主要元音，口腔开度最大，泛音共鸣最丰富，声音最响亮。字腹发音的圆润饱满要求口腔开度适当扩大，以使元音有明显的对比，口腔随字腹立起拉开。

（3）归音

归音，是指吐字归音过程中对字尾的处理。要做到弱收到位，趋势鲜明。字尾在一个音节的发音过程中处于口腔由开渐闭，咬字器官肌肉由紧渐松的阶段。到位是指尾音应归到的位置。舌位的动程要有鲜明的趋向，咬字器官应有个渐闭的过程。弱收则是指字尾的发音渐弱趋正的过程。但在趋正的过程中要保持发音动作的完整，保持字音结束的趋向。

要注意的是，吐字归音是一个立体把握的过程，"枣核形"的完成是字音在发音过程中咬字器官互相协调完成的，而不是对字音的机械分割，整个字音发音过程要有滑动整体感；同时，枣核形也不是一成不变的，而是随语流中音节的疏密、情感的变化而变化的。

2. 训练指导

有些朗诵者朗诵时令听众听不清、听不明、听不准，主要原因是吐字不清，归音不到位。因此，平时要加强吐字归音的基本功的训练。

首先可经常练习下面这套"口腔操"。

第一节　唇舌练习

操练步骤：

第一步：分读"噼——里——啪——啦"，"密——密——麻——麻"（一遍）；

第二步：连读"噼里啪啦""密密麻麻"（两遍）；

第三步：快读数遍。

操练目的：

"唇舌练习"主要是训练说话时双唇和舌位的灵活性及力度。

第二节　口齿练习

操练步骤：

第一步：分读"叽——叽——喳——喳""淅——淅——沥——沥"（一遍）；

第二步：连读"叽叽喳喳""淅淅沥沥"（两遍）；

第三步：快读数遍。

操练目的：

"口齿练习"的目的是克服方言障碍，纠正错误发音，为正确地说话、朗诵打好基础。

第三节　爆发力练习

操练步骤：

第一步：分读"得儿——驾"（一遍）；

第二步：连读数遍。

"得儿——驾"是车把式赶车时的吆喝声，人们较为熟悉，借用于口腔操，可进行加大音量、增强声音爆发力的练习。

第四节　气息练习

操练步骤：

第一步：分读"十九八七六五四三二一"（一遍）；

第二步：连读"十九八七六五四三二一"（两遍）；

第三步：快读数遍。

同时，可以用以下方法训练吐字归音。

（1）弹唇：双唇紧闭阻住气流，然后突然打开，爆发 b 音或 p 音。

（2）转唇：双唇紧闭，用力撮起，顺时针转 360 度再逆时钟转 360 度。

（3）弹舌：舌轻触上唇背，用气冲击使舌跳动。

（4）卷舌：用"er"练习四声。

（5）练习下列绕口令：

你会糊我的粉红活佛，来糊我的粉红活佛，你不会糊我的粉红活佛，不要胡糊乱糊糊坏了我的粉红活佛。

牛郎年年恋刘娘，刘娘连连念牛郎。

古老街前胡古老，古老街后古老胡，都说自己最古老。不知是胡古老比古老胡古老，还是古老胡比胡古老古老？

石狮寺前有四十四只石狮子，寺前树结了四十四个涩柿子；四十四只狮子不会吃四十四个涩柿子，四十四个涩柿子更不会吃四十四个石狮子。

坡上立着一只鹅，坡下就是一条河，宽宽的河，肥肥的鹅，鹅要过河，河要渡鹅，不知是鹅过河还是河渡鹅。

大柳河旁有六十六棵大青柳，大青柳下有六十六个柳条篓，有六十六个入伍六个月的战士学编篓，教编篓的是大柳河乡大柳河村大柳河旁大青柳下六十六岁的刘老六。

一个胖娃娃，画了三个大活蛤蟆；三个胖娃娃，画不出一个大花活蛤蟆。画不出一个大花活蛤蟆的三个胖娃娃，真不如画了三个大花活蛤蟆的一个胖娃娃。

东洞庭，西洞庭，洞庭山上一条藤，藤上挂个大铜铃。风起藤动铜铃响，风息藤静铜铃定。

小姑娘儿红脸蛋儿，红头绳儿扎小辫儿，系上围裙儿来做饭儿，淘小米儿，小半盆儿，小白菜儿，剁几根儿，还有一盘儿萝卜丝儿，再来个粉皮儿熬小鱼儿。

（6）训练下面贯口材料：

一只青蛙一张嘴，两只眼睛四条腿，扑通一声跳下水；两只青蛙两张嘴，四只眼睛八条腿，扑通扑通跳下水；三只青蛙三张嘴，六只眼睛十二条腿，扑通扑通扑通跳下水；四只青蛙四张嘴，八只眼睛十六条腿，扑通扑通扑通扑通跳下水；五只青蛙五张嘴，十只眼睛二十条腿，扑通扑通扑通扑通扑通跳下水。

天上看，满天星，地上看，有个坑，坑里看，有盘冰。坑外长着一老松,松上落着一只鹰,鹰下坐着一老僧,僧前点着一盏灯,灯前搁着一部经,墙上钉着一根钉,钉上挂着一张弓。说刮风,就刮风,刮得男女老少难把眼睛睁,刮散了天上的星,刮平了地下的坑,刮化了坑里的冰,刮断了坑外的松,刮飞了松上的鹰,刮走了鹰下的僧,刮灭了僧前的灯,刮乱了灯前的经,刮掉了墙上的钉,刮翻了钉上的弓。这就是:星散、坑平、冰化、松倒、鹰飞、僧走、灯灭、经乱、钉掉、弓翻的绕口令。

《报山名》:河北狼牙山、山西太行山、内蒙古阴山、黑龙江黑山、吉林长白山、辽宁千山、山东泰山、江苏紫金山、安徽黄山、浙江雁荡山、江西庐山、福建黄岗山、台湾阿里山、河南嵩山、湖北大巴山、湖南衡山、广东南岭、广西阳朔山、陕西华山、宁夏六盘山、甘肃祁连山、青海昆仑山、新疆天山、四川峨眉山、贵州苗岭山、云南横断山、西藏喜马拉雅山。

《报花名》:红牡丹、白牡丹、粉红牡丹、芍药、玫瑰、蔷薇、朱槿、米兰、昙花、樱花、桂花、套花、金银花、金芙蓉、金鸟花、月光花、鸡冠花、凤仙花、杜鹃花、喇叭花、玉簪花、玉兰花、玉蝉花、燕子花、蝴蝶花、天女花、八仙花、海棠花、海桐花、腊梅花、石榴花、石楠花、石菖蒲、十样锦、夹竹桃、美人蕉、虞美人、洋绣球、唤香玉、瓦里香、满天星、一口红、千日红、月月红、满堂红、紫丁香、紫茉莉、紫罗兰、紫藤萝、水浮莲、子牛莲、并蒂莲、西番莲、半枝莲、半边莲、仙人掌、仙人鞭、仙人球、仙客来、春兰、蕙兰、剑兰、珠兰、君子兰、一叶兰、夏菊、翠菊、洋菊、墨菊、藤菊、千日菊、佛头菊、金鸡菊、延命菊、万寿菊……

(四)嗓音保健

1. 保持良好的心态

生活中难免有喜怒哀乐,但遇到不顺心的事时要努力克制。有些人感情激动时,便暴跳如雷,气势不可遏止;有的人在高兴时则狂喜乱叫,在悲伤时又痛哭流涕。这虽是人之常情,但它严重地伤害着嗓子。这就要求我们平时修身养性,做事心平气和,以保持良好的心理状态,这样才利于嗓子的保护。

2. 注意饮食习惯

首先忌暴饮暴食,因为胃脏横卧在横膈膜之上,如果食物太多,使胃脏膨大，则妨碍横膈膜的运动。有时吃得过多引起"打嗝"就是这个原因。这样对嗓子当然有负担。

另外要少吃或不吃过冷或过热的食品或饮料，少吃或不吃如辛辣炸腌等对嗓子有严重刺激的东西，如生葱、生蒜、辣椒、腌菜等。烟和酒对嗓子损害更大，吸烟对咽喉和肺部有直接的影响，喝酒会使人体神经系统抑制过程减弱，影响发音器官所做动作的准确性和协调性，所以，吸烟、喝酒应努力戒除。

3. 防止感冒发炎

感冒对嗓子损害很大，可能引起上呼吸道炎症，使鼻腔、咽腔、喉头、声带、气管等部位的黏膜发生充血现象，严重者会因此失声。因此平时要加强锻炼，预防疾病的发生。平时可以进行跑步、游泳、体操、武术、球类等活动，但尽量避免举重、拔河等活动，因为运动时要闭口屏气，喉部会承担很大的气息压力，容易造成喉部肌肉疲劳，对发音不利。

4. 保证适度休息

发音须借助全身的力量，有充足而旺盛的精力才能有铿锵有力的声音，所以一定要休息好，晚上保证一定的睡眠，充足的睡眠是解除人体肌肉疲劳的最佳方式，人在睡眠时，发音器官的肌肉会完全放松。

七、朗诵者要具备的素质

人的素质主要指先天素质、生理素质、心理素质、政治素质和文化素质等，它是个体人的体质、性格、气质、能力、知识、品质等各种要素的综合。一个人的素质构成可以分为天赋素质和获得素质，前者是天生的、自有的，后者是后天的、习得的。我们觉得，一个成功的朗诵者必须具备一些相关的素质修养，主要包括：政治、思想、文化、知识、技能等方面，可以概括为政治道德素质、人文知识素质、心理素质、艺术素质四方面。下面详细解释：

1. 政治道德素质

古人云："德者，事业之基。""德为才之主，才为德之奴。""人之情，心服于德而不服于力。"朗诵艺术作为一种由己达人的社会活动,总的宗旨在于树立自己,感染他人。要想与听众有内在的心灵接通,朗诵者必须具备优秀的政治道德品质,完美的人格修养。这样听众才能对你产生一种安全感、信任感。

道德人格是思想的外化,荀子在《劝学》中说:"积善成德,而神明自得,圣心备焉!"人格力量的形成不是一两天就可以塑造出来的,它萌发于朗诵者平时生活的广阔沃土,成熟于长年累月的社会实践之中。朗诵者要懂道理、知美丑、明是非,培养高尚的道德情操。那种言行不一、品性卑劣、操行龌龊的"败絮其中"者,哪怕你再怎样"金玉其外",也只能得到听众的厌恶。这就要求朗诵者实事求是、光明磊落、言行一致、表里如一、严于律己、宽以待人、胸怀豁达、镇定自若、心平如镜、遇乱不惊。

2. 人文知识素质

朗诵者对作品要能信手拈来、融会贯通,对表达要能左右逢源、游刃有余。必须有广博的知识为底蕴。这知识包括天文地理、风土人情、轶事趣闻,那些早已列入人类文明宝库的生活常识;也包括反映历史、描绘今天、塑造未来的文化常识;还包括对纷繁复杂、瞬息万变的社会实践进行分析处理的深刻见解。这样,我们朗诵时就有丰富的知识支撑,这对我们挖掘作品内涵、把握作品精粹、展示作品灵魂有很大作用。这就要求我们向生活学习,"处处留心皆学问",生活中到处都有新事、新景、新气象。生活是百科全书,朗诵者要积极去认读,去理解。这还要求我们向书本学习,"熟读唐诗三百首,不会作诗也会吟"。书本知识是人类文明的反映,是社会历史的浓缩。"读史使人明智,读诗使人灵秀,数学使人周密,科学使人深刻,伦理学使人庄重,逻辑修辞之学使人善辩。"朗诵者虽不能穷尽所有的学识领域,但要掌握哲学、心理学、美学、文学、伦理学、语言学、艺术学等学科知识。

3. 心理素质

心理素质是人的综合素质的极其重要的因素,是朗诵者朗诵实践时必须具备的稳定的心理特点。心理素质的因素很多,其感觉、知觉、注意、记忆、思维、情绪、情感、性格、气质等构成的感情流露,都直接、间接地影响朗诵的效果。

（1）敏锐的观察力。朗诵者要处处留心积累学问，平时要能从普通的生活中观察思考获取相关知识与能力以提升自己、完善自己。

（2）充足的自信心。自信是意志与力量的体现，是朗诵者克服心理障碍走向成功的关键。朗诵者平时要充满信心，相信成功。

（3）良好的记忆力。要想朗诵时滔滔不绝、左右逢源，朗诵者必须能快速全面地记住作品，表达时才可以胸有成竹。

（4）丰富的想象力。朗诵文学作品，要能对作品中的人物形象、场景情节进行再创作。朗诵者必须依据想象与联想来捕捉作品中的意象，把握作品情感，才能真实立体地展示作品主题。

（5）强烈的表现欲。欲望是人们所共有的心理现象，是人们思想行为的内驱力。一个成功的朗诵者必须欲望强烈，时时充满激情，使朗诵状态发挥到极致。

4. 艺术素质

朗诵是一门综合艺术，整个过程需要朗诵者调动很多艺术因素参与，如语言发声艺术、副语言表达艺术、乐曲配音艺术、舞台设计艺术、形象造型艺术等。这些都源于诸多艺术门类的支撑，电影、戏剧、歌唱、美术、造型等艺术在语言运用和声音训练上都有一套成熟的经验，这些经验和理论都需要朗诵者来学习和借鉴。

八、朗诵者的风格形成

朗诵风格是朗诵者在朗诵过程中所表现出来的相对稳定又可感的个性特征和艺术特色。人如其面，各有不同。男女有别，长幼有分，高矮不等，美丑各异。每位朗诵者均有自己的知识结构、心理品质、技巧特长。朗诵者要在层次较高的基础上形成自己的风格特点。

要么雄阔俊伟，激越高昂，表现出一种豪放之美；

要么蓄含丰富，寓意深远，表现出一种含蓄之美；

要么出神入化，绮美绚丽，表现出一种绚烂之美；
要么清新自然，质朴无华，表现出一种质朴之美；
要么肃穆典雅，沉稳严谨，表现出一种庄严之美；
要么多姿多彩，错落有致，表现出一种秀丽之美。
朗诵风格丰富多彩，千变万化，有如下一些特征：

1. 人格化

人格是一个人的性格、气质、能力等特征的总和，它是朗诵者真实自我的表现。朗诵者表达时所体现出来的风格，虽然不能等同于其日常生活中的真实状态，但朗诵者自身的性格特点总是或多或少地会反映在朗诵过程中。这种朗诵风格的人格化倾向是朗诵风格的最重要体现。

2. 可感性

朗诵创造是有材料可依的，尤其是文学作品的朗诵所依附的文学作品形象可感、生动典型。很多文学稿件在一度创作时融入了感人的情节与主题，朗诵作为二度创作更会使表达情感丰富、动人心魄。另外，朗诵创作时运用的材料是声音形象和态势形象，而这些会直接作用于听众、观众的耳目感官，具有明显的直观性、可感性特征，让人过耳不忘、过目不忘。

3. 持久性

"风格是共同特征在表现上的不断重复。"因此，朗诵艺术风格一旦形成，在一个相当长的时期内会保持不变，这是风格的持久性。朗诵艺术风格的持久稳定性是我们之所以能够辨认每位朗诵者特征的基础和前提。作为一个成熟的朗诵艺术家，他的朗诵风格，不可能仅仅体现在一次节目、一个阶段，而是贯穿其整个朗诵艺术生涯的，其风格具有一贯性。

4. 综合性

朗诵文学作品时所运用的表现手段是很多的，既有诉诸听觉的有声语言如音色、语调、语气等，也有诉诸视觉的形体语言如服饰、形貌等；既可以借助语言符号，也可以借助非语言符号；既有生活常识的支撑，也有很多艺术因素的参与。因此，决定了朗诵过程的立体全面，使表达风格呈现出综合性特点。

朗诵风格的形成原因是多方面的，概括起来说有两大方面，即客观原因和主观原因。客观原因包括时代、民族、阶级、地域、环境、作品等；主观原因包括朗诵者的性格气质、生活经历、审美追求、技巧运用等。

朗诵风格主要通过朗诵者的表现技巧体现出来，主要是有声语言表现技巧和副语言表现技巧。有声语言是朗诵艺术的主要表现手段，分为内部技巧和外部技巧，内部技巧有：情景再现、内在语、对象感等；外部技巧有停连、重音、语气、节奏等。副语言是指有声语言之外的其他所有表现风格的物质手段，包括朗诵者的神态、姿势、动作、服饰等，从大的方面来说，分为静态的形象手段和动态的体语手段。朗诵风格的形成是朗诵者思想、情操、性格、语言、表情等方面的综合反映，朗诵者平时要好好学、刻苦练，加强自身修养，加强朗诵技巧的训练，善于思考，善于总结，日臻完善，达到浑然天成、无斧凿缝的境界。

第三章 朗诵的技巧

一、朗诵技巧的整体把握

朗诵是一项技能展示，需要诸多技巧的支撑，主要来说包括有声语言技巧和副语言技巧两大类。

（一）对有声语言表达的整体把握

朗诵的有声表达应抑扬顿挫，错落有致，有"大弦嘈嘈如急语，小弦切切如私语，嘈嘈切切错杂弹，大珠小珠落玉盘"的境界，可以从如下五个方面注意：

1. 发音响亮。朗诵发音要字正腔圆，掷地有声。这得力于平时长期的训练，包括气息训练、共鸣训练、吐字训练等；同时，在选定朗诵作品时，也应考虑到字词的押韵合辙的情况，如齐齿呼音节与撮口呼音节发音时口腔开合小，共鸣器不大，声音发出来不亮，可以换成开口呼音节和合口呼音节的作品。

2. 平仄相间。汉字一字一调，高低升降，起伏变化。作为平声字的阴平、阳平变化不大，发音平稳，难于听清；仄声字的上声、去声变化大，声音短促，音感强烈，易于听明。二者相间配合才能使声音变化有致。因此，朗诵文学作品在选定作品时，尤其是古典诗作时要考虑到平仄、韵律等问题。

3. 停连适当。朗诵有声语言的停连要有节奏感，不能像平平流水，应按照内容、情感的需求把它们音化为一个个跳跃的节奏，适当停顿，并做到停中有连，连中有停，整体把握。当停不停，听起来模糊不清；当连不连，听起来支离破碎。

4. 轻重得体。根据朗诵感觉的需要可以把语句中的一些词语读得轻些或重些。轻重的确定一定要得体合适，建立在语意基础之上，中间衔接要自然，不留痕迹。

5.快慢得当。快慢即朗诵的语速节奏。朗诵时要视作品内容、情感,做到"快而不乱",否则含糊不清;也要做到"快而不拖",否则松松垮垮。要当快则快,当慢则慢,快中求慢,慢中求快,快慢适当。

(二)对副语言表达的整体把握

朗诵作为一门艺术很大因素取决于有声语言和副语言的交融体现。即除了吐字清楚,声情并茂外,还要举止大方,态势潇洒,场景优美。

心理学研究表明:人感觉印象的77%来自眼睛,14%来自耳朵。视觉印象在头脑中保持的时间要超过其他器官。从这点来说,朗诵时只运用作用于听众听觉器官的有声语言是不够的。

诚然,朗诵中的副语言始终处于辅助地位,态势语的表达要受到有声语的限制,不能独成一体,更不能喧宾夺主。

第一,副语言的表达要建立在朗诵内容的基础上,符合知觉、注意、思维、情感过程的规律。运用时要视朗诵内容与情感的需要而表现,不能随意组合,错误表达。

第二,副语言表达要自然,有过程,有整体。如动作表情等的表现要得心应手,轻松自然,前后连贯,过渡完整。不能太突然,不能与整体、与有声语表达脱节。另外,每个人都有自己的习惯动作,朗诵中要取其精华、去其糟粕。

第三,副语言表达不能泛滥,要恰如其分,适度适用。

二、朗诵的停顿技巧

停顿是指朗诵中语流的顿歇。停顿首先是生理方面的需要,人们朗诵时要换气,这便形成了语音的自然间隙;停顿又是表情达意方面的需要,通过停顿可以更清晰、更有效地表达内容,更鲜明、更强烈地体现情感;停顿又是表达上的需要,得体的停顿可以显示语言的节奏,增强表达的力度。概括起来说,停顿在朗诵中的作用是:

1. 利用停顿，平静听众，可提高开场时的吸引力；
2. 利用停顿，控制呼吸，利于喘息和换气；
3. 利用停顿，区分语法关系，可显示结构层次；
4. 利用停顿，突出重点，可提高表达力度；
5. 利用停顿，调节旋律，可产生节奏感；
6. 利用停顿，造成悬念，可给听众思考空间；
7. 利用停顿，增强幽默感，可吸引听众的注意力；
8. 利用停顿结尾，可使气势长久停留。

（一）停顿一般分为三种类型

1. 语法停顿

语法停顿是指句子间语法关系的停顿，如句中主谓之间，述宾之间，修饰、限制词与中心词之间的停顿，还有分句之间、句子之间、段落层次之间的停顿等。举例如下：

（1）冬天／已经来了，春天／还会远吗？（主谓之间的停顿）

（2）远远的／街灯明了。（限制语与中心词之间的停顿）

（3）夜深了，／他急急忙忙地赶路。（句子之间的停顿）

标点符号是语法停顿的主要表征，语法停顿应与标点、层次、段落相一致，语法停顿的时间可通过下列关系进行：顿号＜逗号＜分号＜冒号＜句号＜句间＜层间。

2. 逻辑停顿

逻辑停顿是指为准确表达语意、揭示语言内在联系而形成的语流中声音的顿歇。例如：

白杨树／实在是／不平凡的，／我／赞美／白杨树。

逻辑停顿不受语法停顿的限制，没有明确的符号标记，往往是根据表达的内容与语境要求来决定停顿的地方和停顿的时间。

如语句："乒乓球两毛五十个。"有两处停顿。

（1）乒乓球两毛五／十个。

（2）乒乓球两毛／五十个。

停顿地方不同，意思完全不一样，如何停顿，要视上下文而定。逻辑停顿被称为无形的标点符号，包括并列性停顿、照应性停顿、强调性停顿等多种方式。

3. 感情停顿

感情停顿是为了突出某种感情而作出的间歇，这种停顿通常出现在感情强烈处，诸如悲痛欲绝、恼怒至极、兴奋异常等。在感情停顿处往往配合感情重音、呼吸急促或屏住气息等方法以表现强烈的情感色彩。如：

（1）一脚踏进昆明，心 / 都醉了。（表示高兴）

（2）他如此 / 欺人太甚，他 / 太不像话了。（表示气愤）

（3）多么可爱的小生灵啊！对人 / 无所求，// 给人的 / 却是极好的东西。（表示赞颂）

（二）停顿的方法一般有以下几种

1. 慢停法：停顿缓缓而来，且声断气连，音断意不断。如：

风流啊，/ 风流啊！

什么 / 是风流？

徐徐停顿，表示对"风流"含义的探寻。

2. 快停法：即迅速收声敛气，快速停顿。如：

快看 / 蛇 / 在那儿！

急快停顿，表示恐惧惊吓。

3. 强停法：屏住呼吸中断气息，一字一顿将字词送出。如：

医生强忍住悲痛说："焦裕禄同志 / 恐怕最多 / 只有二十几天了。"强停处理，表达了对焦裕禄同志的无比尊敬和惋惜之情。

4. 拖停法：停顿节拍相对拖长，停顿小节与前一个字由高到低缓缓收敛，乃至声、气全停，造成一种空谷回音之气。如：

北国 / 风光，

千里 / 冰封，

万里 / 雪飘。

长停后续起，停后第一个音节起声响亮，表现出雄浑、豪放的气势。清代郑燮在《潍县竹枝词》里有两句诗："水流曲曲树重重，树里春山一两峰。"说溪水因山石的阻隔而急急缓缓，弯弯曲曲，从两峰繁茂的树缝中望去，一两山峰若隐若现的迷人景色。用这两句诗来比喻朗诵中的停顿技巧是很形象的。当我们在运用停顿技巧时，不妨很好地揣摩这两句诗的含义。

三、朗诵的重音技巧

重音是指在朗诵过程中为了更好地体现语句目的，在表达时着意强调的词或词组。重音的确定，是以语句表达目的和情意色彩为依据的，哪个地方最集中最强烈地体现了句子的表达目的、情意色彩，它就是朗诵者应着力强调的对象。重音是正确表达思想、真切抒发感情的重要手段。

（一）重音的类型

1. 语法重音

语法重音是根据语法结构的特点表现出来的重音，它是由语法结构本身决定的，一般位置固定。

（1）短句中的谓语动词一般重读。如：

水开了。他来了。

（2）修饰成分与限制成分一般重读。如：

这是一片明朗的天空。

（3）补语成分一般重读。如：

累坏了。

打得稀巴烂。

（4）疑问代词、指示代词一般重读。如：

这是什么？

什么是理想？

（5）数量结构一般重读。如：

王大爷有五只羊。

（6）并列关系、对比关系、转折关系的语句中，关键词一般重读。如：

桂林的山真奇呀，桂林的山真秀哇，桂林的山真险哪。（并列关系）

人固有一死，或重于泰山，或轻于鸿毛。（对比关系）

小花很聪明，但很任性。（转折关系）

（7）拟声词重读。如：

山羊多起来了，咩咩地叫。

2. 逻辑重音

根据上下文内容的提示或由其他语言环境决定而对一些语词或句子进行重读叫作逻辑重音，又叫强调重音。逻辑重音不是由句子的自身结构，而是由句子的表达意图和具体语境决定的。如：

我是 18 级播音系的学生。（回答"谁是 18 级播音系的学生？"）

我是 18 级播音系的学生。（回答"你到底是不是播音系的学生？"）

我是 18 级播音系的学生。（回答"你是播音系哪一级的学生？"）

我是 18 级播音系的学生。（回答"你是 18 级什么系的学生？"）

我是 18 级播音系的学生。（回答"你是 18 级播音系的学生还是老师？"）

以上语句所处语境不同，表达目的不同，逻辑重音位置也不同。

3. 感情重音

为了表达强烈的感情而着重强调的部分叫感情重音。感情重音大都出现在情绪激动高昂，表达节奏强烈的地方，如兴奋、激动、愤怒、欣喜等，感情重音的作用在于使语言色彩丰富，语势强烈，听上去真切感人。如：

（1）你这个人不是东西。

重音处表示愤怒之极，充满厌恶憎恨之情。

（2）这难道是真的？

感情重音表示惊讶、恐惧之情。

感情重音位置不像语法重音和逻辑重音稳定，比较灵活，有时感情重音与语法重音或逻辑重音相重合，这种双重重音在朗诵时要特别加强。

确定语句重音，要结合上下文，要把这个句子摆到文章中去考察，不能孤立地看一句话。另外重音的体现切忌太多，如果到处都是重音，反而没有重音。

重音，一般指具体语句的重读现象，但作为组句的材料——词或词组也有轻重格式，平时要认真训练。

（二）词的轻重格式

1. 重轻式：太阳　妈妈　看看
2. 中重式：伟大　年轻　协商
3. 中轻重式：解放军　千里马　喜洋洋
4. 中重轻式：小伙子送信的
5. 中轻中重式：社会主义雄心壮志
6. 重轻中轻式：学习学习劳动劳动

（三）除重读外的重音表达方式

1. 加大音量

增加发音力度，形成强有力的声音，通常用于表达饱满、高涨的情绪。如：

让暴风雨来得更猛烈些吧！

加重"更猛烈些"，突出呼唤革命风暴到来的高昂情绪。

2. 重音轻读

对重点词语弱化、轻化，音量缩小，语气柔弱，非重点词语反而响亮明朗。这种方式常用来烘托意境，表达深沉凝重、含蓄内向的细腻感情。如：

军港的夜啊静悄悄，

海浪把战舰轻轻地摇。

重音轻读，烘托出静谧军港之夜的恬淡氛围。

3. 拖长读音

将感情饱满、格调深沉的语调延长。拖长字音一般用于渲染内在情绪，表达深挚的情意等，富有浓烈的抒情色彩。如：

周——总——理——

我们的好——总——理，

你在哪里啊，

你——在——哪——里——

4. 变换音色

运用颤音、破嗓音和沙哑声等读法表示特殊的情感。一般来说，颤音表示激动或恐惧，尖叫声或破嗓音表示歇斯底里，沙哑声或改变共鸣腔而产生的音表示疲劳、老练等。

5. 一字一顿

在要强调的字之前，做必要的顿歇，使感情深沉动人，有强调突出的作用。如：

你可知道，

我们想念你，

你的人民想/念/你。

四、朗诵语速与节奏的把握

语速是指朗诵语流的速度，即单位时间内吐出词语的音节的数量。语速是朗诵中语音形式的主要因素之一。语速受作品内容和形式的影响，也受朗诵者心境的影响，比如：表现平静、沉郁、失望的地方，描写气氛庄严、行动迟缓的语句，速度要慢一些；表示沉思、悲哀、压抑的语句，要读得更慢；而体现热烈、兴奋、愉快、愤慨、反抗、驳斥、紧张等意义的句子要快捷。语体形式不同，语速也不一样，一般来说，演讲、朗诵等独语形式和论辩等话语交锋形式，语速一般较快，而对话、交谈等对话形式较慢。另外，语速与话语表达的方式也有联系，如叙述快于解说，解说快于阐述。

节奏是语言的一种形式，是语速的具体体现与运用，它是指朗诵语流在抑扬顿挫、轻重缓急的运动中出现的时快时慢、时紧时松的方式。节奏的形式有六种：

1. 轻快型

多连少停，多轻少重，多扬少抑，语节少而词的密度大，语流显得轻快。如朱自清的散文《春》、孙犁的短篇小说《荷花淀》。

2. 凝重型

多停少连，多重少轻，多抑少扬，语流平稳凝重，语言强而有力。如鲁迅的散文《藤野先生》、海涅的诗《西里西亚的纺织工人》。

3. 低沉型

停顿多而长,语调多抑,节拍较长,声音偏暗,句尾沉重,语流沉缓。如安徒生的童话《卖火柴的小女孩》、柯岩的诗《周总理,你在哪里?》。

4. 高亢型

多连少停,多重少轻,扬而不抑,语气高昂,语流畅达,语速稍快,节奏较紧。如郭沫若的话剧《雷电颂》、茅盾的散文《白杨礼赞》。

5. 舒缓型

多连少停,声音清亮,声音较高但不着力,气长音清,语气舒展开阔。如戴望舒的诗《雨巷》、毛泽东的诗《沁园春·雪》。

6. 紧张型

多连少停,多重少轻,多扬少抑,节奏拖长,语气紧张。如闻一多的演讲《最后一次讲演》、贺敬之的诗《回延安》。

讨论节奏,要纵观全局、整体,一句话,一个词,一个短语无所谓节奏,节奏只有在段落篇章中才能体现出来。另外,节奏应体现在运动之中,体现在时间的行进中,静止无以成节奏。因此对节奏的分析不可死板,要具体作品具体分析,灵活运用。

五、朗诵语势与语调的运用

"文似看山不喜平。"文章如此,朗诵亦然,朗诵是一个动态过程,要求抑扬顿挫,起伏变化,有声语言在语句的发展和行进中形成一种趋向和态势,才能使表达形成一种旺盛的生命力,如山巅瀑布飞流直下,像幽谷溪流汩汩流淌,迥异的势能冲积出千姿百态的意境。

语势是在运动的过程中产生的,从语句的起首、经过句腰到句尾,在朗读时形成语峰和语谷,并且根据语峰和语谷的不同位置形成不同类型的语势,积极地影响朗诵者的心理节奏和情感幅度,推动朗诵的进行。

语势的变化是通过声音的高低强弱、长短、音色综合表现的,不同的语句,有不同的语气,当然有不同的语势。

（一）语势的类型

张颂先生在《朗读学》一书中将语势的类型分为五种，下面逐一阐释：

1. 波峰型：全句语势像一座山峰，句子首尾轻低，句腰突起成峰，峰巅不一定只有一个，但有一个最高，整个句子的朗诵往往有一个较完整的情绪起伏。一般来说，波峰处的语词应重读。如：

明天我一定来！

这是他的书！

2. 波谷型：与波峰相反，语势如波谷，句首句尾高，句腰在谷底，朗诵时常常感到一种尚未完结的紧张趋势，重读一般在句首或句尾。表达时要徐缓、低弱。如：

这就是你的杰作。

那就是你们班的决心。

3. 起潮型：语势由低向高层层突起，形成一座或几座逐渐高升的峰峦。起潮型的语势绝不是字字高、词词高，语调的曲折犹如"逐浪高"，如步步登山。如：

"反动派，你看见一个倒下去，可也看得见千百个站起来……"

4. 落潮型：语势逐步下行，情感的动势渐趋平稳。下行趋势绝非字字下行、词词下行，而是曲折进行的。如：

"天渐渐暗下来，北风刮得更紧了，我们默默地离开了天安门广场。"

5. 半起型：有一些语句，在语势起峰的中途便停止行进，似欲行又止，空悬不坠，引而不发，但推进的趋向已形成，声音好像被拦腰截断，可是气息却未送完，在心理和情感上产生期待的意味。这种语势以疑问句和感叹句为多。如：

"先生，你找谁？"

朗诵中语势的运动起伏是克服呆板、平淡的重要技巧。语势的类型根据文字作品的具体内容而灵活设计，切忌几个相连的语句做同类型语势处理。还要注意的是"语无定势"，具体作品、具体语言环境、具体词语序列、具体词语色彩、具体朗诵者的不同都可呈现出有声语言语势的独特性。

语调通俗地理解即抑扬或升降，它是指朗诵的语句声音的高低升降的变化。这种高低升降的变化不仅是准确传递句子思想感情的需要，也是实现句子的交际功用不可少的语音手段。语调是情感的产物，具有明显的感情色彩，音调不能单单理解成句末的一个音节，而是指整个语句甚至是语段的起伏变化。语调与语速、重音、停顿等表达技巧相结合，显示着话语的节奏感。

（二）语调的形式

1. 上扬调。指语流状态由低向高升起，句尾音强且向上扬起。一般表示疑问、激动、号召、呼唤等感情。如：

（1）你以前做过吗？

（2）我真不该这样对待他们哪！

（3）啊！你说什么呀，奶奶！

（4）理想使忠厚者常遭不幸，使不幸者绝处逢生。

2. 下抑调。语流状态由高向低运动，句尾音下降。一般表现陈述、感叹、请求、痛苦、愤怒等语气。如：

（1）老爷爷，您行行好吧！

（2）我们一定要达到目的！

（3）韶山是多少人心往神驰的地方啊！

（4）对他的要求，我们不答应！

3. 平直调。语流运动的状态是平稳直线型的，一般表示叙述、庄严、冷漠、麻木等情感。如：

（1）人民英雄纪念碑矗立在天安门广场中央。

（2）想在这里弄个金娃娃，没门。

（3）一个说："这孩子将来是要死的。"

4. 曲折调。语流运动状态是起伏曲折的，由高而低再扬起，或由低而高再降下，全句表现为上升和下降的曲折变化，用来表示讽刺、暗示、双关、反语等情感。如：

（1）你真是了不起啊！

（2）这事啊，不容易啊！

（3）注意，起风啦！

朗诵的语调不是一成不变，而是有变化的，粗略地分可包括：轻度、中度和重度三种。

轻度语调：停顿较短，重音较清楚，色彩一般化，作品中次要的语句属此类。

中度语调：停顿较长，有较重的重音，色彩鲜明，作品中的主要语句、核心句属此类。

重度语调：停顿稍长，重音稍突出，色彩较鲜明，作品中比较重要的语句属此类。

六、朗诵时特殊有声技巧的运用

朗诵时除了轻重、停连、快慢、升降、长短等基本技巧外，还有诸多特殊技巧。综合运用、得体表达才能使朗诵更加生动传神。

下面介绍七种方式：

1. 拖音

有意把字音拖长，即延长发音时间，可表示回忆、领悟、气弱、惊讶和呼唤等感情。

如据鲁迅小说《祝福》改编的电影中，主人公祥林嫂有一句台词："如果我的阿毛还在，也有你这么大了！"表达时利用拖音表示祥林嫂对儿子阿毛的深深怀念。

2. 颤音

在发音中，让声音开阻交替，气息较强，咬字有力，使声抖动，这即产生颤音。颤音可表示特别激动的情绪与悲哀、痛苦等感情。如："这里有没有特务？你站出来，是好汉的站出来。"

颤动"站"和"站出来"两处，表现出闻一多先生对国民党反动派暗杀革命战士的无比愤慨之情。

3. 拟声

用口语形象地模拟人或事物发出的声响，如拟虎啸、马嘶、枪响、雷鸣等，拟声可以营造情境，烘托气氛，增加表现力。拟声多用象声词表达。

4. 泣诉

朗诵时，为了表示哀伤、惨痛、悲苦等感情，可使声音带上一种呜咽、哭泣色彩，从而使表情真切、生动。哭泣时的气息运动，主要是"抽气"的动作，即用鼻或嘴有节奏地往里吸气，抽气的节奏要和腹部的紧缩、膈肌的颤动、两肋的张弛在动作上协调一致。

5. 笑语

诵读中，有时为了表示欣喜欢快的心情，而使话语的声音带上笑意，有时则模拟作品中的人物发出笑声，从而收到真实、感人的表达效果。方法是：口腔、喉、胸要放松，小腹膈肌弹动气息直射软腭，随之发出"哈""哼"等笑语。表达时要气息饱满，送气集中，顺畅轻快，大笑时最好不要发"哈"的声音，这样容易一下子把气漏尽，可以从"a""i"的顿音练习开始，引发出笑声。

6. 气音

是气多声轻的一种发音方法，类似耳语，也像"嘘声"，一般用来表达静谧、紧张、惊异、恐惧的心理活动或模拟高声讲话等。运气方法是：吸气时放慢速度，加强深度，吐字时除实音外可伴随一定的气音、虚音，将气缓缓送出。如：

这地方太可怕了。

7. 喷口

指言语者无法控制自己激动的心情，而需要突然爆发的一种修饰用气。方法是：先将口腔里的气息蓄满，而后突然有力地喷出，由此可大大加强言语力度，强化感情色彩。如：

死去元知万事空，

但悲 / 不见九州同。

在"悲"字后停顿吸气，然后有力喷出"不见"二字，表示出悲愤之情。

七、朗诵时目光语的运用

心理学研究表明，在人的各种感觉器官可获得的信息总量中，眼睛要占百分之七十以上，人内心的隐秘、胸中的情感激荡，总是自觉不自觉地在不断变幻的眼神中流露出来，它犹如一面聚焦镜，凝聚着一个人的神韵气质。泰戈尔说得好："一旦学会了眼睛的语言，表情的变化将是无穷无尽的。"

因此，一个成功的朗诵者必须要了解千姿百态的目光语。

正视表示庄重，斜视表示轻蔑，仰视表示思索，俯视表示羞涩，逼视表示命令，瞪视表示敌意，不住地打量表示挑衅，低眉偷觑表示困窘，行注目礼表示尊敬，白他一眼表示反感，双目大睁表示吃惊，眨个不停表示疑问，眯成一条缝表示高兴。

配合着眉毛的变化，眉目传情意义更广泛。欢乐时眉开眼笑，眉飞色舞；忧愁时双眉紧锁；愤怒时横眉怒目；顺从时低眉顺眼；戏谑时挤眉弄眼；畅快时扬眉吐气等。

目光语最主要的是强调眼神的运用。一般来说，不同的眼神表现着不同的情感：目光明澈表现胸怀坦荡，目光狡黠表现心术不正，目光炯炯表现精神焕发，目光执着表示志向高远，目光浮动表现轻薄浅陋，目光睿智表现聪明机敏，目光呆滞表现心事重重，目光坚毅表现自强自信，目光哀颓表现自暴自弃。除此之外，故弄玄虚的眼神乃是高傲自大的反映，神秘莫测的眼神则是狡猾奸猾的反映，似匣剑出鞘的灼灼逼人的目光是正派敏锐的写照，如蛇蝎蛰伏灰冷阴暗的目光是邪恶刁钻的写照。坦诚者目光像一泓清泉，悠然见底；英武者目光如电掣雷奔，波澜壮阔；典雅者目光似云雾初开，林鸟相逐；俊秀者目光如玉气藏虹，珠胎含月；妩媚者目光似春花始香，夏梅初笑；豪放者目光如风云波浪，海天苍苍……

眼神的表达丰富多彩。诗人公木说过："眼睛是心灵的窗户，不会隐藏更不会说谎。"得体地运用目光语会使朗诵增光添彩。

朗诵中运用目光语很重要，用好目光语很有技巧，下面介绍运用目光语的八种方法：

1. 前视法：就是朗诵者视线平直向前而弧形流转，立足听众席的中心线，以此为中心弧形照顾两边，直到视线落到最后的听众头顶上。视线推进时不要匀速，要按语句有节奏地进行，要顾及坐在偏僻角落的听众。

2. 环视法：有节奏或周期地把视线从听众的左方扫到右方，从右方扫到左方或从前排扫到后排，从后排扫到前排。视线每走一步都是弧形，弧形又构成一个整体——环形。这种方法要注意中间的过渡，由于其视线的跨度大难免有为视线而用视线之嫌，表达时要注意衔接。

3. 侧视法：用"Z"形成"S"形运用视线。此法在大型朗诵中用得较多。

4. 点视法：在很特殊的情感处理与听众的不良反应出现时，可大胆运用此法，此法很厉害，对制止听众中的骚动情绪有很大好处。

5. 虚视法：即"眼中无听众，心中有听众"。这种方法在朗诵中使用频率很高，尤其是初次上场的朗诵者可以用它来克服自己的紧张与分神毛病而不至于使自己看到台下那火辣辣的眼神而害怕。这种方法还可以用来表示朗诵时的愤怒、悲伤、怀疑等感情。

6. 闭目法：人眨眼一般是每分钟五至八次，若眨眼时间超过 1 秒钟就成了闭眼。当朗诵一些悲伤、思念、愤怒等极度情感时可用。

7. 仰视法和俯视法：在朗诵时，不要总是注视听众，可以根据内容运用仰视和俯视，如表现长者对后辈的爱护、怜悯与宽容时可把视线向下；表示尊敬、撒娇或思索、回忆时可视线向上。

要特别说明的是：视线的运用往往是各种方法综合考虑、交叉运用的，同时要按照内容的需要，押着感情的节拍，配合有声语言形式与手势、身姿等立体进行，协同体现。

八、朗诵时脸部表情的控制

人的脸部是一张千变万化、丰富多彩的情感"晴雨表"，细心的听众可以从上面读懂朗诵者的感情世界。因此，在朗诵文学作品时一定要按照作品内容与情感的需要来调整控制好脸部表情。

下面我们来看一些常见的脸部表情：

突出下颌表示攻击性行为；

缩紧下巴表示畏惧和驯服；

抚弄下颌表示掩饰不安或胸有成竹；

伤心时嘴角下撇，欢快时嘴角提升，委屈时噘起嘴巴，惊讶时张口结舌，仇恨时咬牙切齿，忍耐时咬住下唇；

下颌上抬，把鼻子挺出，是傲慢、自大、倔强的表现；

用手摸鼻子，是怀疑对方；

用手摸耳垂表示自我陶醉。

以上罗列了一些脸部表情。如果它们互相配合，综合运用，按照朗诵的内容要求，根据朗诵者的感情控制，会产生愤怒、害怕、高兴、妒忌、喜爱、紧张、骄傲、悲伤、满足、同情等感情。

首先从感情的两个极端"愉快"与"不愉快"看看脸部的活动情况：

1. 愉快：①嘴角后拉；②笑肌上提；③眉毛平展；④眼睛平眯；⑤瞳孔放大。正是"眉毛胡子笑成一堆"。

2. 不愉快：①嘴角下垂；②面颊下拉；③眉毛紧锁；④面孔显长。正是"拉得像个马脸"。

可更具体些：

1. 表示有兴趣、快乐、高兴、幸福、兴奋的表情，脸部的组合方式为：眉毛上抛，嘴角向下，鼻孔开合程度正常，口张开，瞳孔放大。有时伴有笑声、流泪或拍拉身体等动作。

2. 表示蔑视、嘲笑等表情，脸部的组合方式：视角斜下，眉毛平或撮，抬面颊。

3. 表示痛苦、哭泣等表情，其组合方式是：皱眉、眯眼、皱鼻、张开嘴、嘴角下拉，配合有声传递。

4. 表示发怒、生气的表情，其脸部组合方式是：眼睁大，眉毛倒竖，嘴角拉开，紧咬牙关。

5. 表示惊愕、恐惧的表情，其脸部组合方式是：眉毛高扬，眼睛与口张开，倒吸凉气。

6．表示平和、自然的表情，其脸部组合方式为：眉毛平，嘴角平，略提面颊。

脸部表情运用要适时、适事、适情、适度，切忌呆滞麻木、情不由衷、晦涩不明与矫揉造作。

九、朗诵中的手势表达

朗诵时，得体的手势运用能完善朗诵者丰富多彩的主体形象，使朗诵富有感染力。如：急剧而有力的手势，可以帮助朗诵时升华感情；稳健而含蓄的手势，可以帮助朗诵者表明心迹。下面我们了解一下手势的类型。

1．指示手势：这种手势是用来指示具体真实形象的。分为实指和虚指两大类。实指是表达者的手势确指，它所指的人或事或方向均是在场的人视线所及的。如"我""你""我们""你们""咱们""这边""上面""地下""这些""这一个"等。其中以"我"为中心的动作居多；虚指是指表达者和听众不能看到的。比如讲到"很久很久以前""在那遥远的地方"。常用虚指可伴"他的""那时""后面"等词出现。

指示手势比较明了，不带感情色彩，比较容易做。

2．模拟手势：用来摹形状物的手势，其特点是"求神似，不求形似"，因此有一定的夸张色彩。我们可以通过一个演讲的例子说明问题。在一次演讲比赛中，一个演讲者讲到自己由于身患重病没钱医治，一个个素不相识的朋友给他寄来汇单、物品。在讲到一个年仅五岁的小女孩那天到医院给他送来一个大梨时，他热泪盈眶，双手合抱，虚拟出一个大球形，好像这梨就是代表了人们的真情实意。这手势信息含量很大，升华了感情。

3．抒情手势：一种抽象感情很强的手势，朗诵中运用频率最大。比如：兴奋时拍手称快，恼怒时挥舞拳头，急躁时双手相搓，果断时猛力砍下。

4．习惯手势：任何一位朗诵者，都有一些只有他自己才有而别人没有的习惯手势。习惯手势的含义不明确、不固定，有些大方优美，有些则不适宜朗诵表达，朗诵者要加强训练，去粗取精。

朗诵手势贵在自然，切忌造作；贵在协调，切忌脱节；贵在精简，切忌泛滥；贵在变化，切忌死板；贵在通盘考虑，切忌前紧后松或前松后紧。

下面介绍30种手势，朗诵者平时要认真观察生活，刻苦训练，积极付诸朗诵实践。

1. **拇指手势**：竖起大拇指，其余四指自然弯曲，表示强大、肯定、赞美、第一等意义。

2. **小指手势**：竖起小指，其余四指弯曲合拢，表示精细、微不足道或蔑视对方。

3. **食指手势**：食指伸出，其余四指弯曲并拢。这一手势在朗诵中被大量采用，用来指称人物、事物、方向，或者表示观点甚至表示肯定。胳膊向上伸直，食指指向空中则表示强调，也可以表示数字"一""十""百""千""万"……

食指弯曲形成钩形表示九、九十、九百……齐肩画线表示直线，在空中划弧线表示弧形。

4. **食指、中指并用手势**：食指、中指伸直分开，其余三指弯曲，这一手势在一些欧美国家与非洲国家表示胜利的含义，由英国首相丘吉尔在演讲中大量推广。

5. **中指、无名指、小指三指并用手势**：表示三、三十、三百……

6. **食指、中指、无名指、小指四指并用手势**：表示四、四十、四百……

7. **五指并用手势**：如果是五指并伸且分开，表示五、五十、五百……如果指尖向上并拢，掌心向外推出，表示"向前""希望"等含义，显示出坚定与力量，又叫手推手势。

8. **拇指、小指并用手势**：拇指与小指同时伸出，其余三指并拢弯曲表示六、六十、六百。

9. **拇指、食指并用手势**：拇指、食指分开伸出，其余三指弯曲表示八、八十、八百……

如果并拢表示肯定、赞赏之意；如果二者弯曲靠拢但未接触，则表示"微小""精细"之意。

10. 拇指、食指、中指并用手势：三指相捏向前表示"这""这些"，用力一点表示强调，也表示数字七、七十、七百……

11. O形手势：又叫圆形手势，曾风行欧美。表示"好""行"的意思，也表示"零"。

12. 仰手手势：掌心向上，拇指自然张开，其余弯曲，这一手势包容量很大。区域不同意义有别：手部抬高表示"赞美""欢欣""希望"之意；平放是"乞求""请施舍"之意；手部放低表示无可奈何，很坦诚。

13. 俯手手势：掌心向下，其余状态同仰手手势。这是审慎的提醒手势，进而达到控场的目的，同时表示反对、否定之意；有时表示安慰、许可之意；有时又用以指示方向。

14. 手切手势：手剪手势的一种变式。五指并拢，手掌挺直，像把斧子用力劈下，表示果断、坚决、排除之意。

15. 手啄手势：五指并拢呈簸箕形，指尖向前。这种手势表示"提醒注意"之意，有很强的针对性、指向性，并带有一定的挑衅性。

16. 手包手势：五指相夹相触，指尖向上，就像一个收紧了开口的钱包，用于强调主题和重点，也表示探讨之意。

17. 手剪手势：五指并拢，手掌挺直，掌心向下，左右两手同时运用，随着有声语言左右分开，表示强烈拒绝。

18. 手抓手势：五指稍弯、分开、开口向上。这种手势主要用来吸引听众，控制场景气氛。

19. 手压手势：手臂自然伸直，掌心向下，手掌一下一下向下压去。当听众情绪激动时，可用这手势平息。

20. 手推手势：见"五指并用手势"。

21. 抚身手势：五指自然并拢，抚摸自己身体的某一部分。这种手势往往成为一些朗诵者的习惯手势放在胸前。双手抚胸表示深思、谦逊、反躬自问。如果以手抚头表示懊恼、回忆等。

22. 挥手手势：手举过头挥动。表示兴奋、致意；双手同时挥动表示热情致意。

23．掌分手势：双手自然撑掌，用力分开。掌心向上表示"开展""行动起来"等意，掌心向下表示"排除""取缔"等；平行伸开还表示"面积""平面"之意。

24．拳举手势：单手或双手握拳，平举胸前，表示示威、报复；高举过肩或挥动或直锤或斜击，表示愤怒、呐喊等。

25．拳击手势：双手握拳在胸前作撞击动作，表示事物间的矛盾冲突。

26．拍肩手势：用手指拍击肩膀，表示担负工作、责任和使命的意思。

27．拍头手势：用手掌拍头，表示猛醒、省悟、恍然大悟等意思。

28．捶胸手势：用拳捶胸，辅之以跺脚、顿足，表示愤恨、哀戚、伤悲。

29．搓手手势：双手摩擦，意味着做好准备，期待取胜；如果速度慢表示怀疑；在冬天则表示取暖；拇指与食指或其他指尖摩擦，通常暗示对金钱的希望。

30．颤手手势：单手或双手颤动，必须与其他手势配合才表示一个明确的含义。

十、朗诵时的姿态调整

（一）不同姿态的含义

在朗诵时，朗诵者不可能纹丝不动。其形体应有活动和变化，构成不同姿态，从而表达出不同的情感指向，姿态可以说是朗诵时副语言的"指示器"。

1．脚尖的指向度与朗诵者对听众表达的情感有关，如果过于偏则给听众一种"不太热情"之感。

2．弯腰给人一种压抑的情绪，朗诵时的鞠躬、点头引申为对听众的尊重。

3．频频把手插入衣袋里给人一种紧张的表现，尤其是拇指向外更不雅观。

4．将两手大拇指呈倒八字形插放侧面有一种威严感。

5．挺直腰部反映出情绪高昂、充满自信。朗诵时应充满精神，但不能过头，否则给人一种骄狂之态。

6. 深坐者给人一种老成之感，年轻人朗诵时忌用。

7. 凸出腹部表示自信满足，解开上衣如果不是气候原因，则表示自己镇定自若。

8. 为了缓解紧张情绪，有些人喜欢松开皮带。轻拍自己腹部，表示自己有风度、雅量。"一切看我的。"

9. 朗诵中，把手按在腰腹上，表示自己忠诚、可靠。

10. 耸肩意为示威吓唬对方，配合摇头或双手动作表示不明白、没办法之意。

11. 抬头表示遐想、傲慢等；点头表示同意、欣喜、致意、肯定、承认、感谢、应允、满意、认可、理解、顺从；摇头表示否定。侧着头表示疑问；歪着头行礼表示天真；抱着头表示不同意；垂着头走路表示心事重重。

12. 步频较快、轻松，表示"春风得意"。

13. 走路时眼光正视前方，手摆幅度大，趾高气扬，目空一切；走路时拖着步子，速度太慢表示自卑、紧张、没信心。

（二）朗诵站姿规范

朗诵时一般采取站立姿态，一些表演朗诵、台词朗诵也可运用坐式或其他姿态。

1. 挺胸，收腹，精神饱满，气下沉。

2. 两肩放松，重心主要支撑于脚掌、脚弓上。

3. 脊椎、后背挺直，胸略向前上方挺起。

4. 腿应绷直，稳定重心位置。

（三）站姿分类

1. 前进式：这种姿势是朗诵时用得最多，使用最灵活的一种站姿。右脚在前，左脚在后，前脚脚尖指向正前方或稍向外侧斜，两脚延长线的夹角成 45 度左右，脚跟距离在 15 厘米左右。这种姿势重心没有固定，可以随着上身前倾与后移的变化而分别定在前脚跟与后脚上，不会因时间长而身体无变化不美观。另外，前进式能使手势动作灵活多变，由于上身可前可后、可左可右,还可转动,这样能保证手做出不同的姿势,表达出不同的感情。

2. 稍息式:一脚自然站立,另一只脚向前迈出半步,两脚跟之间相距约12厘米左右,两脚之间形成75度夹角。运用这种姿势,形象比较单一,重心总是落在后脚上。一般适用于长时间站着朗诵中的短期更换姿势,使身体在短时间里松弛,得到休息,一般不会长时间单独使用,因为它给人一种不严肃之感。

3. 自然式:两脚自然分开、平行相距与肩同宽,约20厘米为宜,太远会影响呼吸声音的表达,太近则显得拘束。

此外还有立正式、丁字式等。

运用坐姿要文雅、大方,落座时要轻盈、和缓,切忌急急忙忙,人未站稳就重重地将屁股落在椅子上。落座后要保持上身正直,头部平稳,力戒歪斜肩膀、半躺半坐和两手交叉在胸前等不良姿态。

十一、朗诵者服饰装扮技巧

朗诵者千种模样,万般风采,服饰装扮要表现出良好的精神状态和文明层次。要根据自身的身体形态、个性爱好、年龄职业、风韵涵养以及朗诵主题、朗诵情感,做到得体、大方、匀称、和谐、新颖、独特。通过装扮告诉听众,这就是我,这才是我。朗诵者装扮的基本要求可借用中华人民共和国成立前南开大学的《容止格言》来衡量:"面必净,发必理,衣必整,纽必结。头容正,肩容平,胸容宽,背容直。气象勿傲勿暴勿怠,颜色宜和宜静宜庄。"

(一)服装款式的选择

朗诵者朗诵时必须全方位地展示自己,要善于通过服装掩盖自身外形上的缺陷,展示自己的内在美。下面从体型角度谈谈不同朗诵者服装款式的选择:

1. 矮胖型:着装原则是低领、宽松、深色、轻软。

注意上下身衣服颜色连同鞋袜要同色。避免穿下摆印花的裙子,上衣或外套短一些。穿斯文的高跟鞋与略带深色的丝袜可以使两腿修长。要避免上身与下身的颜色反差太大。在冬天可根据朗诵内容选戴小型围巾且颜色应鲜艳些。裙子不宜太长，质地要柔软轻盈。以 V 形领为佳，袖口宜小。男士适合穿西裤，给人以优雅、富态之感。

2. 矮小瘦小型：不能穿太宽大和大格子的上衣，可选穿浅灰色、浅黄、褐色等有膨胀感颜色的衣服，穿直筒形裤子遮盖略高的鞋跟。

3. 高长瘦削型：宜穿带有衬肩的大披领宽松上衣，这种类型的男士穿夹克很合适。要选择有膨胀感的色调。可穿带有细格条纹和大方格的上衣，裤子不宜过于肥大。女士不要穿窄腰或领口很深的连衣裙，面料图案不宜选直线条的。胸部瘦小者，不要穿紧身服装。

4. 特型：主要指体型与一般人有较大差异的体型。比如驼背、臀围特大等。驼背者应避免加大的渲染，最好不要在服装背后开口，可用大领子起遮掩作用。臀部外翘男士要少束腰带在裤外。女士不穿紧身裤，应穿喇叭裤。臀部过于肥大者宜穿浅色上衣，深色裤子或裙子，以达到上下和谐的目的。臀部过小者选用宽松的裤子和裙子，不要穿紧身衣裤。

这里要特别强调的是西装，西装是男士最常穿的服装，女士穿得也很普遍。穿西装一定要选择优质的，粗劣西装会损害你的风度。

深色西装要配白衬衣、黑皮鞋与黑袜子。带条纹的西装不要配方格衬衣，带条纹的衬衣也不要配方格西装。

男士可选穿单件西装上衣，下面可灵活搭配。穿西装还要注意领带的搭配：真丝与人造丝领带适合配庄重的西装，带碎花西装配各种领带都合适。

（二）服装颜色的搭配

朗诵者衣着打扮的颜色与朗诵主题相协调，才能激发积极的情感。不同的色彩能引起人们不同的联想，产生不同的心理感受。在现实生活中，衣饰色彩的选择一般是由人自身的性格、生活经历、经济基础、性格气质、爱好兴趣决定的。没必要做刻意的要求与规定。但朗诵时就要考虑朗诵内容、环境、时空诸因素来进行衣着、饰物方面的颜色搭配。

首先要了解颜色本身的含义：

白色是纯真、洁净的象征，也能给人以恐怖、神圣的感觉；

黑色是严肃、悲哀的象征，也能给人以文雅、庄重的感觉；

紫色是高贵、威严的象征，也能给人以神秘、轻佻的感觉；

绿色是青春、生命的象征，也能给人以恬静、新鲜的感觉；

红色是热情、喜庆的象征，也能给人以焦躁、危险的感觉；

蓝色是智慧、宁静的象征，也能给人以寒冷、冷淡的感觉。

朗诵时不宜以单色调打扮，而是在某一基色调基础上求得变化，配色时不要太杂，一般不超过三个颜色，另外不要用同比例搭配。服装配色的方法有：亲近色调和法与对比色调和法。

亲近色调和法，即将颜色相似，但深浅浓淡不同的颜色组合在一起，这是一种常用的、比较安全的配色方法。比如：深蓝与浅蓝，黄色与黄橙色，水蓝与烟灰色等。

对比色调和法，即以一色衬托另一色，互相陪衬，相映成趣。如：黄色配紫色，樱桃色配天蓝色，黄绿色与红紫色。

常用的理想配色是：

绿色配黄色，中灰配褐色；

红色配淡褐，深红配浅蓝；

深蓝配灰色，土红配天蓝；

炭灰配浅灰，粉红配亮绿；

金黄配朱红，玫瑰配深红；

栗色配绿色，橙色配淡紫；

黄色配棕色，浅蓝配浅紫；

草绿配猩红，紫色配黄橙；

海蓝配朱砂，宝蓝配鲜绿；

中棕配中蓝，酒红配黄红；

棕色配橄榄色，宝蓝配鲜绿；

原色组合（红、黄、蓝）；

黑白相间（"黑""白"两色被称为"救命色"，几乎可与任何颜色相配）。

另外还要强调的一点是，朗诵者的衣物配色要考虑到场地的灯光颜色。在灯光下，所有的颜色都会带上若干黄色色调，黄色看起来几乎变为白色，橙黄色变黄色，浅蓝色变绿色，深蓝色变黑色，紫罗兰变红色，鲜绿色变得暗淡……所以如果朗诵是在晚间进行，选择衣物时最好是在灯光下配色。

(三) 鞋子饰物的选定

朗诵时，鞋子对情绪的影响很大。当我们穿上一双合适的鞋子，迈着鸵鸟般的大步走上讲台时，将会信心百倍。选择鞋子不宜盲目追求式样的新潮，要适合自己的脚形与体形，还要考虑到整体的协调与朗诵内容与场景的限制。

脚大的人不宜穿白色的鞋子，白色有一种膨胀感，灯光一照更是显眼。

身材矮小型的女性不宜穿很高的高跟鞋。

细高跟的凉鞋以白色为最好，白色与夏天服饰最易搭配。朗诵时以穿皮鞋为最常见，无论是男士穿西装、夹克，还是女士穿裙子、休闲服都可穿皮鞋。穿皮鞋上场显得端庄、高雅、大方。穿皮鞋要注意与衣着颜色相配，要保证皮鞋锃亮，除了女士有些特制的皮鞋外，最好不要穿钉有铁掌的皮鞋，以免上场时有刺激声而影响听众的情绪。女士选用皮鞋跟不要太高，太高不利于运气发声。

选用鞋子时还要注意袜子的搭配。穿裙子宜穿长筒裤袜和连衣裙袜并穿皮鞋。裤袜的颜色一般选用与肤色相同或稍浅些的。

朗诵时，要尽量减少饰物的佩戴，多了显得累赘不协调，要适可而止。下面谈谈关于饰物的戴法。

项链：男士朗诵时一般不戴项链，女士戴项链时也不要太大，要小巧，以黄金为好。也可按衣服的颜色、样式佩戴其他颜色的项链。

戒指：不要太大，颜色不要太艳丽，最好不佩戴能反射光线的戒指。

胸花：胸针、胸花之类的饰物女士在朗诵中常用。

发夹：尽量不戴，如果非得借助发夹把头发盘起来则可用，并要把头发固定紧，一旦松落不好收场。

耳环：朗诵时最好取下不戴，要戴只能戴一些小型轻巧的。如果耳环太大，在做头部动作时可能会摇摇晃晃，有一种累赘感。

第四章　朗诵的进行

一、朗诵进行的整体设计

所谓整体设计，是指对朗诵作品的有声表达与无声表达的方式方法作全面的设想，是朗诵表达前的重要准备工作。

1. 设计朗诵形式

朗诵的形式一般包括独诵、对诵、合诵三种。独诵是一个人朗诵，朗诵者可男可女，可老可少，它是朗诵最常用的一种方式，适合篇幅精练，感情贯一，人物形象不多的文章。其特点是灵活、自然。对诵是两人组合朗诵，对诵者可以是同性两人，一般是男女异性，对诵便于抒发情感，加强变化，有利于展示作品意境，唤起听众的想象力，拨动听众的心弦，产生良好的共鸣。对诵角色选取时应考虑双方音色协调，音高、音域一致，外貌形象般配。合诵是三人或三人以上参加的大型朗诵，又叫集体朗诵，集体朗诵适合体现情感起伏大、情节复杂、人物众多、篇幅较长的作品，它要求音量洪大，力量强劲，鼓动性强，具有磅礴的气势和感人的力量。

2. 设计朗诵基调

基调是指作品基本的、总体的感情模式，它贯穿作品始终，是朗诵表达的情感框架。

3. 设计朗诵高潮

朗诵切忌平铺直叙、形如一潭死水，无论什么体式，什么格式的文章都应赋予其一定的表达高潮。在一篇文章中，朗诵的高潮可以是一个，一个高潮的作品一般在文章的结尾，如舒婷的诗《祖国啊，我亲爱的祖国》，这首诗热情地歌颂了我们伟大的祖国，伟大的人民，诗分为两部分，前一部分深深缅怀着祖国艰难的历程，赞颂着人民拼搏奋斗的足迹，朗诵的语调低沉，速度缓慢；后一部分表达着对祖国新气象的赞美，表达要高昂激烈，气势磅礴。朗诵一个高潮的作品时，应螺旋上升，逐渐推进，不可突然上扬，与前面脱节。在一篇作品中，朗诵的高潮也可有多个，这一般都是按平行模式结构构篇的文章，如裴多菲的诗《我愿意是急流》即如此。

4. 设计态势语言

态势语言是有声语言的良性辅助，是朗诵成功的主要支撑。朗诵时，要对态势语所包括的诸如脸部表情、手部动作、身体姿态、服装饰物、时间空间等进行全面整体考虑，使技巧表达立体全面。

5. 设计灯光音响

灯光音响是朗诵走向成功的科技支撑，舞台朗诵、艺术朗诵、表演朗诵、化妆朗诵等形式的朗诵都要灯光与音响的配合，它们对体现朗诵作品的意境、烘托朗诵的气氛有很大作用。朗诵者要全面考虑，大型朗诵活动最后请专业灯光师、音响师参与设计。

二、朗诵时的状态调控

在全面理解作品，对作品作了精心设计并进行反复练习后，就可上台朗诵了。当然，充分的准备，只是成功的一半，良好的朗诵状态是朗诵成功的另一半。朗诵状态是朗诵者在朗诵过程中表现出来的心理状态和生理状态。朗诵状态不正确，或过分紧张，张口结舌；或过分懈怠，无精打采；或激动万分，千头万绪；或追求技巧，三心二意；或腔调固定，色彩单一。这一切都不可能把自己的全部准备工作付诸现实，朗诵前对作品的理解、感受、构思、设计，便会付之东流。由此可见，朗诵状态正确与否，是朗诵成功的关键所在。

那么，从哪些方面可调整自己的朗诵状态呢？可从以下四个方面考虑：

1. 树立信心，充满希望

朗诵者要树立积极向上的自信心，充满希望，走上讲台。因为，自信是意志与力量的体现，是人们对自我认识感到满意的心理倾向。遗憾的是，有些人缺乏自信，上台朗诵时往往"怕"字当头，思维紊乱，六神无主，不知所措，手脚发抖，表情僵硬。既不能适当地表达感情，又不能准确地传递声音。这种不自信引发的怯场现象与表现欲同时产生，相伴而行，几乎人人都有，只是有些人能自如地控制不让它影响表达罢了。要克服怯场的心理，平时要加强练习，勇于实践，增强自信。

2. 欲望强烈，全神贯注

欲望是人共有的心理现象，是人们思想行为所共有的内驱力。朗诵过程中，朗诵者要充满表达欲，有时刻准备着的心态，让自己充满创作的热情，使自己处于一种兴奋、冲动的创作情绪之中。唯有如此，情感才能真实丰富，朗诵表达才能积极到位，才能排除朗诵现场的一切干扰，不因为听众、场地等客观因素而分心，不必过分在乎听众的反应、受听众支配而影响自己的注意力。

3. 注重听众，加强交流

朗诵虽然是一种单向的语言表达模式，但其目的是将作品的思想情感传递给听众，使听众获得思想情感上的共鸣，获得美感享受，得到思想启迪。因此，一个成功的朗诵者必须时刻在意听众、在意他们的年龄层次、知识结构、兴趣爱好、美感追求，并根据这些对朗诵表达的内外部技巧进行调控，绝对不可只顾自己在台上朗诵、独自沉湎于作品框定的情感色彩中，心中没有听众，眼中没有场景，与听众之间缺乏心灵上的交流。这就要求我们朗诵时善于观察，适于分析，长于理解，适时调整。

4. 把握技巧，克服模式

朗诵时要借助内外部技巧全面设计，立体展现。但切不可模式化，追求怪异，有很明显的技巧外露痕迹。尽量做到不勉强、不做作、不虚声假气、嗲声嗲气。朗诵时要把握基调，加强韵味，但不可一味"朗诵腔"，不可一味运用夸张、渲染腔调，不管内容如何、不顾场合怎样，只追求表面上的语调铿锵、激情洋溢，这样的表达只会让人觉得空洞虚假、言不由衷。这就要求我们加强对作品的理解与分析，吃透作品主旨情感；要加强外部技巧的训练，刻苦学习名家经验；要及时总结，及时反省，努力提高。

三、朗诵过程中的心理表征

朗诵的时候，由于面对众多的听众，身处特殊的环境之中，朗诵者都会产生一种胆怯害怕的心理，以至失去自控能力。要么是面对听众胆怯，担心自己表达不好，表现出自卑；要么是对朗诵文稿不能整体把握，出现前后不协调的情况；要么是对朗诵的环境适应不过来，在强光、彩灯的照射下不知所措。

朗诵时由于紧张会有一些生理和心理表征，表现为：

心慌意乱，颠三倒四，口干舌燥，喉咙发紧，声音发抖，表情尴尬，动作笨拙，出汗脸红，不敢正视听众，搔头摸耳，卷衣角，抹发梢，读错了吐舌头等现象。

造成朗诵者紧张的根本原因是受到外界刺激后情绪失去平衡，产生情绪波动，从而引起有机体呼吸、循环、腺体、心脏、肌肉等一系列的变化，导致语言与行动的稳定性与协调性下降。

首先，情绪紧张会引起呼吸系统的错乱。呼吸频率要超过平常时一倍多，呼吸速度失调。由此而使朗诵者难以保持平稳的语言频率，使言语节奏混乱，音律失控，语速过快，语调平淡。

其次，情绪紧张会引起腺体与内脏器官的变化。唾液分泌减少，身上大量出汗，膀胱扩充引起尿频现象。导致朗诵者声音干瘪，响度减弱，思维被打乱，记忆清晰度降低。

最后，情绪紧张会引起循环系统的失控。心跳次数增加，血压升高，全身肌肉缩紧，四肢颤抖，导致表情呆滞，难以传神；手势动作僵硬，姿态死板，感情难以表达出来。

对朗诵者来说，紧张情绪的最强度表现在即将开始之前，此时有很多想法，很多顾忌，很多担心。一旦开始紧张程度会减轻。我们常听到别人说："刚开始时我紧张得不知怎么办才好，可一上场朗诵反而不怕了！"此话说的就是这个道理。

造成紧张的主要原因是朗诵者心里过早地渴望朗诵的成功，因而生发出一大片假设的强大无比的敌人，又担心自己被这些敌人打败而有失面子。因此，越想越紧张，越想越害怕，正是这种自我构筑的心理障碍把自己一步一步地推向危机之中。

其实，这种心理现象谁都会有，紧张是人类的通病，这是一种自然现象，是一种普遍的心理反应。这样想来，如果你一点都不紧张，没有一点紧迫感、压力感，那反而不正常了。

四、朗诵怯场的心理调控

朗诵过程中的怯场是心理紧张造成的，因此，心理调控是消除紧张的关键。如下方法可以运用：

1. 言语暗示法

据科学研究表明：百分之九十以上的人都为自卑而苦恼。"金无足赤，人无完人。"任何人都有其自卑的原因：容貌、身材、地位、阅历、环境、能力、体力，等等。

朗诵者也一样，尤其是当他们把自己暴露在大庭广众之中时，自卑感会加剧，他们会把这种自卑感带入朗诵中从而增加紧张的程度。克服这种心理障碍的方法是作强烈的、鼓励自己的暗示。

哲学家奥欧里斯暗示自己："我们的想法可以创造自己的人生。"

卡耐基说："路是可以开拓出来的。"

美国俄克拉荷马州参议员汤姆士小时候是一个瘦瘦高高、弱不禁风的人，他感到十分苦恼。考上大学后受命参加一次演讲比赛，这个平时面对一个陌生人都不敢开口的人突然之间要面对众多的人，他感到焦急万分。但他在母亲的指导下，采用自我暗示："病弱的身体可能会一辈子跟着你，所以你要用头脑来取胜啊！好好努力吧！会成功的！"结果他取得了第一名。

自我暗示方法虽然很简单，但运用得当，确实有效。它能使表达者立刻

"热起来",也能立刻"冷下去"。因此心理学家奥尔波特称此法为"短循环反应法"。

下面再介绍几个例句:

"只要勇敢地走上讲台就没事了!"

"我已做好充分的准备,不会出错的。"

"听众有他们自己的事,不会对我的朗诵太在意的!"

"潇洒地去表达吧,我能成功。"

"紧张是胆小鬼的行为。"

"我已走到了最恶劣的地步,不会再有更糟的事了。充满信心吧!"

2. 场景演习法

日本著名心理学家高桥铁先生给一些心理病患者治疗恐惧症时,总是首先要这些患者到他为他们设计的"恐怖的地方"体验一下可怕的生活,然后要他们述说可怕的心情,再做轻松治疗。这种方法在高桥铁的治疗中取得了很好的效果。

当众朗诵紧张实在也是一种"恐惧体验"。如果上台之前能演习一下朗诵时的情形,表达时就可以缓解各种欲望,减轻心头上的烦恼,再次恢复到自然适应的状态。

这种演习很像体育活动的"热身赛"与戏剧表演中的"彩排",是正式朗诵之前的模拟训练,也是朗诵准备工作的最后一道"工序"。

可以模仿朗诵环境把房间设计布置一下,朗诵者全副武装,按正式朗诵时的要求打扮自己。演习场地的灯光、颜色都要有现场感。然后请来最要好的亲戚朋友,让他们带着听众的情感、观点来观看并提出一些问题。他们的目光是吹毛求疵的,他们的态度是鸡蛋里挑骨头的,他们提出的问题是苛刻的。从音色、音调、音质;从眼神、动作、姿态;从情感、内容、表达等方面对朗诵进行挑剔,不留情面。

通过这样的强化训练,可以发现缺点,锻炼胆量,使朗诵成功。

3. 熟悉因素法

知己知彼,百战不殆。这一成功的军事战术用到朗诵中来显得一样正确、在理。要想真正不怯场，使朗诵取得最后成功，必须熟悉朗诵文本、熟悉听众、熟悉场地等外部因素。

首先，要熟悉朗诵文本。俗话说：熟能生巧。如果对朗诵稿记得滚瓜烂熟了，就能形成稳定的心理定式，朗诵时不要在担心不记得，就可以把全部的心思放在对朗诵的情感表达、态势运用上。因此，朗诵者一定要充分备好稿、记好稿，从字到词到句到篇，从发音到表情到风格都要心中有数，胸有成竹。其次，要熟悉听众，在朗诵之前要充分了解听众的人数多寡、年龄结构、性别比例、兴趣爱好等。另外，要熟悉场景。有些朗诵活动事先会彩排，如果没有，一定要事先了解场地的布置、大小以及话筒的摆设、上下场的位置等，还要看有没有什么障碍物。如果能对需要涉及的东西了然于胸，成功的希望也就很大了，还有什么可怕的呢？

4. 物理支撑法

朗诵时，如果很紧张，还可以运用一些简单的物理方法来克服。下面介绍几种：

（1）深呼吸法：找一个比较安静的地方，站立，眼微闭，全身放松，深呼吸，同时默念"1——2——"，这样可以使血液循环减慢，心神安定下来，全身有一种轻松感。

（2）扮怪脸法：找一个没人的地方扮怪脸，歪嘴扭唇，抬鼻斜眼，放松脸部肌肉。如能面对小镜子看到自己的古怪神态，一定会忍俊不禁，一切牵肠挂肚的念头都消失了。

（3）临场活动法：由于正常的紧张情绪也会使体内产生大量的热能，所以可以在朗诵前稍稍活动活动，使热量散发。可走动，小跑，摇摆，踢腿；可双手握紧再放开，让全身肌肉缩紧再放松；可在表达过程中用力拧一下身体的某一部位，这样压在心中的注意力就立即转移到其他地方了。

（4）饮料摄入法：可在朗诵前备一小杯在人体平均温度上下的白开水或淡茶水，夏天可饮用冰水、淡盐水，断续饮用。每次不要喝得太多，主要是适口爽心，喝得太多可能出现尿频现象。可吃几片梨或苹果，但最好不要吃橘子，也不要喝橘子汁等含糖量高的饮料。

（5）闭目养神法：闭目，舌抵上腭，以鼻吸气，安定神情，可以设想一个人走在幽静的森林里，恬然自得。

（6）凝视物件法：确定一个距离较远的明朗的物体，凝视并细心地去分析，琢磨其颜色与远近距离。

（7）漫画消遣法：可以翻翻夸张、逗趣的一些漫画作品，促使心情开朗、情绪高涨，重新占据优越感，恢复自信心。

五、朗诵进行中的情感调控

"感人心者，莫先乎于情。"

朗诵要能使听众产生一种"爱之欲其生，恨之欲其死"的心灵共振，朗诵者本身的情感应是炽热的，要情发于中，情动于衷，情富于意，情融于理。要能把握好朗诵感情的阀门，控制好朗诵感情的流量。通过语调的停连、轻重、快慢、升降技巧，语气的控制和非言语表达的眼神、表情、动作的变化去塑造不同感情色彩。时而轻言细语，如春风拂面；时而声沉语缓，像潺潺流水；时而汹涌澎湃，如大海扬波；时而如泣如诉，像秋雨绵绵。

一般来说，喜悦、激动、亢奋、紧迫等感情可运用快速、重音、升调、停顿、短句、轻松的方式来表现；而悲伤、思索、从容、深沉、庄严等感情可以运用轻读、降调、慢速、长句、沉稳等方式表达。

当然还可以更详细点：

1．"喜"的感情：气息充足，声音甜润，速度偏快，声音略重，笑肌提起，发音靠前，给人以"兴奋感"；

2．"怒"的感情：气息粗重，音量增大，语速快捷，声音沉重，给人以"震慑感"；

3．"爱"的感情：气息柔缓，声音自如，语速平和，快慢适中，轻重平稳，给人以"亲切感"；

4．"恨"的感情：气息粗厚，出声生硬，发音气猛而多阻塞，有忍无可忍之气，语速偏快，有"挤压感"；

5."悲"的感情：气息沉重，出声缓慢，语速先快后慢，轻重交错，以气托声，欲言又止，给人以"阻滞感"；

6."急"的感情：气息短促，出声紧迫，语速快捷，停顿突然，吐字有力，给人以"催逼感"；

7."惧"的感情：气息上提，出声不顺，语速不匀，轻重随便，给人以"衰竭感"；

8."疑"的感情：气息断连，出声延伸，先快后慢，停连变化，语调下降，给人以"踌躇感"。

同时，语气的运用对情感的表现作用很大，这里特别细说一点：平心静气表示陈述、慰问、教育；高声大气表示强调、鼓励、愤怒、威胁；粗声粗气表示不满、怨恨、驳斥；冷声冷气表示蔑视、敌对、挖苦、制止；唉声叹气表示苦恼、发泄、悲痛；吞声忍气表示恐惧、遗憾、紧张、无奈；冷声悲气表示伤感、凄清、哀愁。

"感有万端之异，言有万态之殊。"朗诵者要巧妙地运用语气、语调，根据主题、情理、逻辑表达出丰富多彩的感情。

为了使情感到位，朗诵前可利用以下方法进行导引，保证情感到位。

情境展示法：通过回忆，幻想一些与朗诵主题相似或相关的故事情节与场景、画面，使自己的情感过渡到主题情感方面来。

音乐调动法：轻音乐具有浓厚的感情色彩，能打开听众的心扉，活跃听众的思维，使人感到轻松、舒适和兴奋。朗诵前可以听一些轻音乐或与朗诵主题有关的音乐，也可以自己随口哼唱。

引笑调动法：朗诵前开开玩笑，看看漫画，努力把自己逗乐、引笑，以轻松、兴奋的心情开始朗诵。

六、朗诵作品的配乐

俗话说："朗诵功不够，音乐效果凑。"这句话虽不够全面，但也从另一个角度说明了配乐对朗诵的作用和影响。

文学作品朗诵艺术

音乐是表演性艺术，它通过旋律、节奏、和声等手法塑造音乐形象，表达思想感情。运用音乐配乐朗诵可以烘托气氛，营造情境，使表达立体、生动，熠熠生辉。

进行配乐首先要了解作品表达的情感，遴选得体的音乐作品。了解作品既要了解朗诵作品的思想内容，又要了解配乐曲子的情感基调，所选曲子应与朗诵作品的情感倾向基本一致，唯其如此，才能协调统一，才能达到表达的目的。如著名的朗诵诗《黄河颂》，它是一首向中国的母亲河——黄河唱出的深情赞歌，热情地歌颂了黄河的英雄气魄，歌颂了黄河哺育的中华民族的伟大和崇高，字里行间都蕴含着诗人奔放热烈的激情。朗诵这首诗可以选用《黄河大合唱》主曲配乐，因为主曲基调高亢，情感强烈，节奏快速，旋律舒展，两者配合将是天衣无缝，相得益彰。

选定好配乐后，应对朗诵作品结构认真分析，哪是情感高潮，哪是表达低谷，哪里需要快捷，哪里应该徐缓，要胸有成竹，然后考虑配乐何时应停，何处应连，何时要高，何处要低，切忌朗诵一开始，配乐也开始，朗诵在进行，配乐照直走，朗诵一结束，配乐戛然而止。配乐时应注意开端、高潮、呼应、结尾四个主要位置。

1．开端：指在作品朗诵之前的一段，有点像前奏曲，它可以构造一种氛围，将听众和朗诵者的情绪带入作品情境之中，开端一般不可太长，轻缓而起，逐渐加大，再转轻缓，此时朗诵开始。

2．高潮：指在作品的情感达到高峰，感情激烈之时，此时配乐音量放大，辅佐有声朗诵，将情感充分表现出来。

3．呼应：在朗诵时，如果前后出现语句格式相同或相近，感情相呼应和连贯之处，配乐也要形成呼应，可用同音高、同快慢的方法表达。

4．结尾：朗诵完结后，配乐不能立即停止，应徐徐增大音量，保持一段时间，再慢慢缩小音量直至停止。

成功的朗诵配曲，能给朗诵艺术增添无穷的魅力，但实际操作时要特别注意，除了选定贴切的乐曲、配置于恰当的位置外，还要根据作品细微的变化需要，或以强起、弱起，或以强收、弱收等具体方法，加强配乐的作用。

七、朗诵时麦克风的使用

在一些较大的场合朗诵时，需要用到麦克风。运用麦克风可以使声音得到美化，同时增强声音的可塑性，还会增大音量。因此朗诵时朗诵者要充分利用麦克风来为自己服务。

麦克风最好是放置在话筒架上，话筒架上的麦克风可以上下移动，前后挪动，使用起来很方便，更主要的是可以空出双手来做动作，使表达者的形象保持一个完美的整体。

麦克风与嘴的距离一般在一拳头左右，太近了气粗声大，容易产生喷话筒的情况，一些送气音节如：怕、他、可、去、其等更是明显，要注意把握好；话筒也不能太远，太远了声音传不出去，尤其是敏感度不高的话筒太远了等于没用。

麦克风不要放在嘴与地面平行的直线上，应低于嘴唇，放在嘴的下部且与嘴成45度角，这样才能灵活运用，否则会出现抬头或话筒拦住脸部的情况。

调好麦克风的位置后，不要用手去敲，看有没有声音，也不要用嘴吹，这些动作很不雅观。可检查麦克风的开关是否打开，麦克风的开关向上是开，向下是关。有时可能没有话筒架，那么麦克风只能拿在手里了，握时不要太紧，握得太紧手容易颤动，听众会以为你很紧张。可握成拳状，也可握成抓状，但一般采用前者。不要随意换手，如果要换，一定要配合动作进行。

根据场地的大小和麦克风的性能以及听众情绪的静噪情况，可以灵活调整嘴巴与麦克风的距离。场地大，尤其在室外，或者麦克风性能差、听众浮躁不安、人群中有声音，可以近点，这样声音就大，否则远点。

八、集体朗诵的设计与进行

集体朗诵是多个朗诵者参加的大型朗诵，人数多，场面大，应注意以下几点：

文学作品朗诵艺术

1. 分配好角色

一般应选定领诵。领诵可以是一个人，是男是女要按内容、情感确定，深沉高亢的可由男声领诵，低婉亮丽的可由女声领诵。领诵也可以是两个人，两个人可同性别，最好是男女各一人。选定领诵时应考虑到形貌、音色、音域等因素。如果朗诵场面巨大，参加人数很多，领诵可由多人担承。确定领诵后，还要选定众多男生与女生，按角色可分配为男声合诵、女声合诵、男女声轮诵、男女声合诵等形式。

2. 编排好队形

集体朗诵带有更多的表演色彩，要根据内容主题、场景规模编排好队形，领诵一般站在队伍的右前方，后面可站单横队列，可站多横队列；队形可直形，可弧形，可中间高两边低，也可两边高中间低，可男女生各站一边，也可男女交叉求得变化；队形可视朗诵节奏进行变化，或前后，或左右，或交叠，或晃动等。

3. 化好妆

集体朗诵的化妆打扮要统一安排，整体考虑，视朗诵的内容主题，环境的灯光布景而定；主题严肃、认真、深沉的着冷色调衣服为好，主题活泼、热烈、向上的着暖色调衣服为佳。衣服款式要一致，大小要得体，各种饰物要精简统一，尽量减少如手镯、手表之类的佩戴物。

4. 调制好灯光音响

集体朗诵由于场面大，如果仅靠声音表达难免气氛单调，效果不佳，一定要在条件许可的情况下调制好灯光和音响。灯光和音响要视朗诵内容与感情而有所变化，但不可太随便。

下面以《周总理，你在哪里？》为例简单说明。

《周总理，你在哪里？》是一首脍炙人口、动人心旌的好诗，充分表达出全国人民对总理的无限崇敬和无限怀念之情。安排一个领诵，由女生充当，配合六位合诵，男女各半，安排三位担任伴奏，可选择哀乐另加一首低缓凄婉的曲子。全体人员着青黑色衣服，佩白色小花于胸前，领诵者着装可略有变化。伴乐声起，领诵开始朗诵："周总理已经离开我们很久了，但是他的伟大精神，他的音容笑貌永远留在我们心中，我们无限缅怀他。在这里，让我们由心底再一次深情地呼唤着这位伟人。"全体齐声诵出题目"周总理，你在哪里？"接下来，领诵一般于每段之前引领几句，人物语言可由男声合诵或女声合诵表达，一些重复词语可用循环音重叠朗诵，全体合诵的地方不要太多，可安排在开头第一段和最后两段的结尾处，合诵时声音要整齐，感情要到位，真情流露时可流眼泪，但要节制，切忌呼天抢地，放声痛哭。灯光要暗淡，但场景色彩不可太凄凉。

九、朗诵比赛的策划与实施

朗诵比赛是一种有组织、有计划、有训练的朗读活动，它可以丰富文化生活，提高参赛选手的文学欣赏水平与表达水平，可以建立情感，增进友谊，因此，朗诵比赛在各种场合经常开展，深受朗诵者的喜爱。

如何组织朗诵比赛呢？

首先要选定主题。组织比赛前，首先要确定比赛主题，根据要求对相关人员给予必要的鼓动教育，说明其意义和要求。主题可以是固定的，如"振兴中华""爱我祖国""学习雷锋从我做起""理想之歌""青年与责任""家庭与爱情"等。这种主题在选材时内容比较固定。主题也可较灵活，如围绕节假日、纪念日、重大活动进行朗诵比赛，形式内容不限，这种方式选材广泛，灵活方便。

其次要定好选手。参赛选手直接影响比赛的层次与效果，因此比赛前要多方发动，要争取得到领导与多方的支持，从时间、物质、精神方面给参赛者一定的保证和支持。参赛选手应有一定的素质，应有热情，普通话标准，音色优美，举止容貌端庄大方。选定参赛人员时既要考虑到点，还要发动面，争取更多的人员参与到比赛活动中来。

再次要进行辅导与排练。为了提高比赛的整体水平，组织者要花力气、花时间抓好辅导与训练工作。可以围绕比赛主题向选手推介朗诵作品，以保证比赛格调的正确、高雅；可以邀请专家学者进行一系列的朗诵知识讲座，介绍朗诵知识，提高表达能力；适当对选手的单个节目进行训练辅导，如人员的配备、角色的划分、队形的安排、配乐、音响的使用等，保证比赛的效果。

最后是开展比赛。到了规定的时间，比赛应及时开始，赛前要打印好节目单，按抽签排定参赛顺序；要布置好场地，形成热烈隆重的气氛，譬如书写悬挂大红色条幅，靠台中摆放鲜花盆景等；要调制好灯光音响设备；要安排好评委、评分员和其他工作人员，并组织好观众等。比赛后要评定优秀选手与优秀集体进行颁奖表彰，并对整个赛事活动进行全面的总结。

还有一件重要的事情就是比赛前要制订评分标准。评分标准是评定比赛优劣的尺度，要客观、公正，有一定的可操作性。

下面是一套评分方案，该方案选自王为东主编的《朗读导引》一书。

十、朗诵节目评分方案

（一）朗诵节目评估的依据

1. 朗诵的语音方面

普通话准确纯正，吐词清晰正确，声音和谐响亮，音色优美动听。

2. 传情达意方面

语调生动自然，速度节律适当，情感真实充沛，具有较强的艺术感染力。

3. 其他方面

节目的思想性强，艺术价值高，朗诵善始善终，服饰神态端庄大方，人员配合协调，舞台效果好。

（二）评估方法

1. 不同单位，可根据不同要求，突出上列方案中的某些因素，或予以增删，安排好各种因素所占的大致比例。

2. 可以推选出代表不同层次和方面的评委7~9人，会前学习和讨论评分方法及依据，统一思想。每个节目演出完毕，评委即以十分制订出自己的评分，计分人在监督人的监察下，除去 7~9 人中的最高分和最低分，剩下评委分数的总平分便是节目的最后得分。

3. 评委在熟悉评分依据的前提下，依据各项标准轻重权衡，应将节目首先分为上、中、下某一档次，再在这一档次中增减计分。

(三) 上、中、下三档评分参考

1. 上等。语音准确，优美动听，声情并茂，场上观众被深深吸引和感染。评分 8.5~10 分。

对于比较完善，未见差错的，应评 9.0 分以上；其中突出的应在 9.5 分以上。基本合乎上档要求，但略有差失的，酌情从 8.5 分往上评估。

2. 中等。语音基本准确，声音响亮清晰，基本进入意境，观众有一定兴趣，评分为 7.0~8.5 分。其中速度过快，语调平淡，缺乏感染力的，只能从 7.0 分往上；而对于有一定艺术感染力，但有某种缺陷或误差的，可从 8.5 分往下评。

3. 下等。朗诵不够熟练，差失太多，声音暗弱，缺乏表演效果，令观众反感。评 6.0~7.0 分。其中只是因为不熟，但朗诵有一定情感的，应往 7.0 分靠近，而态度不够认真效果太差的则向 6.0 分靠近。

附1：朗诵比赛活动策划方案

"2019年湖南××大学'迎国庆'诗歌朗诵大赛"策划书

为庆祝祖国70岁生日，陶冶学生艺术情操，提升学生诗歌朗诵水平及语文素养，展示青春活力，营造朝气蓬勃、积极向上的校园文化氛围，经学校研究决定，将在国庆节到来之际开展以"爱国、爱校、爱家"为主题的诗歌朗诵比赛活动，为使活动有序高质地进行，特制订本活动方案。

一、内容和形式参考

1. 作品要求内容以歌颂祖国、歌颂党、歌颂家乡、热爱校园、热爱生活为主题的诗歌或散文诗，倡导结合实际的创作作品。

2. 朗诵形式可以是独诵、双人朗诵或小组朗诵、集体朗诵，要求配音配乐，可以配合表演，形式尽量多样化，但要突出朗诵形式，要求脱稿朗诵。每个节目的时间为3~5分钟。

二、活动有关事项

1. 参加对象：全体学生。

2. 程序：9月21日开始初选体裁、内容和形式，选定朗诵人员并组织排练；9月26日把参赛节目表按年级报学生处社团部，社团部将在9月28日组织抽签，确定比赛出场顺序。9月30日下午正式比赛。比赛结束后，将朗诵的作品交至社团部存档。

3. 比赛时间：2019年9月30日下午1:40~4:10

4. 比赛地点：体育馆

5. 会场布置：学校行政楼

6．会场秩序：学生会当日值日同学　各班班主任

7．主持：本次大赛主持人的产生有两种方式：

在校内选拔主持人（要求：有敏锐的应变能力，普通话标准流利，口才好，对工作积极、热情，有敬业精神，男身高170cm以上，女身高160cm以上）；邀请校外经验丰富的主持人。

8．音效、摄像：李主任

9．评委：校内外专家老师

10．统分：贺主任

11．颁奖：学校领导

12．评分办法：本次朗诵比赛采用100分制进行评判，要求正确的思想内容和完美的表达形式相统一。每个节目表演完毕后，评委当场评分，统计分数时去掉一个最高分，去掉一个最低分，取其余的平均分为选手最后得分。为使比赛公平公正，前三位的节目统一打分，从第四个节目开始亮分。

13．奖项设置：评出一等奖3名，二等奖6名，三等奖6名。

三、其他注意事项

1．参赛选手必须遵守相关规定，按时参加开会、抽签、比赛。

2．选手参赛必须使用普通话。

3．每个节目时间限定在3~5分钟内，如果超时或不足，将扣分。

4．比赛顺序由抽签决定，中途不变更顺序，比赛需紧凑进行，选手上场迟到1分钟视为弃权。

5．参赛选手必须严格遵守比赛规则，在比赛过程中，若有疑义，由评委会裁定。

6．全体学生要遵守会场纪律，做文明观众，对每一位选手的比赛都给予热烈的掌声鼓励，没有班主任准许不得提前退场或中途走动。

附：朗诵比赛评分表

序号：　　　选手姓名：　　　班级：　　　总分：

项目	形象与形式（30分）	语言与表达（30分）	思想内容（30分）	综合印象（10分）
具体方面	衣着得体，与诗歌内容相协调，精神饱满，姿态得体大方。朗诵形式富有创意，配以适当乐曲或以其他富有创意形式朗诵。	朗诵熟练，吐字清晰，普通话标准，能很好把握诗歌节奏。能正确把握诗歌内容，朗诵富有韵味和表现力，能与观众产生共鸣。	作品主题鲜明突出，内容积极向上，富有感召力和思想教育意义。	感情饱满真挚，表达自然，能通过表情的变化反映诗歌的内涵，基本功扎实、发挥出色、振奋人心。
得分				

评分备注：

1. 原创作品可视其内容和表达加 3~5 分。

2. 每个节目的比赛时间限定在 3~5 分钟内，时间不足或超时扣 3~5 分。

附2：××大学诗歌朗诵大赛主持人串词

诗歌朗诵大赛程序之一
古韵流长

一、开场白

主持人A：滔滔江河水，淹不尽浩浩中华魂；

主持人B：巍巍昆仑山，锁不住阵阵中华风。

主持人C：又是一年春花烂漫时；

主持人A：又是一轮只争朝夕日。

主持人B：走进春天，我们用一样的眼神迎来朝霞；

主持人C：投身改革，我们用一样的感慨送走落日。

主持人A：长江，黄河，惊涛拍岸，

主持人AB：为您吟激昂的颂歌；

主持人C：泰山，黄山，刺破青天，

主持人BC：为您捎上征服的欢乐。

主持人A：此时此刻全中国都在欢呼，

主持人B：全世界都在雀跃。

合：我们共祝祖国富强，我们共祝人民幸福！

主持人A：泱泱中华，物华天宝，人杰地灵，诗骚曲赋，古韵流长；

主持人B：盛世腾龙，国富民安，政通人和，千帆竞发，百舸争流。

主持人C：壮哉中华，光芒万丈；

合：伟哉华夏，永续辉煌。

主持人A：值此春光无限，万物萌生之际，学生处、教务处、团委、春潮文学社联合举办××大学第一届诗歌朗诵会，以此传承优秀民族文化，弘扬时代主旋律，光大民族不朽精神，讴歌祖国巨大进步。

主持人 B：本次朗诵会分"古韵流长"古典诗词朗诵专场和"盛世腾龙"现代诗歌朗诵专场两个部分。大会将分场次评奖，希望大家能赛出水平，赛出成绩。

二、全体起立，奏国歌

三、介绍在场评委及评分标准

组长：×××

成员：×××、×××（介绍评委）

四、校长宣布比赛正式开始

五、引导语

下面请跟着文学院的优秀选手一起进入"古韵流长"古典诗词朗诵专场。

我们一定有过这样一本书。或《千家诗》，或《唐三百》，或《诗经》，或《宋词》，或《汉乐府》……那些孩提时代就能朗朗诵读的诗句，其中仿佛有流水淙淙，古琴声声；朔风阵阵，百草瑟瑟；魏晋风骨，盛唐气象；汉时残月，紫禁落日；早莺啼唱微风和煦，庭前繁花轻轻飘落——令人眩惑的古老年代，画卷中的世界，盛世中的华章，乱世里的哀音。

这样一本书，记录着生命中最初的感动与洗礼。中国古代伟大的诗人、词人，都有着一种天生的善感，天生的多愁，也有一种天生的执着，天生的乐观。在我们懵懂的幼时、少时，这种善感多愁和执着乐观，已随着杜甫细雨润湿的春夜、李清照载不动愁绪的小舟、李白举酒相邀的明月、苏东坡滔滔东去的大江、陶渊明采下的那朵菊花、辛弃疾挑灯夜看的那把宝剑，一点一滴，一字一句，渗入天真洁白的赤子情怀。

面对经卷中微微泛黄的古老中国，一代又一代中华少年，循着雨天的砚台，风中的香炉，卖花声里的长巷，河边柳梢的冷月，踏上寻梦之旅——

古今一相接，长歌怀旧游。

爹娘妻子走相送时的哭声远了，不破楼兰终不还的誓言远了，无定河边的骨，春闺梦里的人，将军面前这些褴褛的士兵，每次冲锋都会把一些人永远留下,而下一次,还不知是谁。

战争,永远是慷慨与无奈交织的悲歌;胜利,就是最终可以站着回去。十五从军征,八十始得归,而不甘寂寞的诗句仍在独自吟咏——百岁如流,富贵冷灰,壮士拂剑,浩然弥哀。

请欣赏×××同学的诗朗诵《兵车行》

少时不识月,唤作白玉盘。孩子眼中这轮光华灿烂的宝贝,却看到过多少江湖上风流云散的时刻,以及经过那些时刻的人。

一朝的繁华,终化作一枕幽梦。还是坐在岸边喝酒吧,看月下的大江,横一片残银,不舍昼夜,只管滚滚东去,一时多少豪杰……

请欣赏×××同学的诗朗诵《念奴娇》

有人说,三千年来的中华诗词中拥挤着游子。"行行重行行,与君生别离",古来的送别想必都是这样,送啊送啊,送到远得不能再远的地方,再也看不见的时候,独自泪落如雨。

恋念人生而又随时准备飘然远行,在我们汉晋六朝唐宋以来的文学中屡见不鲜。但羁旅游子,毕竟会有叶落归根那一日,而红了的樱桃,绿了的芭蕉,那些抛掷的流光,那些匆匆的脚步,那些曾经的等待,都化作,口口相传数千年的,一句句诗行。

请欣赏×××同学的诗朗诵《雨霖铃》

李白,中国诗坛上最为辉煌的一座雕像。他的浪漫主义情怀在他五彩缤纷的山水诗中始终闪烁着奇异的灵光。他配合时代的最强音,以惊动千古的气势唱出了"君不见黄河之水天上来,奔流到海不复回"。这是巨人昂首天外,用目光提起黄河滚滚狂涛向海里倾倒时才能找到的感觉。正是这个宣言"安能摧眉折腰事权贵,使我不得开心颜"的超级巨人,把盛唐精神推上了照耀千古的最高峰。

请欣赏××同学的诗朗诵《蜀道难》

当江南的细雨霏霏飘洒,秦淮两岸香拥翠绕,是谁轻舞罗扇扑流萤,黯然伤怀于碧水秋云间的做梦小舟?当渭城的轻尘沾上衣襟,塞外的羌笛悠悠吹响,又是谁身披蓑笠狂歌大江东去,挑灯醉看吴钩犹利?

不用说放浪形骸、洒脱不拘、载酒江湖的杜樊川，不用说流连坊曲、奉旨填词的柳三变，也不用说细腻敏感、凄婉优柔、身世飘零的易安，更不用说哀歌时世、沉郁顿挫的少陵，更不用说报国无门、满腔孤愤无处诉说的辛稼轩，甚至不用说胸襟坦荡、笔力挺拔、才气纵横如谪仙人者，甚至不用说洒脱豁达、豪迈雄健的苏东坡。当我们于千载之下，从墨香古卷中重拾那个烟波浩渺的朝代，诗人词客的心曲，那种愁，那种苦，那种恨，那种憾，似大江奔放，又似小河潺潺，从辽阔幽远中走来。

请欣赏×××、×××两位同学合诵的《水调歌头·明月几时有》

六、请评委作简要点评

七、结束语

"古韵流长"古典诗词到此结束，感谢大家的热情参与！

诗歌朗诵大赛程序之二
盛世腾龙

一、开场白

主持人A：透过历史的眼眸，我们站在岁月的肩膀上远眺。

主持人B：在黄河壶口的惊涛里，我们听到一种经久不息的激情。

主持人C：在珠穆朗玛的雪海中，我们凝视一种千年未变的纯真。

主持人A：说不完的激动，道不尽的骄傲。

主持人B：掩不住的眼泪，抑不住的笑窝。

合：我们把对你的祝福和赞美尽情挥洒。

主持人C：我们莘莘学子，激情飞扬，愿把理想构建在你腾飞的框架中。

主持人A：我们青年一代，热血沸腾，定让青春挥洒在你繁荣的平台上。

主持人B：祖国啊，你永在我心中，不管我们飞得再高，走得再远。

主持人C：今天，就让我们用一首首洋溢着青春激情的诗祝福你。

二、引导语

下面请跟着一年级的优秀选手一起进入"盛世腾龙"现当代诗词朗诵专场。

五千年的历史沉淀出你的丰伟与凝重，新世纪的曙光昭示着你的蓬勃与希望。勤劳质朴的人民正在用双手演奏着一首首昂扬豪迈的英雄乐章。伟大的祖国，我亲爱的母亲，在这三月的艳阳下、和煦的春风里，请让我为您歌唱，歌唱您巨人的胸怀，歌唱您博大的气魄。

下面，请欣赏××同学为我们带来的诗朗诵《春天里献给母亲的歌》。

下面，请欣赏××同学为我们带来的诗朗诵《我的祖国》。

如果人生以四季为喻，那么年轻应属于夏季，斗志昂扬，魅力四射是年轻的特点，青年人就应顶风冒雨，不畏艰险，奋勇直前，演绎属于自我的青春之歌。

下面，请欣赏×××同学为我们带来的诗朗诵《青春之歌》。

祖国啊，母亲，您激励我们一路挺进高歌，看大江东去浪淘沙，春天的故事把新时代记录。看戈壁沙漠井架林立，西部开发如火如荼。在改革开放的大道上，我们意气风发昂首阔步。

下面，请欣赏×××同学为我们带来的独诵《祖国啊，我亲爱的祖国》。

蓝色的星球，那是我们的地球，我们的家，她背负着我在这乐园中逍遥，用她那甘甜的乳汁，天降的甘霖，喂养着我的生命，强健着我的魂灵。

下面请欣赏×××同学为我们带来的独诵《地球，我的母亲》。

未来充满坎坷，未来充满希望，未来有阴雨，未来有阳光，无论前途如何艰险，但请相信，阳光总在风雨后。

下面请欣赏×××同学为我们带来的诗朗诵《相信未来》。

回答的声音响彻云霄，回答的韵味源远流长，回答的言语震撼人心。

下面请欣赏×××同学为我们带来的诗朗诵《回答》。

这是一场北国之雪，它以古老的窑洞阅读风景。应是一位风流人物，在千里冰封的寒夜，揭开秦皇汉武唐宗宋祖神圣的面纱，让长城内外的黄河儿女看到高原的胸怀，和风雪交加飘落摇坠的王朝。一把镰刀呼啸着要割断旧世界的一切枷锁，一把铁锤呐喊着要砸出一个新中国的黎明。你看———轮古老的太阳正从东方冉冉升起，一个新时代的辉煌就要诞生。

　　下面请欣赏×××为我们带来的独诵《沁园春·雪》

　　下面请欣赏×××为我们带来的独诵《纸船》。

　　青春不是商标，更不是玩世不恭的保镖，它是静态和动态的写实，它是有声和无声的交响，它是理想腾飞的平台。

　　下面请欣赏×××同学为我们带来的独诵《原野》。

　　刺破黑夜迎来黎明的第一抹阳光映照大地时，新的一天人们又开始了新的忙碌；远离城市的嘈杂，奔向清新自然的原野，我们的心灵净化了；站在"海纳百川"的大海岸边，心潮澎湃，洞察天地宇宙之间，品味世事沧桑变化。

　　下面请欣赏×××同学为我们带来的诗朗诵《面朝大海春暖花开》。

　　你有你的铜枝铁干，/像刀，像剑，也像戟；/我有我红硕的花朵，/像沉重的叹息，/又像英勇的火炬。爱/不仅爱你伟岸的身躯，/也爱你坚持的位置，/足下的土地。

　　下面，请欣赏××同学为我们带来的诗朗诵《致橡树》。

　　忘却贫穷、悲哀的过去，簇拥祖国绯红光灿的黎明，畅想祖国富强、荣光的未来，让我们一齐聆听×××同学的诗朗诵《乡愁》。

　　凝视秦兵马俑的坑道，远眺南湖荡漾的波光，透过妈祖庙袅袅的香火，我们穿过时空的隧道，憧憬美好的未来。

　　下面请欣赏×××同学为我们带来的诗朗诵《相信未来》。

　　三、作简要点评

　　四、公布比赛结果，颁奖

　　五、书记总结致辞

　　六、结束语

　　四季里，还有没有人聆听这歌声？这歌声纷纷散落如白羽，在漆黑的空间缓缓飘转，洒落到连思维也无法触及的距离；

　　朝暮间，还会不会再想起这情景？在月光如水的夜里，于平静中依然藏有一种无法熄灭的渴望，想以透明的语言再一次翻飞搏击……

　　今天，我们奉献给您的诗篇，只是霓裳羽衣上一片小小的羽毛。我们站在古代大诗人曾站过的那些方位上,静听唐朝的烟尘宋朝的雨,以及千百年前的风声鸟声……历览千载辉煌地,长歌浩叹唱古今。我们是传统文化的后来人,我们又是文化香火的传递者。这些诗句,将从我们的少年时代开始,伴随我们人生的全过程。在这山重水复,莽莽苍苍的中华大地上,我们每一个人,都能够谱出最精彩的乐章!

湖南××大学第一届诗歌朗诵会到此已全部结束,让我们再次以热烈的掌声对本次活动的成功举办表示衷心的祝贺!让我们再次共祝祖国繁荣富强、民族昌盛!谢谢大家!

下篇　朗诵文本指导

第五章　古典诗词的朗诵
第六章　现代诗词的朗诵
第七章　散文的朗诵
第八章　小说、故事的朗诵
第九章　童话、寓言的朗诵
第十章　剧本的朗诵

第五章　古典诗词的朗诵

一、诗歌的文学特征及古代诗歌的类型

诗歌是用高度凝练的语言，形象表达作者丰富情感，集中反映社会生活并具有一定节奏和韵律的文学体裁。

诗歌是最古老也是最具有文学特质的文学样式，它来源于上古时期的劳动号子（后发展为民歌）以及祭祀颂词。

（一）诗歌的文学特征

1. 具有强烈的抒情性。陆机《文赋》说："诗缘情而绮靡。"别林斯基指出："感情是诗情天性的最主要的动力之一；没感情，就没有诗人，也没有诗歌。"这些文论都是对诗歌抒情性的生动表述。

2. 具有凝练含蓄而富于音乐性的语言。文学是语言的艺术，诗歌更注重语言的锤炼，只有用极少的文字表达出极为丰富的内容，用委婉隐约的语言表达出具有深意的内涵，才能使诗歌达到韵味隽永的艺术效果。诗歌语言富有音乐美表现在韵律、节奏、重叠、重复等方面。诗歌的韵律包括双声、叠韵、押韵、平仄等因素的调协，通过音节的长短、轻重、高低以及音节之间的停顿，形成鲜明的节奏感。

3. 具有丰富多彩的表现手法。常常运用想象、夸张、比兴等艺术手段，创造出新颖独特的艺术形象，用以抒发感情，表现生活。

（二）古代诗歌的分类

1. 从音律角度划分

（1）诗。可分为古体诗和近体诗两类。古体诗包括古诗（唐以前的诗

歌)、楚辞、乐府诗。"歌""歌行""引""曲""吟"等古诗题材的诗歌也属古体诗。古体诗不讲对仗，押韵较自由。近体诗与古体诗相对，是唐代形成的一种格律体诗，分为：绝句，每首四句，五言的简称五绝，七言的简称七绝；律诗，每首八句，五言的简称五律，七言的简称七律，超过八句的称为排律（或长律）。

（2）词：调有定格，句有定数，字有定声。字数不同可分为长调（91字以上）、中调（59~90字）、小令（58字以内）。词有单调和双调之分，单调只有一段。双调分两大段，两段的平仄、字数是相等或大致相等的，第一段叫前阕、上阕、上片，第二段叫后阕、下阕、下片。

（3）曲：又称为词余、乐府。元曲包括散曲和杂剧。

2. 从内容角度划分

可分为叙事诗、抒情诗、送别诗、边塞诗、山水田园诗、怀古诗（咏史诗）、咏物诗、悼亡诗、讽喻诗等。

3. 从表达方式角度划分

可分为叙事诗、抒情诗、哲理诗。

二、古代诗歌的朗诵方法

古代诗歌语言凝练，节奏铿锵，思想明确，想象丰富，意境深邃。朗诵时要注意：

1. 感情充沛

诗歌具有巨大的情感容量，它是诗人生活阅历的提炼，包含了诗人丰富的思想情感。朗诵时要深刻理解，有感而发，字斟句酌，反复推敲。如苏轼的词《念奴娇·赤壁怀古》以磅礴的气魄、雄浑的格调，塑造了一个英姿勃发的人物形象，流露出作者有志报国、壮志难酬的感慨，境界宏大，气魄空前。朗诵时要感情饱满，语调昂扬，音域开阔。

2. 分好音步

音步是指一句诗用停顿分成的段落，音步确定后即产生节奏，分析诗歌

的音步,是诗朗诵最基本的一环。如王之涣的《登鹳雀楼》一诗:

白日/依/山尽,黄河/入/海流。

欲穷/千里/目,更上/一层/楼。

诗的节奏稳定,音步划分整齐。

分好音步,掌握节拍后,可以把诗句中极其短暂的间歇和较短的拖音表示出来,使人感到句式的变化,产生强烈的节奏感。

3. 合辙押韵

格律诗讲求押韵,即同韵的字在适当的地方有规律地重复出现,从而使作品音响联结而成一个和谐的整体,增加音韵之美,也加强了感情的浓度。押韵的尾音叫韵脚,韵脚是调节音节的一种手段,韵脚密,节奏就急促;韵脚疏,节奏就缓慢。表达时要注意,节奏快时,要把韵脚读得响亮、清晰;节奏慢时,要把韵脚的音节稍稍拖长,平仄分明。

4. 平仄相对

诗歌每个字的声调,平仄搭配很有规律。平声包括阴平和阳平声调,仄声包括上声和去声两个声调,平声字声调高昂而漫长,仄声字降抑而急促,平仄相间,高低升降,互为映衬,使音韵铿锵,语气优美。朗诵时,平声悠扬绵长,仄声顿挫收敛,表现出一咏三叹的情调,听起来整齐优美,和谐悦耳。

三、古典诗词文本朗诵指导

关 雎

[先秦]《诗经》

关关雎鸠,在河之洲。

窈窕淑女,君子好逑。

参差荇菜,左右流之。

窈窕淑女,寤寐求之。

求之不得,寤寐思服。

悠哉悠哉,辗转反侧。

参差荇菜，左右采之。

窈窕淑女，琴瑟友之。

参差荇菜，左右芼之。

窈窕淑女，钟鼓乐之。

【朗诵指导】

《关雎》是《诗经》全书的第一篇，讲述一位青年男子对心中姑娘的爱慕之情。这位少女不仅秀色可餐，而且内在德行也非常美好。如此美好的女子，哪位青年男子不想得到呢？即便历尽千辛万苦，都在所不惜。

该诗节奏明快，一波三折，双声、叠韵、重音或其他形式的重合词语，运用巧妙。如"关关"状鸟之和鸣，"窈窕"状精神体态之美妙，"参差"状菜形之不整齐，"辗转反侧"状心情之烦躁，"寤寐"为时间之概况，"琴瑟"表协和之旋律等。在朗读前要透彻理解诗歌饱含的思想内容和感情，形象地加以表述。

从韵律上讲，那些联绵词的运用，作用很大：音节反复回旋、交叉错出，与歌词融汇协调，如一整套乐章，给读者、听者以极大的美的享受，朗诵时要轻重抑扬、变化有度。"关关"一字一顿，体现出鸟鸣时发出的声音，"好逑"声音扬起，读出君子对美好女子的渴求，做到"以声带情动读者"。

要注意的是，该诗的整体基调是轻松明快的。

短歌行

[三国]曹操

对酒当歌，人生几何？

譬如朝露，去日苦多。

慨当以慷，忧思难忘。

何以解忧，惟有杜康。

青青子衿，悠悠我心。

但为君故，沉吟至今。

呦呦鹿鸣,食野之苹。
我有嘉宾,鼓瑟吹笙。
明明如月,何时可掇?
忧从中来,不可断绝。
越陌度阡,枉用相存。
契阔谈䜩,心念旧恩。
月明星稀,乌鹊南飞。
绕树三匝,何枝可依?
山不厌高,海不厌深。
周公吐哺,天下归心。

【朗诵指导】

曹操(公元155—220),字孟德,为"建安文学"开创者之一。散文简约质朴,清俊洒脱,诗歌慷慨悲凉,气势雄伟,被誉为"改造文章的祖师"。

此诗紧扣"忧思"二字落笔,曲曲折折,意曲情密。生命的短促和事业的艰难、求贤若渴和贤士难得等矛盾的感情错综交织,形成跌宕悠扬、苍凉深沉的旋律。

诗起首部分宜微吟低唱,略带伤感。在诗中间和结尾情感高涨处应读得慷慨激越,特别是"周公吐哺,天下归心"一句,力求表现得掷地有声,字字千钧,从而显现出一代政治家的雄才伟略。

木兰诗 / 木兰辞

[南北朝]

唧唧复唧唧,木兰当户织。
不闻机杼声,惟闻女叹息。
问女何所思,问女何所忆。
女亦无所思,女亦无所忆。
昨夜见军帖,可汗大点兵,

军书十二卷,卷卷有爷名。
阿爷无大儿,木兰无长兄,
愿为市鞍马,从此替爷征。
东市买骏马,西市买鞍鞯,
南市买辔头,北市买长鞭。

旦辞爷娘去,暮宿黄河边,
不闻爷娘唤女声,
但闻黄河流水鸣溅溅。
旦辞黄河去,暮至黑山头,
不闻爷娘唤女声,
但闻燕山胡骑鸣啾啾。
万里赴戎机,关山度若飞。
朔气传金柝,寒光照铁衣。
将军百战死,壮士十年归。
归来见天子,天子坐明堂。
策勋十二转,赏赐百千强。
可汗问所欲,木兰不用尚书郎,
愿驰千里足,送儿还故乡。

爷娘闻女来,出郭相扶将;
阿姊闻妹来,当户理红妆;
小弟闻姊来,磨刀霍霍向猪羊。
开我东阁门,坐我西阁床,
脱我战时袍,著我旧时裳。
当窗理云鬓,对镜贴花黄。
出门看火伴,火伴皆惊忙:
同行十二年,不知木兰是女郎。

雄兔脚扑朔，雌兔眼迷离；
双兔傍地走，安能辨我是雄雌？

【朗诵指导】

本篇是歌咏木兰从军故事的一首北朝叙事民歌，从"唧唧复唧唧"的叹息中，引入主人公花木兰，诗文一开始因可汗的军帖笼罩着一层忧愁的氛围，开始四句诵读时声音应缓慢低沉，把木兰忧愁沉重的心态表现出来；当木兰准备替父出征，声音可转轻快，透出木兰终于松了一口气，矛盾得以解决。接下来，叙事平坦，朗诵平静推进即可；第二段前三句是表达木兰的思念之情，读得缓慢而低沉，体现出思乡、思念亲人之情；接下来，是描绘战争的场面，应充分表现出花木兰英勇杀敌的气概，气满声高，"归来见天子"往后坚定有力，表达出木兰不为功名利禄，只愿享受家庭之乐的决定，以及想赶快回家的紧迫感；接下部分，语调上扬，轻快、欢欣，渲染出回到家乡的欢乐心情；最后三句缓慢出声，语气中体现出迷惑与惊讶。全诗朗诵基调是沉重——安详——壮志凌云——紧迫——轻快走向的，朗诵时应该把握抑郁——轻缓——铿锵有力——轻快的情感变化。

登幽州台歌

[唐] 陈子昂

前不见古人，
后不见来者。
念天地之悠悠，
独怆然而涕下！

【朗诵指导】

陈子昂（公元661—702），字伯玉，唐代文学家、诗人，初唐诗文革新人物之一。

陈子昂青少年时轻财好施，慷慨任侠，24岁举进士，在26岁、36岁时两度从军,对边防事务颇有远见。陈子昂存诗共 100 多首,其诗风骨峥嵘,寓意深远,苍劲有力。

陈子昂是一个有才华、有政治抱负的人,他敢于直言劝谏,批评朝廷弊端,因此屡遭挫折与打击,自己深感怀才不遇,报国无门,心情相当悲愤。他登上幽州台,仰望茫茫苍天,思前想后,慷慨悲歌,写下了这首千古名篇。

全诗总体上体现了伤感情绪,朗诵时应把握一种委婉凄凉的基调。尽量充分展示作者怀才不遇、极其悲愤的苦闷心情。"前不见古人,后不见来者"应保持平缓语速推进,而"念天地之悠悠,独怆然而涕下"提高音量,突出强烈情感,朗诵"念"语气加重并停顿,突出此处的转折,最后一句渐渐变弱,表达出悲伤凄凉之情。全诗语速缓慢,力求抑扬顿挫、起伏变化明显。

梦游天姥吟留别

[唐]李白

海客谈瀛洲,烟涛微茫信难求;
越人语天姥,云霓明灭或可睹。
天姥连天向天横,势拔五岳掩赤城。
天台四万八千丈,对此欲倒东南倾。
我欲因之梦吴越,一夜飞度镜湖月。
湖月照我影,送我至剡溪。
谢公宿处今尚在,绿水荡漾清猿啼。
脚著谢公屐,身登青云梯。
半壁见海日,空中闻天鸡。
千岩万壑路不定,迷花倚石忽已暝。
熊咆龙吟殷岩泉,慄深林兮惊层巅。
云青青兮欲雨,水澹澹兮生烟。
列缺霹雳,丘峦崩摧。
洞天石扉,訇然中开。
青冥浩荡不见底,日月照耀金银台。

霓为衣兮风为马,云之君兮纷纷而来下。
虎鼓瑟兮鸾回车,仙之人兮列如麻。
忽魂悸以魄动,恍惊起而长嗟。
惟觉时之枕席,失向来之烟霞。
世间行乐亦如此,古来万事东流水。
别君去兮何时还?且放白鹿青崖间。须行即骑访名山。
安能摧眉折腰事权贵,使我不得开心颜!

【朗诵指导】

李白(公元701—762),字太白,唐代伟大的浪漫主义诗人,被后人誉为"诗仙",与杜甫并称为"李杜"。

这是一首游仙诗。意境雄伟,变化莫测,缤纷多彩的艺术形象、新奇的表现手法,自古以来为人传诵,被视为李白的代表作之一。

此诗是诗人被权贵排挤出京后,决定由东鲁到越中一带漫游,临行前而作的,诗人想借此向东鲁的朋友们表白心志,抒发感情。

全诗一共分三部分,第一部分作为引子,第一句写海客的谈论,引出后文所要叙述的仙境,为后文埋下伏笔,以缓慢语速开始;然后描述天姥山,用天姥山势不可挡的气势来形容当时社会权贵,从而表达出诗人对现实社会和权贵的愤慨,因此,"势拔五岳掩赤城""对此欲倒东南倾"加重表达,展示诗人无奈的心理。这样,也就很自然地过渡到了第二部分,诗人通过梦游仙境,充分展示对未来生活的憧憬,采用描述技法对自己追求的那种生活境界进行奇妙的幻想,因此,第二部分运用平直调、语速缓慢进行。

最后一部分,"忽魂悸以魄动,恍惊起而长嗟"不设停顿,一气呵成,"悸""惊"表现了诗人心态,重音处理,"世间行乐亦如此,古来万事东流水"中设长音,从而体现出诗人对当时社会的无限感慨。而紧接后一句"别君去兮何时还?"疑问语气,上扬处理,其中"何时"延长字音,充分展示作者想早日结束那种受权贵束缚的日子。最后一句,语调声高,字正腔圆,以此表达诗人的理想追求,抒发诗人对现实权贵的愤慨。

文学作品朗诵艺术

闻官军收河南河北

[唐]杜甫

剑外忽传收蓟北,初闻涕泪满衣裳。
却看妻子愁何在?漫卷诗书喜欲狂。
白日放歌须纵酒,青春作伴好还乡。
即从巴峡穿巫峡,便下襄阳向洛阳。

【朗诵指导】

杜甫(公元712—770),字子美,唐代伟大的现实主义诗人,与李白合称"李杜"。原籍湖北襄阳。杜甫共有约1500首诗歌被保留了下来,大多集于《杜工部集》。大历五年(770年)冬,杜甫病逝,时年五十九岁。杜甫对中国古典诗歌的影响非常深远,被后人称为"诗圣",他的诗被称为"诗史"。

这首诗作于唐代宗德元年春天。宝应元年冬季,唐军在洛阳附近打了一个大胜仗,史思明的儿子兵败自缢,其部将相继投降。过着漂泊生活的杜甫听到这个消息,以饱含激情的笔墨写下了这篇脍炙人口的作品。

此诗的主题是忽闻叛乱已平的捷报,急于奔回老家的喜悦,"剑外忽传收蓟北"起势很猛,恰当地表现出捷报的突然,"忽""收"字重读,声音延续,强调事出突然与内心喜悦。"初闻"紧承"忽传",表现捷报来得突然,"涕泪满衣裳"则以形传神,表现突然传来的捷报在初闻的一刹那所激发的感情波涛,这是喜极而悲、悲喜交集的表现,所以"初闻""满"字要重读且长音,强调作者的内心感受。

第二联以转作承,落脚于"喜欲狂",这是惊喜的情感洪流涌起的更高峰,"却看妻子"与"漫卷诗书"是两个连续动作。当自己悲喜交集、涕泪满衣裳时,回头看自己的妻子儿女,多年笼罩家人的愁云一扫而光,眉开眼笑。自己的喜悦之情受到家人的进一步感染,与大家一起分享胜利的喜悦,这是感情的充分流露,所以"却看""愁何在""漫卷诗书喜欲狂"重音处理、快速表达,突出兴奋不已的心情。"白日放歌须纵酒,青春作伴好还乡。"就

"喜欲狂"作进一步描写。人到老年，难得放歌，也不宜"纵酒"，但如今既要"放歌"，又要"纵酒"，正是"喜欲狂"的具体表现，"青春"指春季，春天来了，在鸟语花香中与家人做伴还乡，词句音量再次提升，放声朗诵。

尾联是写"还乡"的狂想鼓翼而飞，身在梓州，而弹指之间，心已回到家乡。这一联用了四个地名，各自对偶，形成工整的地名对，而用"即从""便下"组合，两句紧连，一气贯注，所以要气满音高，畅快表达。

九月九日忆山东兄弟

[唐] 王维

独在异乡为异客，每逢佳节倍思亲。
遥知兄弟登高处，遍插茱萸少一人。

【朗诵指导】

王维（公元 701—761），字摩诘。河东蒲州（今山西运城）人，唐朝著名诗人、画家。王维参禅悟理，学庄信道，精通诗、书、画、音乐等，以诗名盛于开元、天宝间，尤长五言，多咏山水田园，与孟浩然合称"王孟"，有"诗佛"之称。书画特臻其妙，后人推其为南宗山水画之祖。苏轼评价其："味摩诘之诗，诗中有画；观摩诘之画，画中有诗。"存诗 400 余首。

王维，17 岁离家到长安谋取功名，重阳节时写下了这首思念故乡的诗。作者家在蒲州，在崤山以东，故题为"忆山东兄弟"。此诗前两句用最质朴无华的语言，说出了人人都曾有过的体会，所以能成为千古名句；后两句构思巧妙，不说自己思念兄弟们，而说兄弟们欢度重阳节的遗憾。

此诗的情感基调属舒缓、凝重型。第一句、第二句作者直抒身为异客的心，语言朴实，含义深刻，对自己身处环境娓娓道来，用平直调、语速稍慢。第二句要重读"倍"字，以突出异乡客对亲人、故乡的思念情怀。第三句情感适当收敛，用平直调慢慢道出"遥知兄弟登高处"，徐徐道出作者对家乡及兄弟们的思念。第四句作者的思念达到高潮，"少一人"要一字一顿诵出，能使作者对家乡、对亲人的思念之情达到高潮，得以升华。

文学作品朗诵艺术

白雪歌送武判官归京

[唐]岑参

北风卷地白草折,胡天八月即飞雪。
忽如一夜春风来,千树万树梨花开。
散入珠帘湿罗幕,狐裘不暖锦衾薄。
将军角弓不得控,都护铁衣冷犹著。
瀚海阑干百丈冰,愁云惨淡万里凝。
中军置酒饮归客,胡琴琵琶与羌笛。
纷纷暮雪下辕门,风掣红旗冻不翻。
轮台东门送君去,去时雪满天山路。
山回路转不见君,雪上空留马行处。

【朗诵指导】

岑参(公元717—770),唐代诗人,与高适并称"高岑"。文学创作方面,岑参工诗,长于七言歌行,对边塞风光、军旅生活,以及异域的文化风俗有亲切的感受,边塞诗尤多佳作。

这是一首咏雪送客的诗,诗中重点描写边塞雪景。野外大雪骤降,如万树梨花盛开,帐内雪花浸润,带来刺骨奇寒,阳天云凝,暮雪纷飞,雪中送客,大雪封山,诗人观察敏锐,笔力矫健,再现了边塞的瑰丽风光与浓郁的生活气息。篇中数语写离别,也是情意真挚,惆怅不已。

朗诵这首诗,要把握好写景与叙事的表达特色。从整首诗来说,写"雪"景占了大半篇幅,因此朗诵时要将感情与景物融合起来,读出作者送别友人那种惆怅、依依惜别之情与思乡的心情。整首诗的基调应是低沉、感伤的。

诗的开头两句,"北风卷地白草折,胡天八月即飞雪",一下就抓住了边地风猛雪大的特点,一个"卷"字刻画出席卷一切的塞外朔风的威力,一个"折"字则又道出了边地早雪的气候特征和诗人的惊讶之情,所以都应重读。"忽如一夜春风来",一个"忽"字有点出人意料,更妙的是诗人用"千树万树梨花开"来写雪,把雪的皎洁、鲜润、明丽、飞动传神地表达出来了。朗诵时语调上扬,声音开阔,给人展示的是一个粉妆玉砌的雪地世界。"瀚海阑干百丈冰,愁云惨淡万里凝"所写景物是何等阔大,视野又是何等开阔,朗诵时语调高昂。

诗的最后两句,展示的是一种凄凉、悲哀之情景,诗人对友人的惜别之情跃然纸上,朗诵时语气宜舒缓、沉郁,表达强度宜渐渐弱化。

黄鹤楼

[唐]崔颢

昔人已乘黄鹤去,此地空余黄鹤楼。
黄鹤一去不复返,白云千载空悠悠。
晴川历历汉阳树,芳草萋萋鹦鹉洲。
日暮乡关何处是?烟波江上使人愁。

【朗诵指导】

崔颢（公元约704—754）,唐代著名诗人。他秉性耿直,才思敏捷,其作品激昂豪放,气势宏伟,著有《崔颢集》。

崔颢,最为人们津津乐道的是他那首《黄鹤楼》,据说李白为之搁笔,曾有"眼前有景道不得,崔颢题诗在上头"的赞叹。《全唐诗》存其诗四十二首。

这首诗是吊古怀乡之佳作。诗人登临古迹黄鹤楼,泛览眼前景物,即景而生情,诗兴大作,脱口而出,一泻千里。既自然宏丽,又饶有风骨。诗虽不协律,但音节嘹亮而不拗口。真是信手而就,一气呵成,成为历代所推崇的珍品。

诗由黄鹤楼的命名着笔,借传说引入,然后生发开去。仙人骑鹤,本属虚无,诗人说它"一去不复返",有岁月难再、古人不可见之憾。仙去楼空,唯有天际白云,悠悠千载,表现出世事茫茫的感慨。诗的前四句写出了那个时代登黄鹤楼的人们常有的感受,气象苍莽阔大。诗的后四句转到了面对异乡风物,又生出的对故土的思念之情。诗末以烟波江上日暮怀归之情作结,使诗意重归于那渺茫不可见的境界，回应前面，使整首诗显得一片苍茫。

朗读这首诗时，应以低沉、感伤之情为基调，速度不宜过快，一、二句应营造仙去楼空的惆怅之感，语调平直，奠定全文的感情基调，"空余"二字重读，表现出作者感伤的原因。三、四句语调下降，表现出作者对世事迷茫的感伤，"不"重读，起强调作用。五、六句写对故土的思念，语调上扬，表现作者对家乡的热爱之情。七、八句，语调平直走过，表现出作者对家乡的思念和自己身处异乡的惆怅和迷惘。

春江花月夜

［唐］张若虚

春江潮水连海平，海上明月共潮生。
滟滟随波千万里，何处春江无月明。
江流宛转绕芳甸，月照花林皆似霰。
空里流霜不觉飞，汀上白沙看不见。
江天一色无纤尘，皎皎空中孤月轮。
江畔何人初见月？江月何年初照人？
人生代代无穷已，江月年年望相似。
不知江月待何人，但见长江送流水。
白云一片去悠悠，青枫浦上不胜愁。
谁家今夜扁舟子？何处相思明月楼？
可怜楼上月徘徊，应照离人妆镜台。
玉户帘中卷不去，捣衣砧上拂还来。
此时相望不相闻，愿逐月华流照君。
鸿雁长飞光不度，鱼龙潜跃水成文。
昨夜闲潭梦落花，可怜春半不还家。
江水流春去欲尽，江潭落月复西斜。
斜月沉沉藏海雾，碣石潇湘无限路。
不知乘月几人归，落月摇情满江树。

【朗诵指导】

张若虚(约公元670—730),扬州(今江苏扬州)人。中宗神龙年间,以"文辞俊秀"扬名京都。开元初,与贺知章、张旭、包融并称为"吴中四士"。

这首诗把景、理、情三者融为一体,由春江月夜的美景,引发出宇宙无穷、人生有限的感慨;人生既有限,就要很好地把握住有限的人生。然而面对如此良辰美景,有情人却被无情分离,只留下深深的思念和哀愁。

本诗可分为两大部分,从开头到"但见长江送流水"为第一部分,朗诵时要充满感情,表达真挚,给听众展现出月光沐浴下的一幅春江花月夜的水墨长轴的形象和"人生代代无穷已"的感慨,语速可稍微放慢,让人们品味其中的沧桑感和人生哲理。从"白云一片去悠悠"到结束为第二部分,写明月春宵游子思妇的离别恨,尤其是闺中思妇的情愫,表达时,语调平缓,字正腔圆,充满忧愁之情。

游子吟

[唐]孟郊

慈母手中线,游子身上衣。
临行密密缝,意恐迟迟归。
谁言寸草心,报得三春晖。

【朗诵指导】

孟郊(公元751—814),字东野,湖州武康(今浙江德清)人,郡望平昌(今山东安丘)。唐代著名诗人。孟郊工诗。因其诗作多写世态炎凉,民间苦难,故有"诗囚"之称,与贾岛并称"郊寒岛瘦"。孟诗现存500多首,以短篇五古最多。今传本《孟东野诗集》10卷。

《游子吟》是孟郊的代表作,千百年来被人们广为歌咏。朗诵此文,要情真意切,动人心弦。

开始诵"慈母"时应轻快而有力,头脑中浮现母亲的形象,和蔼可亲的母亲定格在我们的脑海中;"手中线"语气缓慢,一边读一边忆想母亲的点滴往事,"游子"声音略提高,"身上衣"声音低缓,前两字连读,"衣"字稍拖,"临行"节奏放慢,表现出难舍之情,"密密"连在一起,声音低沉而且有力度,语速不宜快,"缝"声音缓和但吐字有力,而且延长音值,"意恐"音量送高点,声音中饱含担心之意,饱含母亲对孩子的牵挂,"迟迟归"中"迟迟"两字声音比较低沉,语速适中。

前句是对人的特写,后两句则是对物的描写,由人及物达到升华主题的目的。虽然表面上看是描写大自然,但实际上也是对母亲的颂扬。"谁言"语气轻柔,语速缓和,"寸草心"连续,语气低缓,"报"响亮而有感情,"得"字紧跟"报"并延长音值,"三春晖"声音平缓并拖音读出,渗透着子女无法报答像阳光一样的母亲的内疚心情。

忆江南

[唐]白居易

江南好,
风景旧曾谙。
日出江花红胜火,
春来江水绿如蓝。
能不忆江南?

【朗诵指导】

白居易(公元772—846),字乐天,号香山居士,又号醉吟先生,河南新郑(今河南郑州新郑市)人,是我国唐代伟大的现实主义诗人,唐代三大诗人之一。

白居易曾经担任杭州刺史,在杭州待了两年,后来又担任苏州刺史,任期也一年有余。在他的青年时期,曾漫游江南,旅居苏杭,他67岁时,写下了三首忆江南,可见江南胜景仍在他心中栩栩如生。本诗为其第一首,作者泛忆江南，兼包苏、杭，写春景。

　　这首词描写了江南春色，抓住旭日东升的晨景，江边花红如火，江水碧绿如玉，形成冷色和暖色的互补，相衬突出江南春色的绚丽鲜艳，使人由衷赞叹江南好。一开口即赞颂"江南好！"正因为"好"，才不能不"忆"。"好"字是全词的重点，朗读时应予以突出，应重读，并发自内心地由衷赞美。接下来两句叙述江南的风景好，可用一种平缓明朗的语调。"红"字指出江花的特点，应重读。这两句在对景物描写中一步一步深入，感情逐步加深，语气渐强。最后一个反问句鲜明表达了全文的主旨，这么美好的景色，不能不让人怀念，这是全词的重点。所以应该一字一顿，用逐步上扬的语气读出，同时延长音值。

念奴娇·赤壁怀古

[宋]苏轼

大江东去，浪淘尽，千古风流人物。
故垒西边，人道是，三国周郎赤壁。
乱石穿空，惊涛拍岸，卷起千堆雪。
江山如画，一时多少豪杰。

遥想公瑾当年，小乔初嫁了，雄姿英发。
羽扇纶巾，谈笑间，樯橹灰飞烟灭。
故国神游，多情应笑我，早生华发。
人生如梦，一樽还酹江月。

【朗诵指导】

　　苏轼（公元1037—1101），字子瞻，和仲，号东坡居士，世称苏东坡。北宋诗人、词人、文学家，是豪放派词人的主要代表之一，"唐宋八大家"之一。其文汪洋恣肆，明白畅达，题材广泛，内容丰富，现存诗词3900余首。

该词是其豪放词代表作之一。通过对月夜江上壮美景色的描绘,借对古代战场的凭吊和对风流人物才略、气度、功业的追念,表达了作者怀才不遇、功业未就、老大无成的忧愤之情,同时表现了作者关注历史和人生的旷达之心。全词借古抒怀,雄浑苍凉,大气磅礴,笔力遒劲,境界宏阔,将写景、咏史、抒情融为一体,给人以撼魂荡魄的艺术力量,曾被誉为"古今绝唱"。

在这首词中,苏轼用雄健的笔法描绘了一幅壮丽的祖国山川的图画,成功地塑造了一个年少英俊的周瑜形象,这些画面、形象中,渗透了对于祖国山河的热爱、对于英雄的敬仰和对于生活的无限激情,寄托了理想,也透露了对于政治失意的不满。虽然其中存在着消极颓废思想,但是面对着大好河山,面对着英雄豪杰,苏轼高唱"大江东去",奏出了一曲雄壮的山河颂、英雄赞,以这种豪放的歌声来显示他对现实的不满与蔑视。

词的上阕,"大江东去……一时多少豪杰!"描写了赤壁壮景,渲染环境气势,词的整个基调应是高扬的,朗读时多连少停,多重少轻,多扬少抑,节奏延长。"江山如画,一时多少豪杰!"声音清亮,速度偏快,表达了他对景色与英雄的赞美之情。

下阕怀古伤今,基调先扬后抑,"遥想公谨当年……樯橹灰飞烟灭",朗读时多重少轻,多抑少扬,语流平稳、凝重,表现出周瑜面临大敌从容冷静,克敌制胜的儒将风度。"故国神游……一樽还酹江月",朗读时多重少轻,声音偏沉,语尾沉重,流露出作者无可奈何的消极思想,同时隐含着对现状的愤慨之情。

渔家傲·秋思
[宋]范仲淹

塞下秋来风景异,衡阳雁去无留意,四面边声连角起。
千嶂里,长烟落日孤城闭。

浊酒一杯家万里,燕然未勒归无计,羌管悠悠霜满地。
人不寐,将军白发征夫泪。

【朗诵指导】

范仲淹（公元989—1052），字希文，吴县（今江苏苏州市）人。他的散文、诗词都有名篇传颂于世。

宋仁宗宝元元年（1038年），西夏大举进攻宋朝，宋守将连连兵败，西北防线几乎崩溃。此时（1040年）宋朝廷委派范仲淹出任陕西经略副使兼知延州。范仲淹到任后，改革军制、团结上下、生产戍边，渐收失地而威震西夏。他在职四年，西夏不敢进犯，反而称赞范仲淹"胸中自有数万甲兵"。

这首词正是他戍边时所作。按常情，像范仲淹这样有权、有功、有谋、有威的统帅，若写边境生活，似乎应该上颂朝廷之英明，下称自己守边之丰功，至少应该是乐观昂扬、精神振奋的。可是，这首《渔家傲》却全然不是。全词没有描写战争的宏大场面，也没有以"战士军前半死生，美人帐下犹歌舞"来叙写守边战士的悲苦，而是用几乎全部的笔墨叙述了边塞生活的艰苦、守边将士的苦闷和范仲淹作为主帅心中那难以排解的矛盾。读起来令人颇感一种沉重苍凉的豪放——秋天的西北边疆，萧瑟凄凉，就连大雁也"无留意"。因此朗诵时基调把握主体要缓慢，注意停顿，以体现作者仰天望雁的悲叹。整首词语调多抑，语速较慢，但因有豪放色彩，又不可停顿太多，句尾多以沉重收束。

青玉案·元夕

［宋］辛弃疾

东风夜放花千树。更吹落、星如雨。宝马雕车香满路。凤箫声动，玉壶光转，一夜鱼龙舞。

蛾儿雪柳黄金缕。笑语盈盈暗香去。众里寻他千百度。蓦然回首，那人却在，灯火阑珊处。

【朗诵指导】

辛弃疾（公元1140—1207），南宋词人，别号稼轩，一生力主抗金。其词抒写力图恢复国家统一的爱国热情，倾诉壮志难酬的悲愤，对当时执政者的屈辱求和颇多谴责；也有不少吟咏祖国河山的作品。题材广阔又善化用前人典故入词，风格沉雄豪迈又不乏细腻柔媚之处。

此词约写于辛弃疾被迫退休于江西上饶之后。全词着力描写了元宵节夜观花灯的热闹景象。朗读上阕时应把握好热闹欢乐气氛，突出欢乐场景。而下阕中直到"众里"句开始才有主人公的活动，且活动写得很低调，在"灯火阑珊处"，仿佛是远离众人，但联系作者遭遇，不难解读作者孤高幽独、淡泊自恃、自甘寂寞、不同流俗的性格。因此，朗诵下阕，要有别于上阕的欢快，而要用清高的口吻，略带忧伤之感表达。

雨霖铃

［宋］柳永

寒蝉凄切，对长亭晚，骤雨初歇。
都门帐饮无绪，留恋处，兰舟催发。
执手相看泪眼，竟无语凝噎。
念去去，千里烟波，暮霭沉沉楚天阔。

多情自古伤离别，更那堪，冷落清秋节！
今宵酒醒何处？杨柳岸，晓风残月。
此去经年，应是良辰好景虚设。
便纵有千种风情，更与何人说？

【朗诵指导】

柳永（约公元987—1060）北宋著名词人，婉约派创始人物。排行第七，又称柳七。宋仁宗朝进士，官至屯田员外郎，故世称柳屯田。以毕生精力作词，其词多描绘城市风光和歌妓生活，尤长于抒写羁旅行役之情，创作慢词独多。铺叙刻画，情景交融，语言通俗，音律和谐，婉约派最具代表性的人物之一。

此词写的是离愁别恨，是柳永的代表作。全词围绕一个"愁"字，层层铺叙，一笔到底，把写景、叙事、抒情融为一体。朗诵时以低沉而缓慢的节奏推进。

上阕写离别时悲痛欲绝的情景。起首之句交代分别的时间、地点和环境，以环境气氛渲染别离时的凄苦心情。这三句以慢速开始，声音偏低，句尾沉重，以突出景与情的统一。"帐饮无绪"，这句仍慢，接后一句"留恋处"突出其依依不舍，"处"应延长；"兰舟催发"更加深伤感，在"兰舟"后语气渐弱。"执手"二句已是心碎肠断的表达，这两句把人物痛别时的动作、神态刻画得生动逼真，淋漓尽致地写出了离愁别恨，朗读时可用颤音营造出情人难舍难分、悲痛难言的气氛。"念去去"两句，重读"念"，随后语调上扬，转而以慢速朗读后一句，并重读"楚天阔"。

下阕继续渲染别后只身漂泊的情景，使痛别之情更为浓烈。"多情"两句点明题意，遥应上阕首句，朗读时"伤离别"一字一顿，突出离别之痛，后面语气应渐弱，同时重读"冷"，以"冷"突出"悲"。"杨柳岸，晓风残月"写出离人漂泊江湖的孤独，慢速表达，衬托人物心情的悲凉。"此去"到结束是写别后伤感得无心赏美景，朗读时，为突出伤感、孤独，"更与"重读，"何人说"一字一顿作结。

一剪梅·红藕香残玉簟秋

[宋] 李清照

红藕香残玉簟秋。轻解罗裳，独上兰舟。
云中谁寄锦书来，雁字回时，月满西楼。
花自飘零水自流。一种相思，两处闲愁。
此情无计可消除，才下眉头，却上心头。

【朗诵指导】

李清照（公元1084—约1155），号易安居士。宋代女词人，婉约词派代表，有"千古第一才女"之称，著有词集《漱玉集》，并有词的理论著作《词论》。

这首词写得极优美，深深表达出一种真诚、深挚、含蓄的思念之情，红荷、兰舟、雁、月光、西楼，这些很有意味的意象构成一幅很精美的图画。

下阕写相思之深，真是刻骨铭心，像是作者在轻轻叹息、自言自语。只用淡淡八个字"才下眉头，却上心头"略作点染，胜过许多文字。

由于这是一首表达思念之苦的情诗，略带哀愁，所以朗读时感情基调应保持着低沉哀怨。上阕写期待，应强调"残""秋""独"，这与她凄苦的心情是一致的。她希望鸿雁传书，直等到"月满西楼"，充满哀愁，朗读时应意沉声柔，可用延长音值来表现。下阕主要写感叹与愁思。流水落花，别意无穷。应重点渲染愁情，速度放慢。由己愁想彼愁，正是"心有灵犀一点通"。结句"才下眉头，却上心头"，表达时应连续快点，再加一字一顿，更显愁之重意。

钗头凤·红酥手

［宋］陆游

红酥手，黄縢酒，满城春色宫墙柳。东风恶，欢情薄，一怀愁绪，几年离索。错错错。

春如旧，人空瘦，泪痕红浥鲛绡透。桃花落，闲池阁，山盟虽在，锦书难托。莫莫莫。

【朗诵指导】

陆游（公元1125—1210），字务观，号放翁，南宋文学家、史学家、爱国诗人。陆游生逢北宋灭亡之际，因坚持抗金，屡遭主和派排斥。陆游一生笔耕不辍，诗词文具有很高成就。其诗语言平易晓畅、章法整饬谨严，兼具李白的雄奇奔放与杜甫的沉郁悲凉，尤以饱含爱国热情对后世影响深远。

此词描写了词人与原配唐婉的爱情悲剧，记述了词人与唐氏被迫分开后，在禹迹寺南沈园的一次偶然相遇的情景，表达了他们眷恋之深和相思之切,抒发了作者怨恨愁苦而又难以言状的凄楚痴情,是一首别开生面、催人泪下的作品。全词情感真挚,多用对比,节奏急促,声韵凄紧。全诗基调是缓慢沉郁的。

上阕追怀昔日的美好生活,抒发被迫分离的满怀愁绪。"红"刻画出唐婉两手的红润和生命力。"酥"写出唐婉双手的细腻和柔软。"红""酥"二字可适当慢速重读。"东风恶"句词情陡转,暗暗点出一场婚姻惨变,可加强语气,以增加气势,反映对封建礼教的控诉和不满。这几句要慢慢推进,语气更低沉,从而表达作者满怀愁绪、郁郁寡欢之情。"错错错"三字如连发之弩,一字一顿,语气渐强,以突出作者因屈服母命而铸成大错的沉痛悔恨之情及对破坏他们美满姻缘的封建礼教的有力控诉。

下阕写重逢的场景,抒发两人共同的伤感之情。"春如旧"用轻柔语气慢慢诵读,可使人领略到物是人非之感。唐婉"人空瘦"与"红酥手"形成鲜明对比,语气的轻缓使人明显感觉唐婉在相思中变得憔悴消瘦。"桃花落",指东风摧残,桃花凋落,庭园荒凉。运用低沉语气可烘托两人此时的伤感与分离之情。

满江红

[宋]岳飞

怒发冲冠,凭阑处,潇潇雨歇。抬望眼,仰天长啸,壮怀激烈。三十功名尘与土,八千里路云和月。莫等闲,白了少年头,空悲切。

靖康耻,犹未雪,臣子恨,何时灭!驾长车踏破贺兰山缺。壮志饥餐胡虏肉,笑谈渴饮匈奴血。待从头,收拾旧山河,朝天阙。

【朗诵指导】

岳飞(公元1103—1141),南宋时期抗金名将、军事家、书法家、诗人,位列南宋"中兴四将"之首。

岳飞的事迹家喻户晓,这首词更是人人皆知的英雄礼赞。当时,女真族奴隶主统治集团发动掠夺战争,给中原人民带来了深重的灾难。面对破碎的山河,岳飞心中充满深仇大恨,决心以实际行动收复中原大地。这首充满爱国主义深情的词,是岳飞用生命和鲜血写下的豪迈誓言。朗诵这首词要高昂、壮烈,充满悲愤豪迈之气。

词起句悲壮,笼罩全篇,一个"怒"字,奠定基调。无疑,起句要重读,"潇潇"二句要延长轻缓,表达凄清之感;"抬望眼,仰天长啸,壮怀激烈"三句,悲不能已,朗诵时,气势强劲,惊天动地。接下来,"三十功名尘与土,八千里路云和月",极言辛苦报国,不愿等闲白了少年头,报国壮志昭然若揭,朗诵时理直气顺,一气呵成。

词的下阕直言报仇雪耻之壮志,气若长虹,惊天动地。"靖康耻,犹未雪,臣子恨,何时灭。"四句语速放慢,语调沉重,表达出国耻未洗雪的沉痛心情;接下来,用坚定豪迈的语气一字一句,节奏急快朗诵以下几句,铿锵有力,振奋人心。

过零丁洋

[宋] 文天祥

辛苦遭逢起一经,
干戈寥落四周星。
山河破碎风飘絮,
身世浮沉雨打萍。
惶恐滩头说惶恐,
零丁洋里叹零丁。
人生自古谁无死?
留取丹心照汗青。

【朗诵指导】

文天祥(公元 1236—1283),南宋末政治家,文学家,爱国诗人,抗元名臣,与陆秀夫、张世杰并称为"宋末三杰"。

南宋德祐元年（1275），元军水陆并进，大举南侵。文天祥在江西奉诏起兵，先后与元军多次激战于江西、福建和广东等地。最后不幸于祥兴元年（1278年）兵败海丰，在五坡岭被俘。次年，被押解北上，途经金陵，在驿所作七律二首，这是其中的一首。哀痛之于人生，莫过于国破家亡，生离死别。面对残破的国土、飘零的身世，诗人不胜黍离之悲、物故之哀，表现一种国既不存、死又何惜的气节和人生境界，给全诗定下一个由悲凉沉痛转为激昂奋发的感情基调。朗诵时要注意因声求气，由声入情，把握声音的轻重、强弱、缓急、顿挫。

首联"起""周"作重音；上句"辛苦遭逢"读音须强，整句由高而低，下句"四周星"读音加强，一整句由低而高。

首联与颔联间停顿稍短。颔联句中"飘""打"重读，上句"山河破碎"强音诵出，整句由高而低。颔联跟颈联停顿稍长。颈联句中"说""叹"重读，上句"惶恐"读音需强化，语势由低而高，下句"叹零丁"长音表达，语势由高而低。以上三联语速舒缓，颈联后停顿要长。诵读末联时要气满音高，高强表达，"谁""照"重音突出，吐字着力有劲，语调顿挫昂扬，声浪摇曳悠远。

卜算子·我住长江头

［宋］李之仪

我住长江头，君住长江尾。日日思君不见君，共饮长江水。

此水几时休，此恨何时已。只愿君心似我心，定不负相思意。

【朗诵指导】

李之仪（公元1048—1117）北宋词人。字端叔，沧州无棣（今山东省庆云县）人。这首《卜算子》深得民歌的神情风味，明白如话，复叠回环，同时又具有文人词构思新巧、深婉含蓄的特点，可以说是一种提高和净化了的通俗词。

这首词写得言短意长,全词围绕长江水,展示一个女子的思念与离恨,感情由低向高层发展,起伏动荡,语言质朴自然,既体现了民歌的艺术特色,又更好地表达出相思情深的意味。

第一、二句,写他们相距遥远,"住"要重读,"长江"应延长字音,体现出相距遥远感;"日日"强调无时无刻不在思念,重音诵出;"不见"与主人的意愿相违背,朗诵时应饱含伤感;"共"字应加重;"此水"强调,与"此恨"相呼应;"休"和"已"可带颤声,体现出作者心痛之情。最后两句是感情的升华,声音提高,语速放慢,拖长收尾。

山坡羊·潼关怀古

[元] 张养浩

峰峦如聚,波涛如怒,山河表里潼关路。

望西都,意踌躇。

伤心秦汉经行处,宫阙万间都做了土。

兴,百姓苦;亡,百姓苦。

【朗诵指导】

张养浩(公元1270—1329),山东省济南市人,元代著名散曲家。诗、文兼擅,而以散曲著称。

此曲是张养浩晚年的代表作,也是元散曲中思想性、艺术性完美结合的名作。作者曾因上疏谏事获罪辞官,隐居历城,1329年重新被启用,出行陕西,赈济灾民,他目睹人民的深重灾难,愤愤不平,感慨万千,并把此种情感注入诗曲之中。这首散曲就是作者赴陕西途中所作。登临潼关,怀古思今,作者发出无限感慨。朗诵时要把握悲愤沉郁的感情基调。先写潼关地形险要,"聚""怒"把山河写得颇具灵性,朗诵时,声音高亢,语速快捷,喷吐有力,让人仿佛看到群山向潼关奔来的情景,觉得黄河如兽在咆哮,并联想到河水奔腾翻滚的气势。

接下来,作者再由写景转入抒情,一个"望"字,重读,并且长音,引出千年兴衰变迁，引发听众对历史的思考；长安，在这个特定的历史舞台上，演出过多少威武雄壮，悲欢离合的戏剧；历朝历代有多少励精图治的帝王曾在此建功立业，也曾有多少无道的昏君，在此虐杀人民，成为历史的罪人。而又有多少人民群众，曾在这块土地上流过血汗，盛极一时的秦汉王朝早已和那无数的宫殿楼阁、万千的水榭亭台一样，灰飞烟灭，化为尘土，这字里行间寄寓了多少感慨。

"兴，百姓苦；亡，百姓苦"，道出了封建社会朝代更替的本质，昭示了造成劳动人民悲惨命运的原因，结尾处，确实是千锤百炼，一字千钧，语气尖刻辛辣，语意丰富而深沉，是对全曲的一个精辟的总结。故而在朗诵时要调节好呼吸，"兴"宜虚且拖长音值，"百姓"提起上扬，"苦"重读下抑，紧接着以深沉的语调读出"亡"，"百姓苦"用下降调，以悲愤沉郁的情感作结。

天净沙·秋思

[元] 马致远

枯藤老树昏鸦，
小桥流水人家，
古道西风瘦马。
夕阳西下，
断肠人在天涯。

【朗诵指导】

马致远（约公元1250—1321），号东篱，元代戏曲家，与关汉卿、郑光祖、白朴并称"元曲四大家"。戏曲创作方面，马致远在音乐思想上经历了由儒入道的转变，在散曲创作上具有思想内容丰富深邃而艺术技巧高超圆熟的特点，在杂剧创作上具有散曲化的倾向和虚实相生之美。

这是马致远小令中最著名的一首。作者以凝练的语言，通过一幅秋郊夕照图的描绘，准确而委婉地刻画出旅人漂泊的心境，被赞为"秋思之祖"。这首成功的曲作，从多方面体现了中国古典诗歌的艺术特征。

前三句用九个并列的实词,把九种不同的景物巧妙地组织在一个画面里,渲染出一派凄凉萧瑟的晚秋景致,从而含蓄地烘托出旅人的哀愁。朗诵时,节奏一定要慢,语气低沉,用平直调,缓缓地流露出丝丝哀愁感。

后两句通过西下夕阳烘托出孤独凄凉的旅人。朗诵时要注意在"断肠人"处停顿,语调上扬,"在"重读。"天涯"用平直调,缓缓诵出。

竹　石

[清] 郑燮

咬定青山不放松,
立根原在破岩中。
千磨万击还坚劲,
任尔东西南北风。

【朗诵指导】

郑燮(公元 1693—1766),字克柔,号理庵,又号板桥,人称"板桥先生",江苏兴化人,清代书画家、文学家。

郑板桥一生只画兰、竹、石,自称"四时不谢之兰,百节长青之竹,万古不败之石,千秋不变之人"。其诗书画,世称"三绝",是清代比较有代表性的文人画家。

而此诗就是一首画诗,采用托物言志的手法,以赞美岩竹的刚劲顽强来表现一种坚强不屈和坚定不移的人格美。首句"定"重读,表达诗人坚定的性格,"不放松"在"定"的基础上声音可渐弱,语速渐慢,坚定中显现出韧性。第二句写岩竹的生长环境,"破岩中"一字一顿处理,突出条件的艰苦和诗人的赞美。第三句写岩竹历经磨难精神不变的坚劲形象,应重读"还",表达一种惊叹之情,用上升调,为下一句奠定感情基础。第四句一抑一扬,重心落在后面,"南"语调提高,"南北风"一字一顿,突出诗人无比豪迈、无比崇敬的感情。

此诗可以说是诗人正直倔强性格的生动写照,全诗应以激昂的感情基调抒发诗人正直坚强的性格。

沁园春·雪

毛泽东

北国风光,千里冰封,万里雪飘。望长城内外,惟余莽莽;大河上下,顿失滔滔。山舞银蛇,原驰蜡象,欲与天公试比高。须晴日,看红装素裹,分外妖娆。

江山如此多娇,引无数英雄竞折腰。惜秦皇汉武,略输文采;唐宗宋祖,稍逊风骚。一代天骄,成吉思汗,只识弯弓射大雕。俱往矣,数风流人物,还看今朝。

【朗诵指导】

毛泽东(公元1893—1976),字润之(原作咏芝,后改润芝),笔名子任。湖南湘潭人。中国人民的领袖,伟大的马克思主义者,无产阶级革命家、战略家和理论家,中国共产党、中国人民解放军和中华人民共和国的主要缔造者和领导人、诗人、书法家。

这首词内容深广,上下五千年,纵横数万里,朗诵时速度要慢,气势要强,语调要高。

上阕开篇三句,缓缓起诵,逐渐升高,"北国""千里"后停顿,"冰""万""雪"加重,"飘"延长,在听众面前展示出茫茫北国、白雪皑皑之景。接下来从不同角度描写了北国冰天雪地的景致,"望"要延长一拍读,并音断意连,统领下文;接连几句,均可按二二式划分音部,"长城内外"速度减慢,"大河""滔滔"音量提高,"试比高"用升调,缓缓诵出。"须晴日,看红装素裹,分外妖娆"象征祖国美景如画,前途辉煌,朗读时气满声高,速度徐缓,"看"字延长,"分外"重读。

下阕开始两句意连上阕,启引下文,要注意语气,"如此"重读,"引"放慢延长后停顿;接下来评说历史,语调平直,"惜"停顿,"略输""稍逊""只识"三处稍稍加重,以曲折调式诵出,带有讽刺意味。"俱往矣,数风流人物,还看今朝"三句感叹过去,瞩目现在,向往未来。第一句要用强气音体现,后两句语词高昂,感情奔放,"看"后停顿,"今朝"延长重读。

第六章　现代诗词的朗诵

一、现代诗歌的文学特征与类型

现代诗也叫"白话诗",最早可追溯到清末,是诗歌的一种,一般不拘于格式和韵律。

现代诗的分类:

(一)按形式分

1. 格律诗:是按照一定格式和规则写成的诗歌。它对诗的行数、诗句的字数(或音节)、声调音韵、词语对仗、句式排列等有严格规定。

2. 自由诗:是近代欧美新发展起来的一种诗体。它不受格律限制,无固定格式,语言比较通俗。

3. 散文诗:是兼有散文和诗的特点的一种文学体裁。篇幅短小,像散文一样不分行,不押韵。

4. 韵脚诗:每一行诗的结尾均须押韵,读起来朗朗上口如同歌谣。

(二)按体裁分

可分为童话诗、寓言诗、散文诗、韵脚诗等。

(三)按表达方式分

可分为叙事诗和抒情诗。

(四)按长短分

可分为微诗、小诗、短诗、长诗。

二、现代诗歌的朗诵方法

现代诗歌有自身独特的朗诵技巧与方法。

1. 把握诗歌的情感基调

诗歌一般融合着饱满而丰富的激情,艾青说:"对生活所引起的丰富的、强烈的感情是写诗的第一条件,缺少了它,便不能开始写诗。"一首诗感情总有一定的倾向,要么雄浑、豪迈,要么哀婉、悲伤,要么喜悦、欢乐,要么愤慨、恼恨……这就形成了诗歌的情感基调。如中国台湾诗人余光中的诗《乡愁》是一首怀念祖国、渴望回归大陆的爱国诗篇,它以一种民谣的形式,倾吐了对祖国统一的强烈愿望,基调是深沉而忧郁的。

2. 理清诗歌的结构层次

把握基调后,要进一步对诗歌的内容与结构进行分析,理清其情感变化的层次。如《乡愁》这首诗采用了我国民歌层层递进、对比互衬的写作方法,"小小""窄窄""矮矮""浅浅"分别修饰着邮票、船票、坟墓、海峡,短短的十六行诗就有八个"头"字,显示出鲜明的节奏感。

3. 运用想象,展示诗歌的意境

诗歌是以最简洁的形式反映社会生活,并通过典型画面激发读者想象的方式来完成艺术形象的塑造的,朗诵时要借助丰富的想象力,加之明朗的思想、饱满的激情,便会展现出"借景抒情,景中有情;情景交融,诗情画意"的生动形象,如李白的诗《梦游天姥吟留别》,意境雄浑绮丽。朗诵时,我们要通过或轻或重,或抑或扬,高昂豪迈,迂回缓荡的技巧声声传情,步步入境,从而把诗中那种雄浑的意境和缤纷的形象展示给听众。

4. 读出诗歌的节奏和韵律

节奏是诗歌的生命,富于音韵美的诗的语言节奏是由舒展的音节、恰当的停连、变化多姿的语气共同构成的,把握节奏就是要对诗行中的音节进行恰当的划分,以充满变化的语调表现丰富、具体的感情色彩。

如郭沫若的诗《天上的街市》的第一段:

远远的 / 街灯 / 明了,

好像 / 天上的 / 明星，

天上的 / 明星 / 亮了，

好像 / 点着 / 无数的 / 街灯。

优美的语句展示着美妙无比的空中幻景，五颜六色，奇光异彩，轻松而舒缓的节奏给听众带来无比美好的遐想。朗诵前要细细品味，渐入意境。

要注意的是，有些诗歌的节奏体现在层次与层次之间，诗节与诗节之间的停顿与节拍的对称上，有的则体现在几个大的情节的回环往复上，如《渔夫和金鱼的故事》，朗诵时要整体地把握好。唯有如此，才能读出鲜明的节奏。

三、现代诗歌文本朗诵指导

我爱你，中国

男领：当灿烂的太阳跳出了你东海的碧波，你的帕米尔高原上依然是群星闪烁。

女领：当你的北国还是那银装素裹的世界啊！你的南疆早已到处洋溢着盎然的春色。

领合：我爱你，中国！

男甲：我爱你敦煌飞天的曼舞轻歌，

女甲：杭州西湖的淡妆浓抹，

男乙：桂林山水的清奇秀丽，

女乙：黄山云海的神秘莫测。

四齐：我爱你，中国！

男丙：我爱你世界屋脊上布达拉宫的巍峨，

女丙：傣家竹楼前如水的月色，

男丁：吐鲁番的葡萄、哈密瓜，

女丁：呼伦贝尔大草原上的羊群就像蓝天上飘动的洁白的云朵。

四齐：我爱你，中国！

男齐：我爱你青年人的热情奔放，

女齐：中年人的深沉不惑，

男齐：孩子们天真烂漫的笑脸，

女齐：老人们跳起的晚霞迪斯科，

合：我爱你，中国！

男甲：我爱你战国编钟奏出的古曲，

乙：我爱你振兴腾飞时代唱出的新歌，

丙：我爱你黄昏里紫禁城那层层殿宇啊，

丁：我爱你夜色中现代建筑上辉煌的灯火。

四齐：我爱你，中国！

女甲：我爱你腾空的蘑菇云驱走了荒原的寂寞，

乙：我爱你南极长城传来的电波，

丙：我爱你送走瘟神病魔的喜悦啊，

丁：我爱你奥运史上零的突破。

四齐：我爱你，中国！

男领：几度阴晴，几度离合，几度舒缓，几度壮阔，我爱你斗争创造谱写的史册。

女领：几番耕耘，几番收获，几番荒芜，几番蓬勃，我爱你血水汗水浇灌的肥沃。

男领：几多欢乐，

女领：几多苦涩，

男领：几多失落，

女领：几多赢得，我爱你坚韧、执着塑造的性格。

男齐：我爱你博大的胸怀，

女齐：我爱你恢宏的气魄。

合：我爱你祖祖辈辈，生生不息跳动的脉搏啊，我爱你，中国！

女齐：你是涅槃的烈火中飞出的金凤凰啊，

男齐：你是神州大地上舞动的巨龙。

合：你是东方的醒狮啊，你是我们刚刚走过四十年风风雨雨的伟大的人民共和国。

合：我爱你，中国！

女齐：你经历了苦难与蹉跎，你饱尝了屈辱与折磨。

男齐：你有愚昧与不足，你有弊病与贫弱。

女齐：是的，我们不应妄自尊大，

男齐：但我们也绝不妄自菲薄。

男：我们思虑，我们焦灼，我们奋发，我们开拓，

女：我们努力，我们探索，我们跋涉，我们拼搏！

男：我们要让你古老的大地焕发出更加耀眼的青春的光泽，

女：我们要让你成为世界民族之林中繁荣、富强、文明、民主的佼佼者。

男齐：我们为你骄傲，

女齐：我们为你自豪，

合：我们热爱你啊，中国！

【朗诵指导】

澎湃的激情，飞腾的想象，深邃的意境，和谐的韵律，这些是该诗具备的四大特征。在朗诵时如何从声音上立体地展示这些特点，可以从以下几方面考虑：

1. 运用停顿分清音步，通过重音突出韵脚，从而体现诗歌的韵律美。这首诗合辙押韵，气势贯通，对一些字数相同、格式一致的排比句要强调表达节奏感，给人回环复沓的感觉；可以有规划地加重尾音（韵脚），形成抑扬顿挫之妙。如：我爱你 / 战国编钟 / 奏出的 / 古曲，我爱你 / 振兴腾飞时代 / 唱出的 / 新歌，我爱你 / 黄昏里 / 紫禁城 / 那层层殿宇啊，我爱你 / 夜色中 / 现代建筑上 / 辉煌的 / 灯火。一段可以按"/"所示停顿，体现出优美的韵律和奔放的情感。

2. 运用语调的腾挪跌宕，音量的强弱粗细，表达跳跃的激情。朗诵这首诗前面部分语调要豪放、雄壮，声音洪亮，但表达对往事的回忆、反思时要

放低音量，减慢速度，声音低沉而凝重。而转折与过渡处，则要有较长的停顿来表明变化过程和起止点，过渡时，力求衔接自然。

3. 力求整体配合，立体把握。这首诗是分角色朗诵，不同角色间要有分有合，有连有断，整体把握，立体推进。不同的角色要展示出自己不同的特色，不可雷同：从男领、女领到男合、女合到齐合要有层次感，推进感。

我骄傲我是中国人

王怀让

在无数蓝色的眼睛和褐色的眼睛之中，
我有着一双宝石般的黑色眼睛，
我骄傲，我是中国人！
在无数白色的皮肤和黑色的皮肤之中，
我有着大地般黄色的皮肤，
我骄傲，我是中国人！

我是中国人——
黄土高原是我挺起的胸脯，
黄河流水是我沸腾的热血，
长城是我扬起的手臂，
泰山是我站立的脚跟。
我骄傲我是中国人。

我是中国人——
我的祖先最早走出森林，
我的祖先最早开始耕耘，
我是指南针、印刷术的后裔，
我是圆周率、地动仪的子孙。
在我的民族中，

文学作品朗诵艺术

不光有史册上万古不朽的孔夫子、司马迁、李自成、孙中山,
还有那文学史上万古不朽的花木兰、林黛玉、孙悟空、鲁智深。

我骄傲,我是中国人!
我是中国人——
在我的国土上,
不光有雷电轰击不倒的长白雪山、黄山劲松,
还有那风雨不灭的井冈传统、延安精神。

我是中国人——
我那黄河一样粗犷的声音,
不光响在联合国的大厦里,
大声发表着中国的议论,
也响在奥林匹克的赛场上,
大声高喊着"中国得分"!
当掌声把五星红旗送上蓝天,
我骄傲,我是中国人!

我是中国人——
我那长城一样的巨大手臂,
不光把采油钻杆钻进外国人预言打不出石油的地心;
也把通信卫星送上祖先们梦里也没有到过的白云;
抬头,当五大洲倾听东方的时候,
我骄傲,我是中国人!

我是中国人——
我是莫高窟壁画的传人,
让那翩翩欲飞的壁画与我们同往。

我就是飞天,

飞天就是我。

我骄傲,我是中国人!

【朗诵指导】

王怀让(1942—2009),曾任河南日报编委员、文艺处处长,高级编辑。当代诗人,中国作协会员,中国剧作家协会会员,河南省作协副主席。

这是一首热情歌颂祖国的诗。作者纵论古今,横议全球,讴歌了一个伟大的民族,一个伟大民族的英雄的人民。

全诗凝结着自豪、亢奋和热情,始终跳动着情感的脉搏。朗诵这首诗要立足高远,气足音强,自始至终涌动着热烈、豪迈的气势。

全诗分三部分。第一部分包括第一、二节,阐述在世界各种不同的人种中作为一个中国人的自豪。朗诵时用平稳深情的语气,起调不可太高,表示颜色的词语要重读,每节的后一句要加重"骄傲"二字,在"我是"后停顿,前节中"中国人"用高音送出,后一节的"中国人"用一字一顿强调。第二部分包括第三节到第六节,热情赞颂了中华民族伟大的历史和辉煌的今天。朗读时要抑扬起伏相间,节奏快慢有致。其中大量运用了比喻、比拟等修辞手法,使表达生动具体,朗读时要热烈、亲切、饱含深情,对一些人名、地名要重点强调,每节前的"我是中国人"和每节后的"我骄傲,我是中国人",要联系上下文的感情,随诗的层次递进关系有所变化,不可千篇一律。最后一节是第三部分,借"飞天"的形象,预示中华民族将要在人类历史上出现一个新的腾飞。朗读时要充满自信、自强、自豪的语气,最后收尾要语速稍缓,字音饱满、响亮。

致橡树

舒婷

我如果爱你——

绝不像攀援的凌霄花,

借你的高枝炫耀自己；
我如果爱你——
绝不学痴情的鸟儿，
为绿荫重复单调的歌曲；
也不止像泉源，
常年送来清凉的慰藉；
也不止像险峰，
增加你的高度，衬托你的威仪。
甚至日光，
甚至春雨。

不，这些都还不够！
我必须是你近旁的一株木棉，
作为树的形象和你站在一起。
根，紧握在地下；
叶，相触在云里。
每一阵风过，
我们都互相致意，
但没有人，
听懂我们的言语。
你有你的铜枝铁干，
像刀，像剑，也像戟；
我有我红硕的花朵，
像沉重的叹息，
又像英勇的火炬。

我们分担寒潮、风雷、霹雳；
我们共享雾霭、流岚、虹霓。

仿佛永远分离，

却又终身相依。

这才是伟大的爱情，

坚贞就在这里：

爱——

不仅爱你伟岸的身躯，

也爱你坚持的位置，

足下的土地。

——选自：《双桅船》，上海文艺出版社，1982年。

【朗诵指导】

舒婷（1952—），朦胧诗派的代表人物之一，诗作在朦胧的氛围中流露出理性的思考，擅长运用比喻、象征等艺术手法表达内心独到而深刻的感受，是浪漫主义和现代主义风格相结合的产物。已出版诗集《双桅船》《会唱歌的鸢尾花》等。

这是舒婷的代表作。诗中，诗人以女人特有的细腻和温柔向我们道出了爱的真谛：爱情不是单方面的索取，而是心连心、肩并肩地共享生命中的苦与乐，所以朗读时不应说教，而应是心与心的交流。

开篇以低缓声音，徐徐道来，排比句式由慢到快，一气呵成，对"凌霄花""鸟儿""泉源""险峰""日光""春雨"等词语要强调重读。

该诗向我们展示：爱情是行动的，面对坚贞的爱情，双方应该"分担寒潮、风雷、霹雳"，"共享雾霭、流岚、虹霓"，在人生路上要"终身相依"，朗读此处，要调动有声语言的多种技巧与方法立体地展示形象，充分表达对爱情的坚贞与执着，切忌平铺直叙，有口无心。

最后，诗人以点睛之笔作结，"爱——不仅爱你伟岸的身躯，也爱你坚持的位置，足下的土地！"用语通俗，但又耐人寻味，朗读时应情绪高昂，语调上扬，节奏明快，以示自己对爱的坚贞和彻悟，并由此升华为对祖国的爱。通观全诗，要注意把握好螺旋式推进的情感基调，努力做到情真意切，以表达出作品那丰满的内部情感。

乡愁

余光中

小时候,
乡愁是一枚小小的邮票,
我在这头,
母亲在那头。

长大后,
乡愁是一张窄窄的船票,
我在这头,
新娘在那头。

后来啊,
乡愁是一方矮矮的坟墓,
我在外头,
母亲在里头。

而现在,
乡愁是一湾浅浅的海峡,
我在这头,
大陆在那头。

——选自:语文出版社教材研究中心编,《初中课本七年级语文》下册,语文出版社,2003年。

【朗诵指导】

余光中(1928—2017),祖籍福建永春。1947年就读于金陵大学外文系,

1949年转入厦门大学,同年随父母去香港,次年到台湾。1952年从台湾大学外文系毕业。已出版诗集《在冷战的年代》《白玉苦瓜》《天狼星》《紫荆赋》《守夜人》等。

《乡愁》是余光中于1972年创作的一首现代诗歌。全诗分四个部分,代表诗人的成长历程,把各个不同时期思乡的情感淋漓尽致地抒发在字里行间。它从思念家乡的母亲、新娘写起,再升华到思念祖国,渴望祖国统一。全诗语言直白真率,情感深切。因此,这首诗在今天仍有很大的教育意义,是值得一读的好诗。

朗读这首诗,要注意以下几个方面:

第一,情感要真。俗话说:"言为心声"。作者把思乡、思国、渴望统一几种感情糅合在一起,这就使得全诗充满了浓郁的感情色彩。而这一特点决定了朗读者必须是个"有情人",朗读时不可感情平淡、言不由衷,更不能矫揉造作。

第二,节奏要缓。朗读该诗时,语速不宜过快,节奏不可太急,同时,还要注意随着诗的感情变化而变化,这样高低起伏,不至于呆板。

第三,变化有致。这首诗表面上看来,四个部分差不多,其实不然。显然,诗的高潮在最后一部分,这部分是作者情感的升华,也是朗读感情的最高点。因此,这部分要重点体现,特别是结尾"大陆在那头"一句,要延长读音,以引起人们无限的遐想。

另外,朗读此诗,如果能配合一些背景知识介绍,再正确运用一些艺术手段,如灯光、音响,效果会更好。

我迎着风狂和雨暴

蒲风

哦!我复投身于炎夏的烘炉,
我归来,我又复迎着风狂和雨暴!
哦哦!祖国,头尾三年,
我离开了你的怀抱;

文学作品朗诵艺术

如今，我归来，
太空掀起了滚滚云涛，
暗澹里有闪电照耀；
闷热冲起自地心，
响雷在天空，响雷也轰动在心头。

我看惯，在小岛，魔鬼在跃跳，
在海外，我听惯太平洋的嘶吼！
如今，我带回了发动机的热和力，
我要把魔鬼当柴烧，
我要配足马力哟，
我的力的总能，
要像那五大海洋的怒潮！

我不问被残杀了多少东北同胞，
我要问热血的中国男儿还有多少。
我要汇合起亿万的铁手来呵，
我们的铁手需要抗敌，
我们的铁手需要战斗！
战斗吧，祖国！
战斗吧，为着祖国！
不要怕别人的军舰握住咽喉。

我们要鼓起气力把这些秽物逐出胸头！
——滚开那些秽物吧，
扬子江，大沽口，珠江，
我们要掀起铁流群的歌奏！
天津，上海，威海卫，烟台，

青岛，福州，厦门，汕头，
我们要让每一粒细砂也都怒吼。
从云南，从塞北，从四川，
我们的热血男儿哟，谁愿落后！
铁的纪律维系我们的行列，
来吧，我们的胜利，
建立在我们的顽强的苦斗！

哦哦！北方早已卷起了云潮！
哦哦！四方的雷电同在响奏！
别让闷热冷却在地心呵，
我归来，我正迎着风狂和雨暴，
你怒吼吧，祖国，
这正是时候！

——选自：《蒲风选集》（上下册，诗、文合集），海峡出版社，1985年。

【朗诵指导】

蒲风（1911—1942），著名革命诗人，原名黄日华。

这是蒲风1936年7月写的一首政治抒情诗，朗诵时要把握住爱国激情这个总基调，通过自然的情感流露，让听众产生共鸣。

第一节短短的两行诗刚劲挺拔，确定了全诗的感情总起，奠定了全诗的抒情格调的主旋律，朗诵时声音坚定，气势雄浑，表现出作者气宇轩昂的英武形象、坚定抗战的赤子之心和饱满的爱国激情。

从"哦哦！祖国，头尾三年"到"响雷也轰动在心头"是第二节的第一层次，紧扣着"风狂、雨暴"这全诗的主线，朗诵时情感应如"滚滚云涛"，闪闪作响。从"我看惯"到"五大海洋的怒潮"为第二层次，朗诵这层时要特别注意音量的高低变化，借此表达作者感情上的曲折、跌宕，展示出抗日必胜的信心。最后一个层次在第二层的感情基调上把抒情继续推进，用悲愤的语气朗诵"我不问被残杀了多少东北同胞",用慷慨激昂的语气朗诵"我要问热血的中国男儿还有多少",使两者形成对照,形成情感上的另一跌宕。"我们要鼓起"到"顽强的苦斗!"是全诗的第三节,是高潮所在,诗行中的一连串的有代表性的地点要用递进式的语气特别地渲染出一种抗日全面推进、星火燎原的宏伟气势,以感叹号结尾的诗句要重读,把抒发的爱国激情推向高潮。

第四节前两行用"哦哦"开头,用叹号结尾,要用昂扬激情的语气表达出来,最后以"这正是时候"结尾,表达了民族战士急切要求投身于民族解放斗争的强烈愿望和坚强意志,朗诵时必须充满激情,用抑扬顿挫的铿锵之声表达,鼓舞人民同仇敌忾,共赴疆场,保家卫国。

全诗的基调是雄浑有力,昂扬奋进,比较适合音色浑厚的男声朗诵。

我应该是一角大西北的土地

章德益

我应该,我应该是一角大西北的土地。
一角风,一角沙,一角云絮,
一角红柳,一角胡杨,一角沙碛,
一角峥嵘的山,一角奇兀的石,
一角清冽的山泉,一角圣洁的雪域,
一角骆驼刺,一角酥油草,一角驼铃的碎语。

有岁月的烟云从我额顶漫过,
有记忆的尘烟沿我脚底升起,
脉搏中有马蹄的撞响,
血液中有烽火的摇曳,
历史写在热血中,
三百万平方公里的辽阔,
浓缩成我一角尊严与壮丽。

我应该有黄土高原般沉郁的肤色,
我应该有嘉峪关般伟岸的背脊,
我应该有九曲黄河般曲折的手纹,
我应该有塔克拉玛干般开阔的胸臆,
我应该有祁连雪峰般阔大辽远的视野,
我应该有伊犁骏马般雄烈长啸的豪气,
我额头上,应该有一幅新飞天的壁画,
——风云凿就的曲曲线纹,
我瞳孔中,应该有一汪未经污染的天池,
——从我灵魂的造山运动中升起,
我躺下,我就应该是一块新绿洲,
我站起,我就应该是一片新山系。

大西北,雄伟辽远的大西北,
奔驰着:风、云、烟沙、马蹄,
列祖列宗开发的地方,
悍野的自然,强者的领地,
红柳丛点亮风沙中的辉煌,
地平线展开梦幻般的神秘,
遥远的沙柱摇摆着地球的旗语,
在我的血肉中,能种植出蔚蓝的天光、晶亮的露珠、贞洁的雨滴,
在我的身躯中,能繁衍出虬曲的树根、多汁的草茎、玲珑的鸟语,
能结出一轮又一沦乳香鲜洁的太阳,
能开出一瓣又一瓣娇红媚紫的晨曦,
我的额纹,将敞开大西北全部的地平线,
引领一个信念又一个信念,
拓向最庄严最迢遥的领域。

大西北，雄丽神圣的大西北，

我应该，应该是你的一角土地，

让闪电开垦我，让雷霆耕耘我，让春雨播种我，

在我的渺小中成熟大西北的伟大，

在我的有限中收获大西北的无际。

——选自：《诗刊》，1984年01期。

【朗诵指导】

章德益，江苏吴县人（今江苏苏州），1964年高中毕业后赴新疆，当过宣传队编剧、农场教师等，并开始写诗。1972年开始发表作品。著有诗集《大汗歌》（合作）、《大漠与我》等，为新边塞派代表作家之一。2019年，获得第六届"天山文艺奖"贡献奖。

《我应该是一角大西北的土地》一诗，是章德益先生的一首具有较强时代精神和号召力的抒情诗。它既说明了大西北经历的坎坷，又表达了对它富饶的赞美。该诗创作于改革开放蓬勃发展时期，热烈地赞美了大西北的崛起，深情地抒发了炎黄子孙的心语——为祖国的繁荣富强而尽一个中国人应尽的义务。

要朗诵好此诗，首先要确定朗诵的基调，而且应作为核心来把握，因为它不仅有利于正确表达诗的主要内容，而且还能体会到诗人所寄托的感情。而诗的朗诵基调来自于认真领会诗句所流露出的真实感情，理解其真谛。这首诗的感情深切而真挚，自信而豪放，因此，朗诵的基调应该真挚激昂。

其次要把握感情。一种在阅读欣赏的过程中自然体现的真实之情，切不可"无欢而喜，无悲而泣"，矫揉造作。要运用朗读技巧，如声音造型、节奏快慢、语气轻重等方面恰到好处地体现。

全诗共有五节，第一节基本上用同一种旋律描绘了大西北土地上的自然景观及多种特有植物，朗诵时起调不宜过高，应用一种深情而又抑扬顿挫的语气，情绪要自豪。譬如，前六个"一角……"语气在平稳的基础上逐步转入高昂，并且由轻慢转成重快。而接下来的四个"一角……"需要缓和，其

中的修饰语形容词要重读,语速稍快。再接着的三个"一角……"语气更趋缓和。朗诵过程中要注意变化的层次性。第二节通过回顾过去的岁月表达了作者为大西北而自豪的心情,同时也反映出大西北土地曾受过的苦难,朗诵时侧重悲壮豪迈。第三节大量排比成行,气势雄浑,语调高昂,朗诵时要注意抑扬起伏相间,不可用同一种模式。这节是作者的希望所在,可以作为高潮部分,要有"一唱三叹"之势,譬如"我躺下,我就应该是一块新绿洲"这句,前面要低慢些,后面要有力度,尤其是"新"字。第四节总体来说感情轻松活泼,可以放开心胸平稳表达。第五节再次寄予了作者的希望,预示着大西北将出现新的腾飞,大西北土地上将呈现新的景象。朗诵时要充满自信。而最后三句作者直抒胸臆表达了甘愿为此付出一切的奉献精神,诗文再次进入高潮,朗诵要充满气势,字音饱满响亮,声震流云。

我是一条小河

冯至

我是一条小河,
我无心由你的身边绕过——
你无心把你彩霞般的影儿
投入了我软软的柔波。

我流过一座森林,
柔波便荡荡地
把那些碧翠的叶影儿
裁剪成你的裙裳。

我流过一座花丛,
柔波便粼粼地
把那些凄艳的花影儿
编织成你的花冠。

文学作品朗诵艺术

　　无奈呀，我终于流入了，
　　流入那无情的大海——
　　海上的风又厉，浪又狂，
　　吹折了花冠，击碎了裙裳！

　　我也随了海潮漂漾，
　　漂漾到无边的地方——
　　你那彩霞般的影儿，
　　也和幻散了的彩霞一样。

　　——选自：清华附中语文组编，《初二语文》（上），第五次修订版，科学出版社；龙门书局，1996年。

【朗诵指导】

　　冯至（1905—1993），原名冯承植，河北涿县人。1921年考入北京大学，1923年后受到新文化运动的影响开始发表新诗。1941年他创作了一组后来结集为《十四行集》的诗作，影响很大。冯至的小说与散文也十分出色，小说的代表作有20世纪20年代的《蝉与晚秋》《仲尼之将丧》，散文则有1943年编的《山水》集等。

　　《我是一条小河》是一首寓情于景，借景言情，情景交融，颇有象征意味的抒情诗。诗中采用比喻拟人的手法，使"小河""影子""大海"等形象化、人物化、情感化，含蓄中见细腻真挚的情感。诗人通过把抒情主人公比拟为小河，以小河为中心，抒写了小河与影子心心相印、难以分离的痴情蜜意以及被大海无情击离的无奈、幽怨、伤感。从而，极其自然地而又别具新意地表现出社会生活激流中情侣命运与共的关系，巧妙地传达了时代精神与足音。

　　诗的感情基调由舒缓到激烈，再又回到舒缓。

　　全诗五节，每节四行，字数相近，有整体美。诗的前三节抒发了那般细腻真挚的美好爱情，以及对幸福生活的渴望。朗诵时应以欢乐、柔和的语调去表现。

第一节中的两个"无心"形成对应，含蓄表达了两人一见钟情的爱，应在柔和舒缓中重读。同时，还要突出第四行中的"投入"，表现那种喜悦欢快的心情。

　　第二、三节，从句式到音节字数都对应十分工整，写叶影儿、花影儿投入柔波后的欢乐，诗人是用婉约而细腻的笔调写的。朗诵时，要在舒缓的基调中保持那种相爱时彼此如痴如醉的柔和感。在这三节中，诗人运用了"软软的""荡荡地""粼粼地"重叠词，为诗增添了旋律美，也表现了"我"对意中人的无私的关爱。

　　第四节，情感由舒缓变为较急促，突出"我"的失望与忧伤无奈，尤其是"无情的""风又厉，浪又狂""吹折了""击碎了"等词，更表现出爱情遭受挫折时的忧愤感情。朗诵时则应以快速激烈的语调一气读完。在"击碎了裙裳！"后要略加停顿，让人有深思的余味。

　　在第五节，语调又复转为先前的舒缓平和，突出一种无奈的情感，表现一种彩霞般影儿幻散后幽怨、惆怅的情绪。

理　想

流沙河

理想是石，敲出星星之火；
理想是火，点燃熄灭的灯；
理想是灯，照亮夜行的路；
理想是路，引你走到黎明。

饥寒的年代里，理想是温饱；
温饱的年代里，理想是文明；
离乱的年代里，理想是安定；
安定的年代里，理想是繁荣。

理想如珍珠，一颗缀连着一颗，

贯古今，串未来，莹莹光无尽。
美丽的珍珠链，历史的脊梁骨，
古照今，今照来，先辈照子孙。

理想是罗盘，给船舶导引方向；
理想是船舶，载着你出海远行。
但理想有时候又是海天相吻的弧线，
可望不可即，折磨着你那进取的心。

理想使你微笑地观察着生活；
理想使你倔强地反抗着命运。
理想使你忘记鬓发早白；
理想使你头白仍然天真。

理想是闹钟，敲碎你的黄金梦；
理想是肥皂，洗濯你的自私心。
理想既是一种获得，
理想又是一种牺牲。

理想给你带来荣誉，
那只不过是它的副产品，
而更多的是带来被误解的寂寥，
寂寥里的欢笑，欢笑里的酸辛。

理想使忠厚者常遭不幸；
理想使不幸者绝处逢生。
平凡的人因有理想而伟大；
有理想者就是一个"大写的人"。

世界上总有人抛弃了理想,
理想却从来不抛弃任何人。
给罪人新生,理想是还魂的仙草;
唤浪子回头,理想是慈爱的母亲。

理想被玷污了,不必怨恨,
那是妖魔在考验你的坚贞;
理想被扒窃了,不必哭泣,
快去找回来,以后要当心!

英雄失去理想,蜕作庸人,
可厌地夸耀着当年的功勋;
庸人失去理想,碌碌终生,
可笑地诅咒着眼前的环境。

理想开花,桃李要结甜果;
理想抽芽,榆杨会有浓阴。
请乘理想之马,挥鞭从此起程,
路上春色正好,天上太阳正晴。

——选自:《诗刊》,1981年6月。

【朗诵指导】

　　流沙河,四川金堂人,1931年11月11日生于成都。历任川西《农民报》副刊编辑、四川省文联创作员、《星星》诗刊编辑、中国作协第四届理事、四川作协副主席。

　　《理想》是流沙河创作的一首现代诗。诗中,诗人用充满激情的音符赞美理想,以富有哲理的语言诠释理想,以春风化雨的神韵启迪人们奋发向上的心灵去执着地追求理想。全诗综合运用了排比、对偶、顶真、比拟等多种修辞手法，句法整齐、一气贯通，极富音韵美、词句美。

要朗诵好这首诗，首先就必须把握好这些特点。

在朗诵的过程中，朗诵者要理解诗的内容，领会词句的含义，深入意境，因境叙情，同时要把握好诗的节奏，重视诗味。在这首诗里，流沙河首先以理想作喻，并把不同时代理想的意义作对比，同时由比喻引出了理想的两面性，阐述了理想的含义及特点，朗诵时语调应平稳而舒缓，但"可望不可即，折磨着你那进取的心"略显沉着，朗诵时要表达出一种对理想坚贞不渝而又不被阻力吓倒的感情。接着，通过四个排比句，体现了理想的魅力，应稍稍加快。然后，作者不仅给理想定性，还指出了为实现理想所付出的代价，有无奈也有沉重，语调变得稳健而深沉，一个转折句，感情开始回升，并逐渐把思想感情推向顶峰，因此要有适当的停顿和节奏变化。到此，作者对理想的认识并未终结，又以反面为例提出警戒、劝告并鼓励，表现出一种慎重的感情，读起来要严肃、庄重。最后，作者呼吁大家乘上理想之马起程。读到这里，应该饱含热情，音调渐高昂。通过有感情的表达，让人满怀信心、满怀憧憬。

朗诵时，为了增强效果，不仅要注意感情和节奏，还要在语速、重音等方面做出恰如其分的处理。这首诗比较稳健，语速不宜过快，应缓和一些。另外，"贯""串""照""敲碎""洗濯""大写的人"等要读重音。

语气的缓急与语音的轻重都由诗句的思想感情所决定。所以，最重要的是了解诗的内涵，才能更好地朗诵它。

有的人
——纪念鲁迅有感
臧克家

有的人活着，
他已经死了；
有的人死了，
他还活着。

有的人
骑在人民头上:"呵,我多伟大!"
有的人
俯下身子给人民当牛马。

有的人
把名字刻入石头想"不朽";
有的人
情愿作野草,等着地下的火烧。

有的人
他活着别人就不能活;
有的人
他活着为了多数人更好地活。

骑在人民头上的,
人民把他摔垮;
给人民作牛马的,
人民永远记住他!

把名字刻入石头的,
名字比尸首烂得更早;
只要春风吹到的地方,
到处是青青的野草。

他活着别人就不能活的人,
他的下场可以看到;

文学作品朗诵艺术

> 他活着为了多数人更好地活着的人,
> 群众把他抬举得很高,很高。

【朗诵指导】

臧克家(1905—2004),1905年出生于山东省诸城县。中国现代著名诗人。新中国成立后先后任华北大学三部研究员、人民出版社编审、全国文学艺术界联合会委员、中国作家协会书记处书记、《诗刊》主编等职,曾当选为第二、三届全国人民代表大会代表。

《有的人》是臧克家1949年11月所写,是作者献给新中国的第一首诗,该诗为纪念鲁迅逝世13周年而创作。整诗采用对比的手法,表达了作者对鲁迅崇高人格的敬仰之情,鞭挞了欺压人民的反动统治者,蕴含着深刻的人生哲理。

因此,在朗诵时要扣住这首诗所含的哲理,及其深沉的思想感情,把握好语速的快慢、语调的抑扬和重音的变化技巧。

全诗取中慢速度表达,以充分展现作品深沉的思想意境,诗眼之句更要注意,如"有的人活着/他已经死了/有的人死了/他还活着"等,表达要慢,不可太急。

语调处理,要变化有致,全诗以下降调和上扬调为主,如第二、三、四段每段的前一小节,语调要高扬一点,如"有的人/骑在人民头上"和"呵,我多伟大"等处语调快速高扬并带曲折,表现出"有的人"的狂傲和自得,每段的后一小节语调下降,像"有的人/俯下身子/给人民当牛马",以表达出鲁迅为了人民的幸福而默默无闻地工作,敢于牺牲自我的精神。使两种人形成鲜明对比。

要处理好重音。全诗重音较多,但不同的重音有不同的处理方法。如"死""活""呵,我多伟大""不朽"要重音重读,而有些句子像"人民永远记住他"宜重音长读,而最后的"很高,很高",前一个"很高"重读,后一个一字一顿,这样有助于强化诗歌的主题。

周总理，你在哪里

柯岩

周总理，我们的好总理，
你在哪里呵，你在哪里？
你可知道，我们想念你，
你的人民想念你！

我们对着高山喊："周总理——"
山谷回音："他刚离去，他刚离去，
革命征途千万里，
他大步向前不停息。"

我们对着大地喊："周总理——"
大地轰鸣："他刚离去，他刚离去，
你不见那沉甸甸的谷穗上，
还闪着他辛勤的汗滴。"

我们对着森林喊："周总理——"
松涛阵阵："他刚离去，他刚离去，
宿营地上篝火红呵，
伐木工人正在回忆他亲切的笑语。"

我们对着大海喊："周总理——"
海浪声声："他刚离去，他刚离去，
你不见海防战士身上，
他亲手给披的大衣。"

我们找遍整个世界，

呵，总理，你在革命需要的每一个地方，
辽阔大地，
到处是你深深的足迹。

我们回到祖国的心脏，
我们在天安门前深情地呼唤："周——总——理——"
广场回音：
"呵，轻些呵，轻些，
他正在中南海接见外宾，
他正在政治局出席会议。"

总理呵，我们的好总理！
你就在这里呵，就在这里
在这里，在这里，
在这里……
你永远和我们在一起，
在一起，在一起，
在一起……

你永远居住在太阳升起的地方，
你永远居住在人民心里。
你的人民世世代代想念你！
想念你呵，想念你！
想——念——你！

【朗诵指导】

柯岩（1929—2011）女，满族，当代著名作家，女诗人。1949年开始专业创作，已出书50多部。现代著名诗人、剧作家贺敬之的妻子。是中共十二大代表，全国人大第八、九届代表，中国作家协会第六、七、八届全国委员会名誉委员。

《周总理，你在哪里》是一首脍炙人口、动人心旌的好诗，全诗表达了全国亿万人民对敬爱的总理无比崇敬、无比热爱的深情厚谊，委婉诚挚，感人至深。

要朗诵好这首诗，要攻克以下一些难题：

1. 情感要真实，不可做作

"感人心者，莫先乎情。"朗诵是通过情感以己达人的艺术，表达时一定要以情托声，以声传情。朗诵这首诗可以抓住"人民总理人民爱，人民总理爱人民"这一感情的突破口深入下去；整个过程要真实合理，不可生硬做作。

2. 呼语要动情到位

这首诗采用第二人称的方式，好像直接与总理对话，增加了亲切感，其中有多处呼语，尤其是主体部分中的呼喊"周总理——"是感情表达的高潮，朗诵时要捕捉意象，真情所向，延长字音，平稳送出，切不可苍白无力，声嘶力竭。每一呼唤后的回答"他刚离去，他刚离去"要与呼语协调统一，并随着人物与环境的不同而进行变化，大体上说，第二段应扣住"高山"，突出高亢、昂扬；第三段扣住"大地"，强调厚重、朴实；第四段扣住"森林"，突出深沉；第五段扣住"大海"强调开阔、激动。

3. 反复语句要有变化

诗中有很多的反复句式，以表现强烈的情思，朗诵时要注意变化。如第一段，两个"哪里"，前一个强调思念，可处理成重音，大声对总理表白心迹；后一个强调寻觅，可用渐轻、渐缓的语气，表达出对离去总理的苦苦追寻。

天上的街市

郭沫若

远远的街灯明了，

好像闪着无数的明星。
　　天上的明星现了，
　　好像点着无数的街灯。

　　我想那缥缈的空中，
　　定然有美丽的街市。
　　街市上陈列的一些物品，
　　定然是世上没有的珍奇。

　　你看，那浅浅的天河，
　　定然是不甚宽广。
　　那隔着河的牛郎织女，
　　定能够骑着牛儿来往。

　　我想他们此刻，
　　定然在天街闲游。
　　不信，请看那朵流星，
　　是他们提着灯笼在走。

——选自：李旦初主编，《中国现代文学》，北京师范大学出版社，1991年。

【朗诵指导】

郭沫若（1892—1978），原名郭开贞，四川乐山人，中国现代文学家、剧作家、历史学家、考古学家、古文字学家。1921年出版第一本诗集《女神》，以崭新的内容和形式，开一代诗风，成为中国新诗的奠基人。

《天上的街市》这首诗，形象鲜明，语言精练，洋溢着对革命的激情，深刻地表现了诗人虽然目睹当时社会的黑暗，思想上有些感伤，但并不绝望，仍执着寻求光明和理想的不屈不挠的精神。全诗采用陕北信天游的格调，两句一韵，朗朗上口。

　　诗的第一段写诗人幻想革命的灯火依然存在，并且不断地燃烧扩大，成燎原之势。因此，开句"远远的街灯明了"声音应比较柔和、深沉一点，接下来"好像闪着无数的明星"应强调，给人一种不可抗拒的力量，"闪"字慢读，给人灵动之感；接下来两行，语调按前，速度加快点。

　　第二段表明了诗人想超出世俗的社会空间寻求和平，因此，朗诵时，语调要平稳、深切，以幻想、思索的语气贯穿其中，后一句"定然有美丽的街市"，节奏稍快。

　　第三段与第四段拿牛郎织女来作比，形象地说明中国革命事业会蓬勃发展，光明会战胜黑暗的。朗诵时，节奏要明快、轻松，一气呵成，特别是"定能够骑着牛儿来往"一句语调沉着稳健，充满信心。

　　最后两句，是诗人浪漫的畅想，语调逐渐上扬，强调"看"字，整体上要读得亲切、舒张，然后逐渐放慢速度，缓缓收音。

山　路

席慕蓉

我好像答应过，
要和你一起，
走上那条美丽的山路。
你说那坡上种满了新茶，
还有细密的相思树。
我好像答应过你，
在一个遥远的春日下午。

而今夜，
在灯下，
梳我初白的发，
忽然记起了一些没能实现的诺言，

一些无法解释的悲伤。

在那条山路上，
少年的你，
是不是还在等我，
还在急切地向来处张望。

【朗诵指导】

席慕蓉，1943年10月15日生，十三岁起在日记中写诗，1981年，台湾大地出版社出版了席慕蓉的第一本诗集《七里香》，一年之内再版七次。席慕蓉多写爱情、人生、乡愁，写得极美，淡雅剔透，抒情灵动，饱含着对生命的挚爱真情。

这首短诗展示了一位上了年纪的妇人在回忆、追思自己过往恋情的心灵独白，并对由自己造成的初恋的失败深表惋惜，对深爱的恋人深表内疚。

全诗三段，可分为三个意义层，朗诵时要同中求异，异中求变。

第一段要体现得轻松明快，营造出初恋美景的氛围，第一行"答应过"与"新茶"后用升调，"美丽的""细密的""遥远的"要延长音值，意味深深地表达。

第二段要体现得暗淡、惆怅，表现出一种深深的歉疚与负罪感，"而今夜，在灯下"用气音诵出，速度放慢，以平直调诵完全段。

第三段要表达出希望、渴盼的意向，调门提升，速度略微加快，"少年的你""等我""急切地"三处要读重音，"张望"两个字都要延长并注意态势动作的体现。

生命的礼赞

［美］亨利·瓦兹华斯·朗费罗

别用悲伤的语调对我低吟，
"人生不过是幻梦一场"！

因为沉睡中的灵魂已经死去,
万物并非它们显示的模样。
生命是真实的!生活是严肃的!
他们的终点绝不是坟场;
"你来自尘土,必归于尘土",
但这是指肉体,灵魂并未死亡。
我们注定的结局和道路,
既不是享乐,也不是悲伤;
而是行动,为了每一个明天,
使我们比今天走得更远更长。
艺术长久、韶光飞逝,
我们的心尽管英勇而坚强,
却仍像阵阵低沉的鼓声,
正朝着坟墓把哀乐敲响。
在世界辽阔的沙场上,
在生命露宿的营地上;
别作默默无声,任人驱使的牛羊,
要在战斗中当一名闯将!
莫信托未来,不管它怎样欢畅。
让逝去的岁月将死者埋葬,
行动吧,就在活着的时候行动,
胸中有红心、头顶有上苍。
伟人们的生平时刻把我们提醒,
我们能使我们的一生变得高尚,
即使在离开人间时,
也能让足印留在我们身后时间的沙滩上。
呵,足印!也许另一位兄弟,
当他航行在生命庄严的海洋上,

文学作品朗诵艺术

> 不幸遇难，看见了这些足印，
> 他就会使勇气重新增长。
> 那么，就让我们振奋起来行动吧，
> 我们准备迎接任何命运的风浪；
> 永远要有所作为，不断追求，
> 学会劳动，也学会等待和期望。

——黄新渠译

【朗诵指导】

亨利·瓦兹华斯·朗费罗（1807—1882），美国历史上最伟大的诗人之一，以一本诗集《夜籁》一举成名，奠定了他在诗坛的地位。

朗费罗的诗音韵优美，雅俗共赏，具有温和的民主主义者和人道主义者的思想倾向。

《生命的礼赞》是一首慷慨激昂、激情澎湃的现代诗歌，它表达了作者积极向上、激情似火的热爱生命、生活的态度，展示了美国建立初期人们信心十足，积极投身建设的劲头。对生活的热爱，对理想的憧憬，在这首诗中表现得自然而深刻，不是物质的、个人的，而是精神的、祖国的，朗诵时应坚定昂扬、热情奔放、张弛有致、舒展豪放。对句中关键句应多用重音、升调的方式去表达。如"悲伤""真实""严肃""灵魂""肉体""行动吧！""牛羊""闯将""埋葬""上苍""高尚"均可重音重读。对于诗句中号召性的句子应用升调，力求将情感推向高峰。另外这首诗节奏明快、错落有致，朗读时应注重停连，求得节奏变化，不能以一成不变的方式读下去，同时停顿和换气要有利于控制节奏，积蓄力量来表达高强音。最后一句"学会劳动，也学会等待和期望"应该一字一顿，突出情感与期望。

两句引用之话"人生不过是幻梦一场""你来自尘土，必归于尘土"，应适度延长时值，以表达意味深长之哲理。

云

[英] 戴微思

我的幻想喜欢和那些时时会改变老天的脸色的云一起玩；
因为在那青色或崖石般的地方，
我有把握获得我的娱乐。

有时它们会在高山上堆成加倍高的银峰，
随后它们又崩塌下来，
像矶屿般散满在广大的天空。

于是我看见美丽的羊群，
有时，靠近它们的白色的柔毛，
还有那些黑色的小绵羊，
旋即隐伏在它母亲身下。

有时，它们又像小鱼似的，
大小平均，逐队游行；
有时却又像一只火帆船浩荡地行过蔚蓝的天海。

有时候，我又看见朵朵小云拖着笨重的大云穿过空中——
恰如渺小的蚂蚁，
搬走了比它们大十倍的死飞蛾。

有时，我在清早看见几朵明云，
它们寂静不动，使我为之凝视：
这又仿佛是曾经整夜的训练才能在那儿岿然不动。

文学作品朗诵艺术

【朗诵指导】

《云》是英国诗人戴微思的作品。这首诗写了一个喜欢和云一起玩的孩子，在他纯真幼小的心灵之中，对云充满了幻想，在他的眼里，云是有许许多多故事的，云一会儿像银色的山峰，一会儿像美丽的羊群，一会儿又像小鱼逐队游行，这一切，都表现了孩子的纯真心理，并表现出了他对大自然的热爱，对生活的热爱。

古往今来，借物寄情的名篇佳作不计其数，《云》却独具光泽：写云，亦真亦幻、奇妙迷人；抒怀，有情有趣，童心可鉴。在这篇文章里，想象起了很重要的作用，它把一个个抽象化的视觉符号"立"起来，幻化为有声有色、具体形象的动态世界，从而激发起我们的感知功能，使我们有身临其境之感，也像回到了童年时代。这样，我们朗诵起来就可能血肉丰满，感人至深。朗诵该诗以喜悦、激动为感情基调。

在文中，"我"是这个孩提时代美好故事的追述者，云在"我"的心目中是快乐、幸福、自由的化身。由此我们可以想到，朗诵时"我"的语调应该是轻松自然的，语气是亲切、传神的，要体现出"我"纯洁天真的个性。"我"的追述对象"云"要重读，但又要做到声音自如，语速平和，快慢适中。"娱乐"两个字要重读，用欢快语调。作品中有一系列排比句式，"有时它们会在高山上……有时，靠近它们的白色的柔毛，有时……"这些排比句对云进行具体描述，表达时重音强调，节奏加快。读到几个"又"字时气息充足，声音甜润、速度缓慢、声音略重，表现出小孩对云的无限遐想，使听者也像身在行云之中。文中"有时候，我又看见朵朵小云拖着笨重的大云穿过空中——恰如渺小的蚂蚁……飞蛾"。这一段要读出自豪感来，表现出小孩虽"小"，但也能像"小云"那样，拖着笨重的"云"，表现出小孩不甘落后，对美好生活的向往。

致大海

［俄］普希金

再见吧，自由奔放的大海！

这是你最后一次在我的眼前,
翻滚着蔚蓝色的波浪,
和闪耀着娇美的容光。
好像是朋友忧郁的怨诉,
好像是他在临别时的呼唤,
我最后一次在倾听你悲哀的喧响,
你召唤的喧响。
你是我心灵的愿望之所在呀!
我时常沿着你的岸旁,
一个人静悄悄地,茫然地徘徊,
还因为那个隐秘的愿望而苦恼心伤!
我多么热爱你的回音,
热爱你阴沉的声调,你的深渊的音响,
还有那黄昏时分的寂静,
和那反复无常的激情!
渔夫们的温顺的风帆,
靠了你的任性的保护,
在波涛之间勇敢地飞航;
但当你汹涌起来而无法控制时,
大群的船只就会覆亡。
我曾想永远地离开你这寂寞和静止不动的海岸,
怀着狂欢之情祝贺你,
并任我的诗歌顺着你的波涛奔向远方,
但是我却未能如愿以偿!
你等待着,你召唤着……而我却被束缚住;
我的心灵的挣扎完全归于枉然:
我被一种强烈的热情所魅惑,
使我留在你的岸旁……

文学作品朗诵艺术

有什么好怜惜呢?
现在哪儿才是我要奔向的无忧无虑的路径?
在你的荒漠之中,
有一样东西它曾使我的心灵为之震惊。
那是一处峭岩,一座光荣的坟墓……
在那儿,沉浸在寒冷的睡梦中的,
是一些威严的回忆;
拿破仑就在那儿消亡。
在那儿,他长眠在苦难之中。
而紧跟他之后,正像风暴的喧响一样,
另一个天才,又飞离我们而去,
他是我们思想上的另一个君主。
为自由之神所悲泣着的歌者消失了,
他把自己的桂冠留在世上。
阴恶的天气喧腾起来吧,激荡起来吧:
哦,大海呀,是他曾经将你歌唱。
你的形象反映在他的身上,
他是用你的精神塑造成长:
正像你一样,他威严、深远而深沉,
正像你一样,什么都不能使他屈服投降。
世界空虚了,大海呀,
你现在要把我带到什么地方?
人们的命运到处都是一样:
凡是有着幸福的地方,那儿早就有人在守卫:
或许是开明的贤者,或许是暴虐的君王。
哦,再见吧,大海!
我永远不会忘记你庄严的容光,
我将长久地,长久地倾听你在黄昏时分的轰响。

我整个心灵充满了你,
　　我要把你的峭岩,你的海湾,
　　你的闪光,你的阴影,还有絮语的波浪,
　　带进森林,带到那静寂的荒漠之乡。

——选自:杨明夏等,《俄国文学作品选》,高等教育出版社,2001年,319~320页。

【朗诵指导】

普希金(1799—1837),19世纪俄罗斯的伟大诗人。在俄罗斯文学中,他是积极浪漫主义的开创者,也是批判现实主义文学的奠基人。普希金作品形式多样、题材广泛,诸体皆擅,创立了俄罗斯民族文学和文学语言,在诗歌、小说、戏剧乃至童话等各个文学领域都给俄罗斯文学提供了典范。

《致大海》是普希金的一首政治抒情诗,全诗通过海之恋,海之思,海之念的"三部曲",表达了诗人反抗暴政,反对独裁,追求光明,讴歌自由的思想感情。

朗诵这首诗首先要确定好情感基调:对大海的热情礼赞,对象征着自由的神的歌颂。当然整个情感基调要昂扬向上,一些强烈的抒情处,如开头一段与倒数第二段是感情表达的高潮,前后互相照应,建构了高亢博大的气势,中间有许多地方应该着意地体现出这种气势,如第四自然段与第六自然段可以用强音体现,但不必用太高的声音。诗中有多处叙事,朗诵时要放低音量,但声音不能苍白无力,应深沉稳重,运用胸腔共鸣增强声音的厚度,如"那是一处峭岩,一座光荣的坟墓……在那儿,沉浸在寒冷的睡梦中的,是一些威严的回忆;拿破仑就在那儿消亡。"结尾一段真诚希望,充满遐想,愿与大海永在,朗诵时速度要放慢,第一行用升调,后面的排比由慢到快再转慢,最后一行满怀深情,缓缓送出。

当你老了

[爱尔兰] 威廉·巴特勒·叶芝

当你老了，
头发白了，
睡意昏沉，
炉火边打盹时，
请取下这本诗集慢慢读，
回想你过去柔柔的眼神，
回想它们昔日浓浓的阴影。

多少人爱过拥有欢快青春的你，
爱慕你的美丽、假意或真心，
但只有一个人爱你那朝圣者的灵魂，
也爱你衰老的脸上沧桑的皱纹。

垂下头来，在红光闪耀的炉子旁，
幽幽地轻轻诉说那爱情的消逝，
它缓缓踱步在头顶的山上，
在一群星星中隐藏起它的脸庞。

——选自：李小均，《感伤与超越——析叶芝名诗〈当你老了〉中的张力美》，四川外语学院语言文化系，2002年。

【朗诵指导】

威廉·巴特勒·叶芝（1865—1939），爱尔兰诗人、剧作家和散文家，叶芝的诗受浪漫主义、唯美主义、神秘主义、象征主义和玄学诗的影响，演变出其独特的风格。

《当你老了》是威廉·巴特勒·叶芝于1893年创作的一首诗歌，是叶芝献给友人茅德·冈热情而真挚的爱情诗篇。诗歌语言简明，情感丰富真切。整首诗韵律齐整，语言简明，意境优美。诗里没有华丽的辞藻，朴素平淡的文字背后却潜藏着磅礴的情感。

  该诗读起来朗朗上口，词句简单，但韵律优美，柔情中充满轻快。"当你老了，头发白了，睡意昏沉，炉火边打盹时，请取下这本诗集慢慢读"，其中的"老""白""打盹""取下"都要重读，表明假想中已是老态龙钟的样子。"慢慢读"要轻读，表明出回味和想象，想象重温往昔情诗的情景，也表明记忆中搜寻的缓慢。其后的两个"回想"和"柔柔""浓浓"都要重读，表示回想的对象，回想特别值得回忆的东西。"多少人爱过""你""美丽"都要重读，表明爱"你"的人之多，而且表明爱的不是别的东西，而是"灵魂"，"但只有一个人爱你那朝圣者的灵魂，也爱你衰老的脸上沧桑的皱纹"，"只有一个人""灵魂""也爱""皱纹"重读处理，与前面的很多人形成鲜明的对比，坦率地表达了自己的爱之真、情之深。最后一段中的"垂下""红光闪耀""爱情""隐藏""脸庞"都要用不同的方式重读，表明回到假想中衰老后的现实，年轻时爱得毫无隐藏，年迈时爱情变得深沉，隐退在浪漫的星夜，重现美妙的回忆。

第七章 散文的朗诵

一、散文的文学特征与类型

散文有广义和狭义之分。广义的散文是相对韵文而言的一种散行文体，我国古代将韵文以外的文章统称为散文，包括序跋、碑铭、颂奏、札记、游记、传记等。狭义的散文即文学意义上的散文，是指与小说、诗歌等文学样式并列的一种文学体裁，文学散文是一种题材广泛、结构灵活，注重抒写真实感受和境遇的文学体裁。

散文的基本特征首先表现在题材广泛，形式灵活。有人说散文是"生活的博物馆"，凡是生活中有意义的事物，都可以撷取和表现，无论是具有时代意义的重大事件，还是生活中的平凡小事都可以写，一人一事，一山一水，一枝一叶，一虫一鸟都可以作为散文的材料。散文的表现形式也是灵活多样的，在写法上可随着内容的不同要求而灵活变化，可叙述、可描写、可议论、可抒情，也可兼而有之，不拘一格。无成法，无定体，似行云流水，舒卷自如，随物赋形。

其次，散文联想丰富，形散神聚，它凭借想象、联想可以把现实生活和历史内容联系在一起，把自然景物和社会现象联系在一起，从表面上看，散文内容天南地北，古今中外，显得很"散"，但它形"散"神聚，意境深远，主题集中。另外，散文构思精巧，短小精悍。要求言简意赅，以小见大，内容坚实，思想深刻。这就要求作家的艺术构思要严密精巧。

散文种类繁多，可分为三类：叙事性散文、抒情性散文、议论性散文。叙事散文是一种以记叙事件、描写人物为主的散文，包括一般的叙事散文、报告文学、传记文学、游记等。抒情散文是一种通过描叙某一事物的片段、某一人物的侧面、某一特定的自然景物来侧重抒发作者对生活的激情和感受的散文，抒情散文一般要借景抒情、托物言志，因此，作家千方百计把自己的思想感情渗透到所描写的客观事物中去，使主观的"情"与客观的"物"和谐统一起来，从而创造出具有诗情画意的艺术境界。议论散文是一种以议论、说理为主的散文，主要特点是政论性和文艺性相结合，杂文就是这样的文体，其表现手法十分灵活，常采用夹叙夹议的形式，语言明快，含蓄幽默，富有逻辑力量。

二、散文的朗诵方法

朗诵散文要注意：

第一，感情要真实。

朗诵散文应力求展示作者倾注在作品中的情，充分表现作品的人格意象。散文是心灵的体现，是真情的流露。朗诵时要充分把握不同的主题、结构和风格。如茅盾的《白杨礼赞》热情地赞美了白杨树，进而赞美了北方的农民，赞美了我们的民族在解放斗争中所不可缺的质朴、坚强以及力求上进的精神。朗诵时要充分把握这种感情基调。

第二，表达要有变化。

散文语言自由、舒展，表达细腻生动，抒情、叙述、描写、设计相辅相成，显得生动、明快，对不同语体风格要区别处理。叙述性语言的朗诵要语气舒展，声音明朗轻柔，娓娓动听；描写性语言要生动、形象、自然、贴切；抒情性语言要自然亲切，由衷而发；议论性语言要深沉含蓄，力透纸背。朗诵者应把握文章的语言特点，恰如其分地处理好语气的高低、强弱，节奏的快慢、急缓，力求真切地把作者的"情"抒发出来。

第三，把握"形散神聚"的特点。

散文结构布局多种多样，有横式的，有纵式的；有逐层深入的，有曲折迂回的。如袁鹰的散文《井冈翠竹》以毛竹的功绩为线索，围绕这根主线，作者回忆过去，展望未来，热情歌颂了中国人民的革命气节和革命精神，是一篇纵式结构文章。而鲁迅的散文《从百草园到三味书屋》则分别描述了百草园和三味书屋，是一篇对比结构的横式散文。

　　散文的结构式样很多，写法多样，但无论什么散文都是形散神聚，总是有一条清晰的线索贯穿全文，统领全篇。要么是自始至终有一种充沛的激情来描写感人肺腑的人和事，使全文浑然一体。要么是以一些寓意深邃的话语统领全文。朗诵时应根据文章的主题和发展线索，用停顿的长短来显示文章的结构变化及语脉发展，用重音和语调来突出主题，使语脉清晰，聚而不散。

三、散文文本朗诵指导

兰亭集序
［晋］王羲之

　　永和九年，岁在癸丑，暮春之初，会于会稽山阴之兰亭，修禊事也。群贤毕至，少长咸集。此地有崇山峻岭，茂林修竹，又有清流激湍，映带左右，引以为流觞曲水，列坐其次。虽无丝竹管弦之盛，一觞一咏，亦足以畅叙幽情。

　　是日也，天朗气清，惠风和畅。仰观宇宙之大，俯察品类之盛，所以游目骋怀，足以极视听之娱，信可乐也。

　　夫人之相与，俯仰一世。或取诸怀抱，悟言一室之内；或因寄所托，放浪形骸之外。虽趣舍万殊，静躁不同，当其欣于所遇，暂得于己，快然自足，不知老之将至；及其所之既倦，情随事迁，感慨系之矣。向之所欣，俯仰之间，已为陈迹，犹不能不以之兴怀，况修短随化，终期于尽！古人云："死生亦大矣。"岂不痛哉！

　　每览昔人兴感之由，若合一契，未尝不临文嗟悼，不能喻之于怀。固知一死生为虚诞，齐彭殇为妄作。后之视今，亦犹今之视昔，悲夫！故列叙时人，录其所述，虽世殊事异，所以兴怀，其致一也。后之览者，亦将有感于斯文。

【朗诵指导】

王羲之（公元303—361），字逸少，东晋时期书法家，有"书圣"之称。其书法兼善隶、草、楷、行各体，精研体势，广采众长，自成一家，影响深远。风格平和自然，笔势委婉含蓄，遒美健秀。代表作《兰亭集序》被誉为"天下第一行书"。

东晋穆帝永和九年，农历三月三日，王羲之与当时名士孙统、谢安等四十一人宴集于会稽山之兰亭。与会者临流赋诗，各抒怀抱，记下了他们的千古风流。王羲之为这些诗所作的《兰亭集序》更以其书艺双绝而脍炙人口。

《兰亭集序》的主旨在于探索人生的哲理，发表对人生忧乐和生死问题的看法，即所谓"畅叙幽情"。它的开头是景物描写："此地有崇山峻岭，茂林修竹；又有清流激湍，映带左右。……是日也，天朗气清，惠风和畅。"它以简净雅洁的语言写出了宴集时兰亭的优美环境和天气。因此在朗读时应读得铿锵有力，而不宜放快语速，充满想象的仿佛自己置身于美景之中，心情也变得灵秀爽快、明净透亮。

文章在描述了兰亭美景和修禊之乐后，突然转到对人生忧患的议论："死生亦大矣，岂不痛哉"，指明了这一点。朗读时应体现出作者悲哀的心情，而放低语调，"死生""痛"要重读，以体现作者在忧生叹逝中包含的对美的幻灭的悼惜和对人生、自然之美的执着和热爱。正因为人生、自然是美的，有价值的，它们的消亡才让人痛苦。朗读时应注意这种情感的体现。

另外，在读"人之相与，俯仰一世"和"向之所欣、俯仰之间，已为陈迹"时，应把"相""俯仰""欣""已""陈迹"这几个词着重诵读，给人一种煎迫感、动荡感。"修短随化，终期于尽"是表现人不能主宰自己的命运，生命最终要归于毁灭。所以朗读这一句时，应略带有一丝无奈之情。

"后之视今，亦由今之视昔"可以看作一个深刻的哲学理论，在这里可以用议论抒情的方式来处理。

《兰亭集序》是消极其表，执着其里的。悲感弥漫之外，深情激动于中，应是把握好朗读此诗的最佳感情。

文学作品朗诵艺术

岳阳楼记

[宋] 范仲淹

庆历四年春，滕子京谪守巴陵郡。越明年，政通人和，百废具兴。乃重修岳阳楼，增其旧制，刻唐贤、今人诗赋于其上；属予作文以记之。

予观夫巴陵胜状，在洞庭一湖。衔远山，吞长江，浩浩汤汤，横无际涯，朝晖夕阴，气象万千，此则岳阳楼之大观也。前人之述备矣。然则北通巫峡，南极潇湘，迁客骚人，多会于此，览物之情，得无异乎？

若夫淫雨霏霏，连月不开，阴风怒号，浊浪排空，日星隐曜，山岳潜形；商旅不行，樯倾楫摧；薄暮冥冥，虎啸猿啼；登斯楼也，则有去国怀乡，忧谗畏讥，满目萧然，感极而悲者矣。

至若春和景明，波澜不惊，上下天光，一碧万顷，沙鸥翔集，锦鳞游泳，岸芷汀兰，郁郁青青。而或长烟一空，皓月千里，浮光跃金，静影沉璧，渔歌互答，此乐何极！登斯楼也，则有心旷神怡，宠辱偕忘，把酒临风，其喜洋洋者矣。

嗟夫！予尝求古仁人之心，或异二者之为。何哉？不以物喜，不以己悲。居庙堂之高则忧其民；处江湖之远则忧其君，是进亦忧，退亦忧。然则何时而乐耶？其必曰："先天下之忧而忧，后天下之乐而乐"乎？噫！微斯人，吾谁与归。时六年九月十五日。

——摘自四部丛刊本《范文正公集》

【朗诵指导】

范仲淹（公元989—1052），字希文。北宋杰出的思想家、政治家、文学家。世称范文正公。

范仲淹政绩卓著，文学成就突出。他倡导的"先天下之忧而忧，后天下之乐而乐"思想和仁人志士节操，对后世影响深远。

《岳阳楼记》是范仲淹被贬时应友人邀请而写成的，可以说是一篇夹叙夹议的散文，文中写洞庭之景色给人一种身临其境的感觉，仿佛与作者同喜同悲，朗读时的情感和声音语调也要随之变化，要体会到作者对祖国、人民的热爱之情以及其在政治上失意后，仍满怀抱负的精神状态，文中以骈语写景，以散文论述，错落有致，语句丽而雅，语调和谐而浑厚，朗读者要注意感情、语调的起伏。

文章第一段主要是交代作者"属予作文以记之"的原因，因而这里可以用一种舒缓平和的语气读过，紧接着，作者开始抒发对巴陵胜状的赞美之情，"衔远山，吞长江、浩浩汤汤……此则岳阳楼之大观也。"朗读时要颇有气势，充分抒发那种喜悦之情，然后带有疑问的语气读出作者的"不解"。转折时，语调稍微降低。

不同季节、气象条件下所见景色有所不同，而由此引发的感情也会随之不同。朗读"若夫淫雨霏霏……"这一段时，要有适当的停顿，语速放慢似有压抑之感，在这样的压抑中进而抒发作者感极而悲的心情，声音中要给人苍老的感觉，几个排比句的连诵要显得有气势，加强语气。

朗读"至若春和景明……"这一段时，朗读者似乎觉得眼前突然开阔，一片春光，语势陡然增强，与前一段形成强烈对比，声调中含有跳跃感和音律美感。"登斯楼也，则有心旷神怡，宠辱偕忘，把酒临风，其喜洋洋者矣。"这里所表达的感情应当是喜悦的。

最后一段以"嗟夫"一词转入作者胸襟、人格的议论，朗读时要做到声音浑厚，抑扬顿挫，展示出作者"先天下之忧而忧，后天下之乐而乐"的志趣、抱负和崇高的精神境界，让听者有此同感，心中充满爱国之情。

最后以"噫！微斯人，吾谁与归"结尾，语调高扬，直抒胸臆。

少年中国说（节选）

梁启超

日本人之称我中国也，一则曰老大帝国，再则曰老大帝国。是语也，盖袭译欧西人之言也。呜呼！我中国其果老大矣乎？梁启超曰：恶，是何言！是何言！吾心目中有一少年中国在。

欲言国之老少，请先言人之老少。老年人常思既往，少年人常思将来。

惟思既往也，故生留恋心；惟思将来也，故生希望心。惟留恋也，故保守；惟希望也，故进取。惟保守也，故永旧；惟进取也，故日新。惟思既往也，事事皆其所已经者，故惟知照例；惟思将来也，事事皆其所未经者，故常敢破格。老年人常多忧虑，少年人常好行乐。惟多忧也，故灰心；惟行乐也，故盛气。惟灰心也，故怯懦；惟盛气也，故豪壮。惟怯懦也，故苟且；惟豪壮也，故冒险。惟苟且也，故能灭世界；惟冒险也，故能造世界。老年人常厌事，少年人常喜事。惟厌事也，故常觉一切事无可为者；惟好事也，故常觉一切事无不可为者。老年人如夕照，少年人如朝阳；老年人如瘠牛，少年人如乳虎。此老年与少年性格不同之大略也。任公曰：人固有之，国亦宜然。

造成今日之老大中国者，则中国老朽之冤业也；制出将来之少年中国者，则中国少年之责任也。彼老朽者何足道？彼与此世界作别之日不远矣，而我少年乃新来而与世界为缘。使举国之少年而果为少年也，则吾中国为未来之国，其进步未可量也；使举国之少年而亦为老大也，则吾中国为过去之国，其澌亡可翘足而待也。故今日之责任，不在他人，而全在我少年。少年智则国智，少年富则国富，少年强则国强，少年独立则国独立，少年自由则国自由，少年进步则国进步，少年胜于欧洲则国胜于欧洲，少年雄于地球则国雄于地球。红日初升，其道大光；河出伏流，一泻汪洋。潜龙腾渊，鳞爪飞扬；乳虎啸谷，百兽震惶；鹰隼试翼，风尘翕张；奇花初胎，矞矞皇皇；干将发硎，有作其芒。天戴其苍，地履其黄；纵有千古，横有八荒：前途似海，来日方长。美哉我少年中国，与天不老；壮哉我中国少年，与国无疆！

——节选自：梁启超，《饮冰室合集》，中华书局，1989年。

【朗诵指导】

梁启超（公元1873—1929），字卓如，号任公。新会（今广东省新会县）人。曾主编《时务报》，编辑《西政丛书》，积极宣传资产阶级改良主义。戊戌变法失败后，逃往日本，先后编辑《清议报》《新民丛报》，宣扬君主立宪。晚年在清华大学讲学，并著书立说。他的诗、词、散文，都有一定成就。其著作编为《饮冰室合集》出版。

梁启超是康有为的弟子，曾积极宣传变法维新思想，变法失败后流亡日本，组织保皇党。在文学方面，倡导"诗界革命""小说界革命"，对现代新文学起到了积极的促进作用。

我们把梁启超这篇短文的主旨归纳一下就知道：文章把未来中国比喻为"少年"，热情讴歌了少年的进取精神，无情地嘲讽了没落的封建制度；号召中国青年发愤图强，促进民族复兴、国家富强。作者善于铺陈排比，说理透彻，令人信服。所以，朗诵时，必须把握住文章的热情奔放和极富于鼓动性这一突出特点，以定位朗诵基调，调遣朗诵技巧。

文章第一段作者先是感叹一声反问："我中国其果老大矣乎？"紧接其后，作者予以否定"恶，是何言，是何言！"，第二个"是何言"朗诵时语气要更重一些，然后激愤地阐述出"吾心中有一少年中国在"。这篇文章多处采用了拟人的手法，把"今日之中国"喻为"老年"，把"未来之中国"喻为"少年"，在第二段中把"老年"和"少年"这两个相对的概念用鲜明的对比手法层层推进，一气呵成，气势雄伟。朗诵时立场要明确而中肯，语速由慢到快，语势变化上升，高音处声震寰宇，动人心旌。

背 影

朱自清

我与父亲不相见已二年余了，我最不能忘记的是他的背影。那年冬天，祖母死了，父亲的差使也交卸了，正是祸不单行的日子，我从北京到徐州，打算跟着父亲奔丧回家，到徐州见着父亲，看见满院狼藉的东西，又想起祖母，不禁簌簌地流下眼泪。父亲说，"事已如此，不必难过，好在天无绝人之路！"

回家变卖典质，父亲还了亏空；又借钱办了丧事。这些日子，家中光景很是惨淡，一半为了丧事，一半为了父亲赋闲。丧事完毕，父亲要到南京谋事，我也要回北京念书，我们便同行。

到南京时，有朋友约去游逛，勾留了一日；第二日上午便须渡江到浦口，下午上车北去。父亲因为事忙，本已说定不送我，叫旅馆里一个熟识的

文学作品朗诵艺术

茶房陪我同去。他再三嘱咐茶房，甚是仔细。但他终于不放心，怕茶房不妥帖；颇踌躇了一会。其实我那年已二十岁，北京已来往过两三次，是没有甚么要紧的了。他踌躇了一会，终于决定还是自己送我去。我两三回劝他不必去；他只说，"不要紧，他们去不好！"

我们过了江，进了车站。我买票，他忙着照看行李。行李太多了，得向脚夫行些小费，才可过去。他便又忙着和他们讲价钱。我那时真是聪明过分，总觉他说话不大漂亮，非自己插嘴不可。但他终于讲定了价钱，就送我上车。他给我拣定了靠车门的一张椅子；我将他给我做的紫毛大衣铺好坐位。他嘱我路上小心，夜里警醒些，不要受凉。又嘱托茶房好好照应我。我心里暗笑他的迂，他们只认得钱，托他们直是白托！而且我这样大年纪的人，难道还不能料理自己么？我现在想想，那时真是太聪明了！

我说道，"爸爸，你走吧。"他望车外看了看，说："我买几个橘子去。你就在此地，不要走动。"我看那边月台的栅栏外有几个卖东西的等着顾客。走到那边月台，须穿过铁道，须跳下去又爬上去。父亲是一个胖子，走过去自然要费事些。我本来要去的，他不肯，只好让他去。我看见他戴着黑布小帽，穿着黑布大马褂，深青布棉袍，蹒跚地走到铁道边，慢慢探身下去，尚不大难。可是他穿过铁道，要爬上那边月台，就不容易了。他用两手攀着上面，两脚再向上缩；他肥胖的身子向左微倾，显出努力的样子。这时我看见他的背影，我的泪很快地流下来了。我赶紧拭干了泪，怕他看见，也怕别人看见。我再向外看时，他已抱了朱红的橘子望回走了。过铁道时，他先将橘子散放在地上，自己慢慢爬下，再抱起橘子走。到这边时，我赶紧去搀他。他和我走到车上，将橘子一股脑儿放在我的皮大衣上。于是扑扑衣上的泥土，心里很轻松似的，过一会说，"我走了；到那边来信！"我望着他走出去。他走了几步，回过头看见我，说，"进去吧，里边没人。"等他的背影混入来来往往的人里，再找不着了，我便进来坐下，我的眼泪又来了。

近几年来，父亲和我都是东奔西走，家中光景是一日不如一日。他少年出外谋生，独力支持，做了许多大事。哪知老境却如此颓唐！他触目伤怀，自然情不能自已。情郁于中，自然要发之于外；家庭琐屑便往往触他之怒。

他待我渐渐不同往日。但最近两年的不见，他终于忘却我的不好，只是惦记着我，惦记着我的儿子。我北来后，他写了一信给我，信中说道，"我身体平安，惟膀子疼痛利害，举箸提笔，诸多不便，大约大去之期不远矣。"我读到此处，在晶莹的泪光中，又看见那肥胖的，青布棉袍，黑布马褂的背影。唉！我不知何时再能与他相见！

——选自：《朱自清散文精选》，人民文学出版社，2003年。

【朗诵指导】

朱自清（1898—1948），江苏人。现代散文家、学者。他的散文，结构严谨，笔触细致，不论写景抒情，均能通过细密观察或深入体味，委婉地表现出对自然景色的内心感受。抒发自己的真挚感情，具有浓厚的诗情画意。

《背影》是朱自清先生脍炙人口的一篇散文佳作，要读好它，关键在一个"情"字。

《背影》写的只是很简单的一件事：父亲不惜辛苦为我买橘子。描写的也只是一个背影而已，朗读时语气语调要有起伏和变化，听起来才不觉单调、琐碎，才会充满真情实感。

我们可以从以下两点来处理抒情语句在文章中所起的作用：

一、以情连缀。我们首先要抓住贯穿全文的感情线索，在朗读叙事文字时，把穿插在其中的抒情文字突现出来，不断地设计起伏，安排变化。这样，色彩就丰富了，节奏也不显单调。主题也能鲜明地体现出来。比如在第五段中，他叙述了父亲照看行李、同脚夫讲价、选择安排座位、嘱托关照小心等小事，其中穿插了三处抒情语句。朗读叙事文字时可有点不耐烦的语气，重读"我"与"他"，以区别二人的不同心情，形成对比。朗读抒情文字时，则可适当夸张，准确传达反语、感叹与反诘等语气，而最后那句自责与自嘲，要带些苦笑的降抑调来处理，表达含蓄些。

二、用情点染。文中第六段写父亲去买橘子的背影，是作者描写人物十分精彩的部分。这里，作者精选动词，朗读时对"探、爬、攀、缩、倾"这几个动词要重读，仔细品味，务必传达出它们的神韵。但是，人物描写的成

文学作品朗诵艺术

功更重要的因素仍在于饱含一个"情"字,仍在于它是通过"我"的眼睛所看到的事物。随着眼前出现的一切,作者心中感情的潮水不断翻腾,点染了画面。这样的描写才具有生命力。

春

朱自清

盼望着,盼望着,东风来了,春天的脚步近了。

一切都像刚睡醒的样子,欣欣然张开了眼。山朗润起来了,水涨起来了,太阳的脸红起来了。

小草偷偷地从土里钻出来,嫩嫩的,绿绿的。园子里,田野里,瞧去,一大片一大片满是的。坐着,躺着,打两个滚,踢几脚球,赛几趟跑,捉几回迷藏。风轻悄悄的,草软绵绵的。

桃树、杏树、梨树,你不让我,我不让你,都开满了花赶趟儿。红的像火,粉的像霞,白的像雪。花里带着甜味儿;闭了眼,树上仿佛已经满是桃儿、杏儿、梨儿。花下成千成百的蜜蜂嗡嗡地闹着,大小的蝴蝶飞来飞去。野花遍地是:杂样儿,有名字的,没名字的,散在草丛里,像眼睛,像星星,还眨呀眨的。

"吹面不寒杨柳风",不错的,像母亲的手抚摸着你。风里带来些新翻的泥土的气息,混着青草味儿,还有各种花的香,都在微微润湿的空气里酝酿。鸟儿将窠巢安在繁花嫩叶当中,高兴起来了,呼朋引伴地卖弄清脆的喉咙,唱出宛转的曲子,与轻风流水应和着。牛背上牧童的短笛,这时候也成天嘹亮地响着。

雨是最寻常的,一下就是三两天。可别恼。看,像牛毛,像花针,像细丝,密密地斜织着,人家屋顶上全笼着一层薄烟。树叶儿却绿得发亮,小草儿也青得逼你的眼。傍晚时候,上灯了,一点点黄晕的光,烘托出一片安静而和平的夜。在乡下,小路上,石桥边,有撑起伞慢慢走着的人;地里还有工作的农民,披着蓑戴着笠。他们的房屋,稀稀疏疏的,在雨里静默着。

天上风筝渐渐多了,地上孩子也多了。城里乡下,家家户户,老老小小，也赶趟儿似的，一个个都出来了。舒活舒活筋骨，抖擞抖擞精神，各做各的一份事去。"一年之计在于春"，刚起头儿，有的是工夫，有的是希望。

春天像刚落地的娃娃，从头到脚都是新的，它生长着。

春天像小姑娘，花枝招展的，笑着，走着。

春天像健壮的青年，有铁一般的胳膊和腰脚，领着我们上前去。

——选自：朱自清等，《精美散文》，中国华侨出版社，2014年。

【朗诵指导】

朱自清（1898—1948），原名朱自华，字佩弦，号实秋。现代散文家、诗人、学者、民主战士。

《春》是一篇写景散文佳作。春本是季节的抽象概念，但朱自清却能灵巧地把握住春的千差万殊的个性特征，从而生动地描绘了情意绵绵、生机勃勃的春天美景，令人无限神往。

文章基本上是采用了先总后分的手法，细致入微而又井然地展现了绚丽多彩的春天美丽景色，歌颂了生趣盎然的青春活力。结构大体上由盼春、描春、颂春三个层次组成。

作品开头就提出："盼望着，盼望着，东风来了，春天的脚步近了。"先用叠句显示出盼春已久的心情，节奏稍缓，旋律轻快，自然入题，后以拟人手法把风写活，以示春已到来，极力渲染了由于春终来临而无限欣喜的情绪。接着，以生花妙笔，点染土地回春万物复苏的情景："一切都像刚睡醒的样子，欣欣然张开了眼"。朗读时语调自然轻松，节奏趋平。那春山、春水、春日，作者以"朗润起来""涨起来""脸红起来"这些富有个性特征的语言分别写出了它们欣欣然"醒来"的样子，朗读时的语调要随着感情的起伏而变化，给人以美的享受。

描春是文章重点，作者以大量笔墨着力描绘具有典型个性特征的春天景象，真是画面迭出，叫人应接不暇，春草"嫩嫩的""绿绿的"两个叠词极力形容了刚刚破土而出的春草鲜嫩清新的姿态，句读要正确，节奏趋平稳，偷偷地"钻出"语调回旋上扬，"钻"字要重读，表现出春草旺盛的生命力。

春花更是别有一番风趣，树上群芳吐艳，树下鲜花争春，其间蝶舞蜂狂，一片春意闹的景色尽收眼底。"你不让我，我不让你，都开满了花赶趟儿。"用拟人化的手法描写鸟花争艳的情景，可谓神来之笔，读时节奏加快，吐字饱满，语气肯定。"像眼睛，像星星，还眨呀眨的"，把静的化为动的，宜读得舒缓、延宕一些，似娓娓而述，又如侃侃而谈。春风本是无形、无色、无味的，而作者通过自己的感官，把春风拂面、风送芳香、风传乐声三个画面融为一体，朗读时语调略扬，节奏平稳，近乎平常的语气带着作者那饱满的情感。"像牛毛，像花针，像细丝，密密地斜织着，人家屋顶上全笼着一层薄烟。树叶却绿得发亮，小草也青得逼你的眼"，这是一幅多美的烟雨图，朗读时要把握这种意境，"逼""亮"要重读，读时字音清晰，语调平直，节奏快慢要处理得恰到好处。迎春时，"家家户户，老老小小"，都赶着出来"舒活舒活筋骨，抖擞抖擞精神，各做各的一份事去"。好一派春天的气息，朗读时可稍顿而不换气，前面节奏缓和而后逐渐加快，语调逐渐上升。而"'一年之计在于春'，刚起头儿，有的是工夫，有的是希望"这是全篇点题之笔，读音要准确表达层递感，字字表情达意。

最后是颂春，文章以三个排比句式进一步总括春天风貌，那三个比喻"刚落地的娃娃""小姑娘""健壮的青年"概括了春是一年之中最充满希望的季节，读时节奏平缓，这样切合文意，符合听者思路，准确表达作者的情感。三个比喻的运用，构成了递进关系，朗读时要有对比意义，有明显的层次感，抒发自己要紧跟春天的脚步，努力"上前"去的心境。

丁 东

郭沫若

我思慕着丁东——

可是并不是那环佩的丁东、铁马的丁东，而是清冽的泉水滴下深邃的井里的那种丁东。

清冽的泉水滴下深邃的井里，井上有大树罩荫，让你在那树下盘旋，倾听着那有节奏的一点一滴，那是多么清永的凉味呀！

古时候深宫里的铜壶滴漏在那夜境的森严中必然曾引起过同样的感觉，可我不曾领略过。

在深山里，崖壑幽静的泉水边，或许也更有一番逸韵沁人心脾，但我小时并未生在山中，也从不曾想过要在深山里当一个隐者。

因此我一思慕着丁东，便不免要想到嘉定的一眼井水。

住在嘉定城里的人，怕谁都知道月儿塘前面有一眼丁东井的吧。井旁有榕树罩荫，清冽的水不断地在井里丁东。

诗人王渔洋曾经到过嘉定，似乎便是把它改为了方响洞的。是因为井眼呈方形？还是因为井水的声音有类古代的乐器"方响"？或许是双关二意吧？

但那样的名称，哪有丁东来得动人呢？

我一思慕着丁东，便不免要回想着这丁东井。

小时候我在嘉定城外的草堂寺读过小学。我有一位极亲密的学友就住在丁东井近旁的丁东巷内。每逢星期六，城里的学生是照例回家过夜的，傍晚我送学友回家，他必然要转送我一程，待我再转送他，他必然又要转送。像这样，辗转相送，在那昏黄的街道上也可以听得出那丁东的声音。

那是多么隽永的回忆呀，但不知不觉地也就快满四十年了。相送友人已在三十年前去世，自己的听觉也在三十年前早就半聋了。

无昼无夜地我只听见有苍蝇在我耳畔嗡营，无昼无夜地我只感觉有风车在我脑中旋转，丁东的清澈已经被友人带进坟墓里去了。

四年前我曾经回过嘉定，却失悔不应该也到过月儿塘，那儿是完全变了，方响洞依然还存在，但已阴晦得不堪。我不敢挨近他去，我相信他是已经死了。

【朗诵指导】

这是郭沫若的一篇散文佳作。作者通过对往事的追忆，一种失落的愁绪流露于字里行间。温馨的回忆，冷峻的思索，字字句句流露着幽婉的诗情。朗诵时，一定要把握住作品恬淡凄婉、轻柔舒缓的表达基调。

文章以简短的一句："我思慕着丁东"开头，明白晓畅而又饱含深清，奠定了文章的感情基础,因而"思慕"与"丁东"应略重读。然后,笔锋陡转,以"环佩的丁东""铁马的丁东"并列与"清冽的泉水滴下深邃的井里的那种丁东"相对比,突出"丁东"之音系泉水滴下造成的,句中"丁东"前的修饰语要重读。

接下来,作者以清新而饱含深意的语言描写了倾听丁东声的环境与感觉,以一句"那是多么清永的凉味呀"直抒胸臆,余音袅袅,因此,这一段要以流畅、轻缓的语气,饱含赞叹、喜爱的感情表达。

当作者谈到把"丁东井"改名为"方响洞"的原因时,连用三个问句,表示揣测,朗读时,应用升调,加强疑问语气。

当作者娓娓道来他和学友互相送别时,朴实的语言蕴含着对往事的真切怀念,朗读时要放慢速度,着重体现如"极亲密的""必然""辗转相送"等词语,以体现出恋恋不舍之情。

接下来,作者的感情由高处转入低谷,友人的先逝,自己的老去,方响洞的改变,留给作者的只是遗憾、伤感,朗读时,语调低沉,带有凄清伤感情调。

文章的结尾句,"我不敢挨近他去,我相信他是已经死了"。仿佛让我们听到作者含泪的叹息,朗读时,要以迟缓、悲伤语气体现。

另外,全文以"丁东"为题,以"丁东"为线索,朗读时,声音要清亮悦耳,仿声要自然、有韵味。

鸟的天堂

巴金

我们吃过了晚饭,热气已经退了。太阳落下了山坡,只留下一段灿烂的红霞在天边。

我们走过一条石子路,很快就到了河边。在河边大树下,我们发现了几只小船。

我们陆续跳上一只船。一个朋友解开了绳,拿起竹竿一拨,船缓缓地动了,向河中心移去。

河面很宽，白茫茫的水上没有一点波浪。船平静地在水面移动。三支桨有规律地在水里划，那声音就像一曲音乐。

在一个地方，河面变窄了。一簇簇树叶伸到水面上来。树叶真绿得可爱。那是许多株茂盛的榕树，我看不出主干都在什么地方。

当我说许多株榕树的时候，我的错误马上被朋友们纠正了。一个朋友说那里只有一株榕树，另一个朋友说那里的榕树是两株。我见过不少的大榕树，像这样大的榕树还是第一次看见。

我们的船渐渐逼近榕树了。我有机会看清它的真面目，真是一株大树，枝干的数目不可计数。枝上又生根，有许多根直垂到地上，伸进泥土里。一部分树枝垂到水面，从远处看，就像一株大树卧在水面上一般。榕树正是茂盛的时期，它好像在把它的全部生命力展示给我们看。那么多的绿叶，一簇堆在另一簇上面，不留一点缝隙。那翠绿的颜色明亮地照耀着我们的眼睛，似乎每一片树叶上都有一个新的生命在颤动。这美丽的南国的树。

船在树下泊了片刻。岸上很湿，我们没有上去，朋友说这里是"鸟的天堂"，有许多鸟在这树上做巢，农民不许人去捉它们。

我仿佛听见几只鸟扑翅的声音，等我注意去看的时候，却看不见一只鸟的影儿。只有无数的树根立在地上，像许多根木桩。土地是湿的，大概涨潮的时候河水时常会冲上岸去。鸟的天堂里没有一只鸟，我不禁这样想。于是船开了。一个朋友拨着船，缓缓地移到河中心去。

第二天，我们划着船到一个朋友的家乡去。那是个有山有塔的地方。从学校出发，我们又经过那"鸟的天堂"。

这一次是在早晨。阳光照耀在水面、在树梢，一切都显得更加光明了。我们也把船在树下泊了片刻。

起初周围是静寂的。后来忽然起了一声鸟叫。我们把手一拍，便看见一只大鸟飞了起来，接着又看见第二只、第三只。我们继续拍掌，树上就变得热闹了，到处都是鸟声，到处都是鸟影，大的、小的、花的、黑的，有的站在树枝上叫，有的飞起来，有的在扑翅膀。

我注意地看着。我的眼睛真是应接不暇，看清楚了这只，又错过了那只,看见了那只,另一只又飞起来了。一只画眉鸟飞了出来,被我们的掌声一吓,又飞进了叶丛,站在一根小枝上兴奋地叫着,那歌声真好听。

当小船向着高塔下面的乡村划去的时候,我还回头去看那被抛在后面的茂盛的榕树。我感到一点儿留恋的心情。昨天是我的眼睛骗了我。那"鸟的天堂"的确是鸟的天堂啊!

——曾华鹏等主编,《现代抒情美文100篇》,江苏教育出版社,1994年。

【朗诵指导】

巴金(1904—2005),1921年于成都外语专门学校肄业,1927年赴法国留学。中华人民共和国成立后,任中国作家协会副主席、主席,中国文学艺术界联合会副主席,上海市文学艺术界联合会主席,中国作家协会上海分会主席。

这篇散文记叙了作者与他的朋友们两次经过"鸟的天堂"时的所见所想,表达时要轻松明快、朴实明朗,如潺潺流水,迂回向前。

全文分为四段:

第一段(1~4节)开头轻缓,慢慢进入意境,第四节要轻快柔美,注意"宽"要加重,"那声音就像一曲音乐"要略加重语气,并用升调。

第二段(5~9节)该段描绘了第一次经过"鸟的天堂"时所见景色,以静景为主。朗诵时语速缓慢,字音轻弹,如珠如流,要强调的地方不多。"一簇簇""绿得可爱""不可计数""明亮地""这美丽的南国的树"等处可作重读处理。最后"鸟的天堂里没有一只鸟"用升调,以疑问语气表达,给人以悬念。

第三段(10~13节)写第二次看到"鸟的天堂"的景色,侧重动态描写。相对于第二段来说,这段要表达得活泼、响亮些。对一些表示动作的词要以重音和强音朗诵,如"我的眼睛真是应接不暇,看清楚了这只,又错过了那只,看见了那只,另一只又飞起来了"。这些地方都要有重音表达。一些连贯性的语句要完整统一,给人以整体感,如"大的、小的、花的、黑的,有的站在树枝上叫,有的飞起来,有的在扑翅膀"。要用好语法停顿,语气要急促而不慌乱，描绘出鸟儿轻快活动的情态。

第四段（14节）讲作者对"鸟的天堂"的赞美和留恋，朗诵时速度要慢，语调由平直转为下抑，强调"的确"二字，第二个"鸟的天堂"一字一顿，延长声音，明快诵出。

爱晚亭

谢冰莹

萧索的微风，吹动沙沙的树叶；潺潺的溪水，和着婉转的鸟声。这是一曲多么美的自然音乐呵！

枝头的鸣蝉，大概有点疲倦了？不然，何以它们的声音这样断续而凄楚呢！

溪水总是这样穿过沙石，流过小草轻软地响着，它大概是日夜不停的吧？

翩翩的蝶儿已停止了它们的工作，躺在丛丛的草间去了。惟有无数的蚊儿还在绕着树枝一去一来地乱飞。

浅蓝的云里映出从东方刚射出来的半边新月，她好似在凝视着我，睁着眼睛紧紧地盯望着我——望着在这溪水之前，绿树之下，爱晚亭旁之我——我的狂态。

我乘着风起时大声呼啸，有时也蓬头乱发地跳跃着。哦哦，多么有趣哟！当我左手提着绸裙，右臂举起轻舞时，那一副天真娇憨而又惹人笑的狂态完全照在清澄的水里。于是我对着溪水中舞着的影儿笑了，她也笑了！我笑得更厉害，她也越笑得起劲。于是我又望着她哭，她也皱着眉张开口向我哭。我真的流起泪来了，然而她也掉了泪。她的泪和我的泪竟一样多，一样快慢地掉在水里。有时我跟着虾蟆跳，它跳入草里，我也跳入草里，它跳在石上蹲着，我也蹲在石的上面，可是它洞然一声跳进溪水里，我只得怅惘地痴望着它很自由地游行罢了。更有时鸟唱歌，我也唱歌；但是我的嗓子干了，声音嘶了。它还在很得意很快活似的唱着。最后，我这样用了左手撑持着全身，两眼斜视着衬在蔚蓝的云里的那几片白絮似的柔云，和向我微笑的淡月。

我望久了，眼帘中像有无限的针刺着一般，我倦极了；倒在绿茸茸的嫩草上悠悠地睡了。和煦的春风，婉转的鸟声，一阵阵地，一声声地竟送我入了沉睡之乡。

梦中看见了两年前死去的祖母，和去腊刚亡的两个表弟妹。祖母很和蔼地在微笑着抱住我亲吻，弟妹则牵着我的衣要求我讲《红毛野人的故事》。我似醒非醒地在觉伤心，叹了一声深长的冷气。清醒了，完全清醒了；打开眼睛，满眼春色，于是我又忘掉了刚才的梦。然而当我斜倚石栏，倾听风声，睨视流水，回忆过去一切甜蜜而幸福的生活时，不觉又是"清泪斑斑襟上垂"了。

但是，清风吹干了泪痕，散发罩住着面庞的时候，我又抬起头来望着行云和流水，青山和飞鸟微微地苦笑了一声。

唉！

我愿以我这死灰，黯淡，枯燥，无聊的人生，换条欣欣向荣，生气蓬勃的新生命。

我愿以我这烦闷而急躁的心灵，变成和月姊那样恬淡，那样悠闲，

我愿所有的过去和未来的泪珠，都付之流水！

我愿将满腔的忧愤，诉之于春风！

我愿将凄切的悲歌，给予林间鸣鸟！

我愿以绵绵的情丝，挂之于树梢！

我愿以热烈的一颗赤心，浮之于太空！

我愿我所有的一切，都化归乌有，化归乌有呵！

淡淡的阳光，穿过丛密的树林，穿过天顶，渐渐地往西边的角上移去，归鸦掠过我的头顶，呜呀呜呀地叫了几声；蝉声也嘈杂起来，流水的声音似乎也洪大了，林间的晚风也开始了它们的工作，我忽而打了一个寒噤，觉得有些凉意了，站起来整理了衣裙，低头望望我坐着的青草，已被我踩躏得烘热而稀软了。

"春风吹来，露珠润了之后，它该能恢复原状吧？"我很悲伤地叹息着说。

我提起裙子，走下亭来，一个正在锄土的农夫，忽然伸了伸腰，回转头

来目不转睛地望着我——一直到我拐弯之后,他才收了视线。

1926年春于麓山

——选自:《麓山集》,光明书店,1934年。

【朗诵指导】

谢冰莹(1906—2000),本名谢鸣岗,湖南新化人。就读湖南省立第一女子师范期间投笔从戎,其著作丰富,体裁多样,包括小说、散文、书信、论著等,除前述作品外,尚有《女兵自传》《我的回忆》《冰莹书信》等。

《爱晚亭》是谢冰莹的一篇抒情散文。其中有许多优美的景物描写,但作者的意图却不是写景,文章的基调也不是如写景时所用的透明轻快的词语一样,而是借景致的衬托,"我"的狂态展现,亦歌亦哭,梦回伤心往事,也付赤心于浮云。这种狂热中蕴含苦涩、急欲流露、急欲表达的感情正是本文的朗读基调。

前五段是描写自然景物,作者连用"微风、树叶、溪水、鸟声"等十二个意象,勾勒出一副轻巧美丽的画面,朗读时语调也是轻巧的、抒情的,表达了静谧柔美的意境。从"我乘着风起时大声呼啸"到"我又抬起头来望着行云和流水,青山和飞鸟微微地苦笑了一声",都是写作者的一系列活动。在这里我们要注意,"我"的"狂态"虽狂,"呼啸、跳跃、唱歌……"各种孩子般的充满童趣的举动,却并不是因为我的心中充满欢愉、快乐,相反,我"流泪、苦笑、叹气……"却表达了作者真正的感情。因此朗读时不能误读成一种欢乐、高扬的语调。读时语气像前几段那样轻巧,音调可以加大,但显得沉着一些。

最后几段是直接地抒情,作者的情感倾向更明显了,是对悲伤的过去、忧烦的心灵、枯燥人生的极力摒除与放下,是对蓬勃生命、平和心情、赤诚未来的追求。一连串以感叹号结尾的句子,语气强烈,语调高亢,表达了作者强烈的倾诉和急迫的愿望。这是全文朗读时热烈情感的高潮。结尾处作者的感情渐渐回落,朗读语调跟着回落、恢复平静语气,包含一丝现实还是现实,没有改变;愿望终归是愿望,无法企及的悲伤、无奈感,表达时力求抑

文学作品朗诵艺术

扬顿挫，变化有度。

白蝴蝶之恋

刘白羽

春意甚浓了，但在北方还是五风十雨，春寒料峭，一阵暖人心意的春风刚刚吹过，又来了一片沁人心脾的冷雨。

我在草地上走着，忽然，在鲜嫩的青草上看到一只雪白的蝴蝶。蝴蝶给雨水打落在地面上，沾湿的翅膀轻微地簌簌颤动着，张不开来。它奄奄一息，即将逝去，但它白得像一片雪花，轻柔纤细，楚楚动人，多么可怜啊！

她从哪儿来？要飞向哪儿去？我痴痴望着它，忽然像有一滴圣洁的水滴落在灵魂深处，我的心灵给一道白闪闪的柔软而强烈的光照亮了。

我弯下身，小心翼翼地把白蝴蝶捏起来，放在手心里。

这已经冷僵了的小生灵发蔫了，它的细细的足脚动弹了一下，就歪倒在我的手中。我用口呵着气，送给她一丝丝温暖，蝴蝶渐渐苏醒过来，它是给刚才那强暴的风雨惊懵了吧？不过，它确实是太纤细了。你看，那白苴苴的像透明的薄纱的翅膀，两根黑色的须向前伸展着，两点黑漆似的眼睛，几只像丝一样细的脚。可是，这纤细的小生灵，它飞翔出来是为了寻觅什么呢？在这阴晴不定的天气里，它表现出寻求者何等非凡的勇气。

这时，风过去了，雨也过去了，太阳用明亮的光辉照满宇宙，照满人间，一切都那样晶莹，那样明媚，树叶由嫩绿变成深绿了，草地上开满小米粒那样黄的小花朵，我把蝴蝶放在洒满阳光的一片嫩叶上，我向草地上漫步而去，但我的灵魂里在呐喊——开始像很遥远，很遥远……我还以为天空中又来了风，来了雨，后来我才知道就在我的心灵深处：你为什么把一个生灵弃之不顾？……于是我折身又走回去，又走到那株古老婆婆的大树那儿。谁知那只白蝴蝶缓缓地、缓缓地在树叶上蠕动呢！我不惊动它，只静静地看着，阳光闪发着一种淡红色，在那叶片上颤悸、燃烧，于是带来了火、热、光明、生命，雨珠给它晒干，风沙给它扫净了，那树叶像一片绿玻璃片一样透明、清亮。

我那美丽的白蝴蝶呀！我那勇敢的白蝴蝶呀！它试了几次，终于一跃而起，展翅飞翔，活泼伶俐地在我周围翩翩飞舞了好一阵，又向清明如洗的空中冉冉飞去，像一片小小的雪花，愈飞愈远，消失不见了。

这时，一江春水在我心头轻轻地荡漾了一下，在白蝴蝶危难时我怜悯它。可是当它真正的自由翱翔而去时，我又感到如此失落、怅惘。"唉，人啊人……"我默默伫望了一阵，转身向青草地走去。

——选自：《刘白羽散文集》，人民文学出版社，1978年。

【朗诵指导】

刘白羽（1916—2005），现代文学杰出代表人物，卓越的散文家、小说家、作家。在长期的革命斗争实践中，他写出了大量具有鲜明时代色彩、深刻思想内涵和独特艺术风格的优秀作品。

刘白羽先生是大家非常熟悉的当代三大散文圣手之一，其《长江三日》气势之磅礴，文笔之绚丽，令人为之倾倒，这里再读一篇与此风格迥异的《白蝴蝶之恋》，其文采之清丽，刻画之细腻，让人不得不感叹名家的大手笔就是不同凡响。

《白蝴蝶之恋》以如梦如诗的笔调描绘了一只在春寒料峭中具有顽强求生意志的小生灵——白蝴蝶。柔弱纤细的白蝴蝶，在文中是坚韧不拔的生命象征。它的美，不仅在于它惹人怜爱的外表，更在于它勇于拼搏的内涵，所以刘白羽先生对它倍加珍爱，让人想起李商隐的千古佳句："庄生晓梦迷蝴蝶"。

文章开篇点题，写作者在北方的寒春中遇到了一只受风雨侵袭的白蝴蝶，朗读时，应用轻柔、舒缓、同情的语调；接下来，作者用细致的笔调将风雨中的白蝴蝶带到我们面前，写"像透明的薄纱的翅膀""黑漆似的眼睛"，这里，我们要用充满爱怜的口吻表达这些文字，让人们打心眼里喜欢这个可怜又可爱的小生灵。然后以刚柔相济的语气来读问句，折射出对生活哲理的认真思考，之后的太阳出来了这一段，语调要稍微升高，加速，掺入喜悦之情，等到读者后悔自己弃白蝴蝶于不顾那段时，要用自责、反省的语气，使人联想到生活中的种种矛盾与缺陷。

文学作品朗诵艺术

读到作者折身回去准备找回白蝴蝶这一节时，所用的语调应该是恍然大悟而急切的，待看到白蝴蝶复活时，赞美之情油然而生，语气表达要明亮畅达。

白蝴蝶重新飞上天空是文章的大结局，也是点睛之处，朗读这里时，语速宜慢，语调畅达。

总之，文中的白蝴蝶是作者努力歌颂的一个外柔内刚的形象，作者对它的感情有怜悯、同情、喜爱、赞美，最后重心落到"依恋"这个主题上。这就要求我们在朗读时把握各种感情基调的变化，配合作者的满腔热情。

家乡的桥

郑莹

家乡的桥是我梦中的桥。

家乡村边有一条河，曲曲弯弯，河中架一弯石桥，弓样的小桥横跨两岸。

每天，不管是鸡鸣晓月，日丽中天，还是月华泻地，小桥都印下串串足迹，洒落串串汗珠。那是乡亲为了追求多棱的希望，兑现美好的遐想。弯弯小桥，不时荡过轻吟低唱，不时露出舒心的笑容。

因而，我稚小的心灵，曾将心声献给小桥：你是一弯银色的新月，给人间普照光辉；你是一把闪亮的镰刀，割刈着欢笑的花果；你是一根晃悠悠的扁担，挑起了彩色的明天！哦，小桥走进我的梦中。

我在漂泊他乡的岁月，心中总涌动着故乡的河水，梦中总看到弓样的小桥。当我访南疆探北国，眼帘闯进座座雄伟的长桥时，我的梦变得丰满了，增添了赤橙黄绿青蓝紫。

弯弯的小桥，是我梦中的桥吗？

三十多年过去，我戴着满头霜花回到故乡，第一紧要的便是去看望小桥。

啊！小桥呢？小桥躲起来？河中一道长虹，浴着朝霞熠熠闪光。哦，雄浑的大桥敞开胸怀，汽车的呼啸、摩托的笛音、自行车的叮铃，合奏着进行交响乐；南来的钢筋、花布，北往的柑橙、三鸟，绘出交流欢跃图。

满桥欢笑满桥歌啊！蜕变的桥，传递了家乡进步的消息，透露了家乡富裕的声音。时代的春风，美好的追求，我蓦地记起儿时唱给小桥的歌，哦，明艳艳的太阳照耀了，芳香甜蜜的花果捧来了，五彩斑斓的月拉开了！

我心中涌动的河水，激荡起甜美的浪花。我仰望一碧蓝天，心底轻声呼喊：家乡的桥啊，我梦中的桥……

——选自：《人民日报》（海外版），1994年2月19日。

【朗诵指导】

《家乡的桥》里给读者展示了两座桥：儿时的石桥和三十多年过后现在的桥。整篇文章的基调呈现一个变化的过程，即由追忆情感的徐缓转化成眼前的跳跃和酣畅。

"家乡的桥是我梦中的桥"作为首句独立成段，"梦中"两个字点出全段文眼。所以，这两个字要读重音并用上扬的调子。紧接着作者便把我们带入他儿时的石桥上，那里好似一幅甜美的图画：村边有河，河上有座石桥，石桥上既有鸡鸣晓月，日丽中天，也有月华泻地，串串足迹，串串汗珠……这一切都给读者一种恬淡、雅致的气息，也是作者儿时生活的回忆。这一画面应以轻音缓缓叙来，而且"石桥"两个字的语音要稍加重并延长。因为，"鸡鸣晓月""日丽中天""月华泻地""足迹""汗珠"等景致蕴含着作者回忆的思绪。同时，作者又用"新月""镰刀""扁担"三个比喻来表达自己对石桥的心声，于是，在缓速的主调中用稍重的音来读，以体现出"我"稚小心灵对石桥那种甜美、欢快的感受。

在漂泊的日子里，虽然，作者心中仍充溢着对故乡河水、对故乡小桥的思念，然而当看到外面世界里那雄伟的长桥时，"我"对石桥的梦丰满了，继而发出这样的疑问："弯弯的小桥，是我梦中的桥吗？"这里面有一种感情的波折，由清幽的回忆转为莫名的惆怅。所以，在读"当我"两个字时应以上扬的调子领起并稍作停顿，以体现出一个曲折的情感变化。此处的疑问句起着一个承上启下的衔接作用，从儿时的石桥转向三十多年后的桥，但感情的变化是舒缓的，因此疑问句的结尾字要带上延长音。

但当"我"戴着满头霜花回到故乡时，却看见了满桥的欢笑满桥歌时，欣喜、欢跃、豪情顿然升腾在我的心中，此时，声调便要逐渐加强，以一种欢快的基调来叙述眼前的情景。"呼啸""笛音""叮铃"合奏成交响乐，"钢筋""花布""柑橙""三鸟"绘成交流的欢跃图。于是便需要在这些字眼上加上顿音来表现内心的喜悦和赞扬，并用轻快、上扬的基调朗读出来。作者用这样的感情对眼前桥的赞美，实质是对现在美好新生活感到欢欣。

末段那涌动的河水、甜美的浪花和那一声呼喊便把桥置于一个流动的岁月中，既有对桥的感慨，也有对未来美好生活的希望和遐想。所以，要用缓速来取代前面那轻快的表达，最终以"桥"字的延长音来结束整篇文章，给读者一个想象的时空。

石缝间的生命

林希

石缝间倔强的生命，常使我感动得潸然泪下。

是那不定的风把那无人采撷的种子撒落到海角天涯。当它们不能再找到泥土，它们便把最后一线生的希望寄托在这一线石缝里。尽管它们也能从阳光里分享到温暖，从雨水里得到滋润，而唯有那一切生命赖以生存的土壤却要自己去寻找。它们面对着的现实该是多么严峻。

于是，大自然出现了惊人的奇迹，不毛的石缝间丛生出倔强的生命。

或者只就是一簇一簇无名的野草，春绿秋黄，岁岁枯荣。它们没有条件生长宽阔的叶子，因为它们寻找不到足以使草叶变得肥厚的营养，它们有的只是三两片长长的细瘦的薄叶，那细微的叶脉告知你生存该是多么艰难；更有的，它们就在一簇一簇瘦叶下又自己生长出根须，只为了少向母体吮吸一点乳汁，使自去寻找那不易被觉察到的石缝。这就是生命。如果这是一种本能，那么它正说明生命的本能是多么尊贵，生命有权自认为辉煌壮丽，生机竟是这样地不可扼制。

或者就是一团一团小小的山花，大多又都是那苦苦的蒲公英。它们的茎叶里涌动着苦味的乳白色的浆汁，它们的根须在春天被人们挖去作野菜。而石缝间的蒲公英，却远不似田野上的同宗生长得那样茁壮。它们因山风的凶狂而不能长成高高的躯干，它们因山石的贫瘠而不能拥有众多的叶片，它们的茎显得坚韧而苍老，它们的叶因枯萎而失去光泽；只有它们的根竟似那柔韧而又强固的筋条，似那柔中有刚的藤蔓，深埋在石缝间狭隘的间隙里；它们已经不能再去为人们作佐餐的鲜嫩的野菜，却默默地为攀登山路的人准备了一个可靠的抓手。生命就是这样地被环境规定着，又被环境改变着，适者生存的规律尽管无情，但一切的适者都是战胜环境的强者。生命现象告诉你，生命就是拼搏。

如果石缝间只有这些小花小草，也许还只能引起人们的哀怜；而最为令人赞叹的，就在那石岩的缝隙间，还生长着参天的松柏，雄伟苍劲，巍峨挺拔。它们使高山有了灵气，使一切的生命在它们的面前显得苍白逊色。它们的躯干就是这样顽强地从石缝间生长出来，扭曲地、旋转地，每一寸树衣上都结着伤疤。向上，向上，向上是多么的艰难。每生长一寸都要经过几度寒暑，几度春秋。然而它们终于长成了高树，伸展开了繁茂的枝干，团簇着永不凋落的针叶。它们耸立在悬崖断壁上，耸立在高山峻岭的峰巅，只有那盘结在石崖上的树根在无声地向你述说，它们的生长是一次多么艰苦的拼搏。那粗如巨蟒、细如草蛇的树根，盘根错节，从一个石缝间扎进去，又从另一个石缝间钻出来，于是沿着无情的青石，它们延伸过去，像犀利的鹰爪抓住了它栖身的岩石。有时，一株松柏，它的根须竟要爬满半壁山崖，似把累累的山石用一根粗粗的缆绳紧紧地缚住。由此，它们才能迎击狂风暴雨的侵袭，它们才终于在不属于自己的生存空间为自己占有了一片天地。

如果一切的生命都不屑于去石缝间寻求立足的天地，那么，世界上就会有一大片一大片的地方成为永远的死寂，飞鸟无处栖身，一切借花草树木赖以生存的生命就要绝迹，那里便会沦为永无开化之日的永远的黑暗；如果一切的生命都只贪恋于黑黝黝的沃土，它们又如何完备自己驾驭环境的能力，又如何使自己在一代一代的繁衍中变得愈加坚强呢？世界就是如此奇妙。试想，那石缝间的野草，一旦将它们的草籽撒落到肥沃的大地上，它们一定会比未经过风雨考验的娇嫩的种子具有更为旺盛的生机，长得更显繁茂。试想，那石缝间的蒲公英，一旦它们的种子，撑着团团的絮伞，随风飘向湿润的乡野，它们一定会比其他的花卉生长得茁壮，更能经暑耐寒。至于那顽强的松柏，它本来就是生命的崇高体现，是毅力和意志最完美的象征，它给一切的生命以鼓舞，以榜样。

愿一切生命不致因飘落在石缝间而期期艾艾。愿一切生命都敢于去寻求最艰苦的环境。生命正是要在最困厄的境遇中发现自己，认识自己，从而能锤炼自己，成长自己，直到最后完成自己，升华自己。

石缝间顽强的生命，它既是生物学的，又是哲学的，是生物学和哲学的统一。它又是美学的，作为一种美学现象，它展现给你的不仅是装点荒山枯岭的层层葱绿，它更向你揭示出美的、壮丽的心灵世界。

石缝间顽强的生命，它是具有如此震慑人们心灵的情感力量，它使我们赖以生存的这个星球变得神奇辉煌。

——选自：《儿童文学》，第 756 期。

【朗诵指导】

林希的《石缝间的生命》是一篇以物喻人的富有哲理的散文，文章对石缝间的小花、野草和参天柏树顽强生存、倔强生长的描写和讴歌，实则是对那些身处逆境而艰苦搏击、奋力进取、努力成才的人们的热情赞美和颂扬。朗诵时要把握好基调。

全文分为四层，第一层讲随风飘散在石缝间的种子面对着没有生存土壤的严峻形势，朗诵时语速要稍缓，轻重要适当，且要有合理的停顿，以制造悬念，引起读者对种种命运的深思和设想。

随即作者笔锋一转，"大自然出现了惊人的奇迹"。因此，第二层是核心，主要讲石缝间的生命在缺少大地母亲乳汁的滋养下，仍能随遇而安，尽管瘦叶黄花，树衣伤痕累累，却风姿焕发，精神抖擞，"这就是生命""生命就是拼搏"，无不洋溢着对生命奇迹的赞叹，朗诵时，情绪要饱满，节奏要凝重。同时，这里运用了许多生动贴切的比喻来展示石缝间生命的斗志，朗诵时，一定要善于捕捉这些信息，音量高低适宜，语速缓急有别。

第三层是对石缝间生命的集中性议论，说明环境能塑造万物，逆境成才的道理，字里行间闪耀着哲学的光辉，朗诵时力求朴实、自然、亲切，以引起人们心中的共鸣，产生激励效应。

最后，概括全文，深化主题，表达更趋明朗亮丽，"石缝间顽强的生命是生物学和哲学的统一""它使我们赖以生存的这个星球变得神奇辉煌"。速度宜快，"神奇辉煌"四字以高亢有力的声音朗诵，一字一顿。

母 亲

彭名燕

那是一个残酷的日子。

我痛恨心脏病，它居然这么快就夺走了那么健康、那么有活力的母亲的生命。前几天她还抚琴吟唱，准备登台表演，人们都说她能活95岁。谁想她才84岁就飘然而去，她远远没有活够呀……我捶胸顿足叩问苍天，这是为什么？

从小到大，我从来没有经历过与最亲最爱的人永别的滋味。也许是太缺乏思想准备，一旦事情临到自己头上，竟然会觉得绚丽的生活突然失去了光彩，心灵的剧痛把挺拔的灵魂压弯了压碎了。好多日子过去了，悲痛并没有随着时间的逝去而淡化。夜里骤然醒来，才知泪水湿了枕头。我一点点回忆往事，从上幼儿园到大学毕业，从走入社会到自己养育后代，得意也好失意也好，长长的人生小河上，每片帆影每圈涟漪都与母亲息息相关。这时我终于明白，母亲是什么……

母亲是疲惫中的一杯龙井。当你软弱无力时，只消几口就使你神清气爽。

母亲是烦恼中的一曲古筝。当你意气消沉时，优雅的旋律一飘荡，眼前立即一片青翠。

母亲是冬夜里一床丝棉被。当你瑟瑟发抖时，贴心的呵护和温暖使你安然入梦。

母亲是挫折中的阵阵清风。当你惊惶伤心时，为你拭去焦躁的汗水，梳理好零乱的思绪。

母亲是困难中的一根拐杖。当你脚步蹒跚时，帮助你找好重心，支撑起

文学作品朗诵艺术

一片希望的原野。

母亲是沙漠中的一眼清泉。当你干渴病痛时,只消一滴,滚滚的生命汪洋就会在心中漫延。

母亲是荒寂中的一朵鲜花。当你落寞惆怅时,看一眼满目生辉,闻一下香沁心脾,心灵得到恬适不会孤独。

母亲是黑夜中的一颗明星。当你不辨方向时,一束柔光指引你迈开坚定的脚步。

母亲是航行中的一道港湾。当你颠簸受伤时,头枕她的臂膊,舔舔伤口,补充精力,再次高高扬帆……

母亲是……母亲是世界上最芳香、最伟大、最温暖、最美好、最强大、最光明的同义语。

看惯了母亲容光焕发的样子,我以为母亲永远不会走,我希望她永远不要走!即使我走了她也不要走。很小的时候我做过一个梦,母亲走了,我哭醒了,醒来知道是梦,我笑出了声。多么希望眼前的一切仍然是梦,那么我一睁眼肯定会笑出眼泪……

那天,我看见母亲躺在那个神秘的地方,那么安详,那么细嫩,那么圣洁,面带微笑……我连哭都舍不得,生怕把她老人家惊醒了。我在心里说:妈妈,您太美了,完全是一尊玉雕!那一刻,我觉得死比生还要辉煌。

母亲的脚步太匆忙了,就像她平时的性格一样,从不麻烦人,舍不得给儿女添乱,甚至不给儿女和91岁的老伴一个长一点守候病榻的机会。几天工夫说走就走,留下一长串勤劳、俭朴、踏实、温馨的脚印。我们当儿女的只能用无尽的思念去掂量几十年春秋里母爱的分量有多深重。

她虽然走了,但她老人家的气息仍然萦绕在家的每一寸空间,她用过的毛巾、茶杯、被子、枕头、拖鞋、药瓶、针线、手表、老花镜、圆珠笔、电话本、录音机、电子琴、手抄歌本、老年舞蹈队的演员服……全都显示了一个乐观开朗的生命年轮的顽强和执着。那一道道印迹早已刻入了儿孙后代的灵魂中,展不平,抹不掉。我们的生命历程融入了母亲生命的每一朵浪花、每一组旋律、每一句叮咛、每一声欢笑、每一个眼神、每一步足印。可以说，母亲没有走，她随时随地都在我们身边，她对儿女的关注从地上来，从天上来，从海上来，从山上来，从彩霞和月光中来，直达儿孙亲人所在的成都、北京、深圳、重庆、上海、昆明、武汉、南非、德国……像太阳一样照亮儿孙的千秋长路。

我完全相信，母亲的的确确是得到了永生！

想到这里，我渐渐觉得生活又恢复了绚丽的色彩。

【朗诵指导】

写母亲的文章很多，每一篇文章有每一篇文章的特色，每一位母亲有每一位母亲的伟大。这篇文章既抒写了作者失去母亲的无限悲痛的心情，又唱响了一支献给母亲的情深意挚的颂歌。本文不重叙事而重抒情，那些深情而又恰切的比喻，那些发自肺腑的感受，不断激起情感的浪花，不断叩响读者的心弦，从而引起普天下做儿女者的深切的共鸣。

文章首先从母亲的去世讲起。这是一个残酷的事实，朗读时语气强烈，音带悲怆，表达出"捶胸顿足叩问苍天"的强烈的悲痛之感。

然后，作者深情地回忆往事，终于明白，母亲是疲惫中的一杯龙井，是烦恼中的一曲古筝，是冬夜里的一床丝棉被……读来饱含感情，语气深沉，声音轻柔缓和，表达中充满对母亲的追忆、怀念与依恋，让人垂泪。读至"母亲是……母亲是世界上最芳香、最伟大、最温暖、最美好、最强大、最光明的同义语"时，要表达出作者非常激动的心情。省略号表示语气的"触礁"，似乎无法报答母亲，只好用六个语气强烈的形容词，朗读时语调上扬，语速急促，感情强烈，一声比一声高昂，显示出感情的最高点。

最后用深情的语气追忆母亲，不再那么悲怆，而是带上美好乐观的色彩，因为"我完全相信，母亲的的确确是得到了永生！"

月光海

奕林

月亮升起来了，又圆又大，像玉色的挂盘，悬在蓝灰色的天幕上。

文学作品朗诵艺术

我们坐在礁石上，看月亮慢慢地一点点地往上升，渐渐地变得小了起来，渐渐地越来越有光泽，终于变成一盏银灯。此刻，谁也没有发觉，刚才还在汹涌的海，突然变得如此恬静，一阵阵银色的雨，无声无形，洒在海面，溅起晶亮的光斑。是海在波动？是光在闪烁？光斑跳跃着，像无数个小精灵在嬉耍，又似千万颗小音符在欢蹦，耳旁仿佛有一支钢琴奏鸣曲在萦绕。我们呆呆地坐着，感受着，谁也不言语。

这温柔的月，这恬静的海，我感受到了爱的力量。

我出过海，跟着渔民，乘着小船到海湾口去拓张鱼网。我紧紧抓住船舷，恐怖得以为到了死的边缘。我领略到了海的莫测。在七八级台风里，搭上渔民的机帆船，从陈山渔场到岱山岛的途中，海，玩一只机帆船像玩一只纸船。我领略过海的骄横和暴躁。可现在的海，宁静得像个熟睡的婴儿，让人感动，也使人宁静。

十多年前，我在农村插队，也是在这样的夜晚，我常常独自坐在村边的山溪畔，银色的月光洒在山溪里，神秘又静谧，就似这月光海。痴痴地望着天上的月，痴痴地看着水中的光。我想起了舒伯特《圣母颂》的圣洁、深沉的情感旋律，我想起了远方的母亲和母亲那无限的爱，我好像又回到了生命的摇篮。肉体和精神上的痛苦，被这月色洗净了，我的心感到格外平和。

我想起了我曾走过的路，同伴们，你们在想些什么？想到了不幸或幸福？想到了从前或将来？也许你们什么也没想。月光下的海，会让你回忆起一切，也会让你忘却一切，直至忘却自我的存在。月光下的海，是哲人，它会告诉你生和死的奥秘，在它面前，你什么都不用隐瞒。

月亮越升越高，就要升上中天。我们坐在礁石上，仍然不想动弹：眼前是黑夜，闪着银光的弧线，天、海、人就要合为一体了，我深深地沉浸在这片无限的宁静里。仿佛前方有人在轻轻召唤，是海在呼唤着我。我要羽化了，我要变为一尾鱼……

"轰……隆"，巨大的轰鸣声将我从幻觉中惊醒，那是湖音洞里海涛拍击礁岩的声音，我又回到了现实中。现实世界里，月光下的平静只是一种表象。浪，仍在冲击着沙滩；涛，仍在拍打着礁岩。始终洋溢着博大生命活力的海，怎么会停止运动呢？

　　月亮终于升上了中天。月光下的海，多美啊！然而，我们总得归去，怀着眷恋，从礁石上起身，我们不约而同地伸展双臂，作一次深呼吸，然后毅然回头，背对月光海，踏上归途。

　　明天，我将又要跻身在熙熙攘攘的人海里，我突然觉得浑身充满了力量和自信。这是月光海给我的。我再也不会忘记今晚这月光下的海。

【朗诵指导】

　　《月光海》摘自散文家奕林的散文集《美丽的江南》，是一篇情景交融的美文，朗读时力求绘声绘色，给人以身临其境之感。

　　第一，明确内容。文章描绘了月光照耀下大海的景色，以及作者在如此美景下的所思所想，抒发了作者在当时情景下复杂的感情。

　　第二，把握基调。文章的朗读基调是由衷地抒情，节奏舒缓，感情真挚，但作者的感情并不是单一的，而是复杂的，因此，朗读时，每一段在感情的处理时应有区别。

　　第三，善于抓住那些表达事物形象的"实词"，透过文字，"目击其物"，好像看到、听到、亲自感受到，使作品中的情、景、物在朗读者心中"活"起来，使之连成一幅幅自然的画卷。

　　明确和把握以上三点，关键是要完整、正确地通过外部表达技巧把它表达出来，在技巧处理上，应根据作者的感情分别加以处理，文草描写了两个片断。前一个是第一次出海并遇上风暴，作者对海的骄横所表现的内心的恐惧，朗读时应气提声抖，节奏缓慢并重读"紧紧"二字，但与"现在的海"对比时应采用气舒声平的语气表达它的宁静。回忆农村的那段，作者的感情也有明显的对比，开始说到"痴痴地望着天上的月，痴痴地看着水中的光"应带有一种凄婉的情调读，气要沉，声要低，其后说到在月光中得到抚慰时，心情趋于平和，则应用柔缓的语调，气息深长，节奏慢。然后，作者又从回忆转向对同伴的思念，转向对哲学的探求，尤其是对同伴们连续提出的三个设问句应娓娓道来，语音要舒展自如，尽情表达。接下来，作者在月

文学作品朗诵艺术

光下面对大海幻想,达到天、海、人合为一体的最高境界,朗读时,语调节奏更显轻缓,把人带入一种虚无之境。接着,作者思绪回到现实,"轰……隆",朗读时要有突发感,语势应高扬、爽朗。最后两个自然段,作者带着眷恋之情离开海岸归去,朗读时感情应充沛,但又含有一丝留恋,似有无可奈何之气,语气要沉着、坚实,让人真正感受到从月光海中所得到的力量和自信。

提醒幸福

毕淑敏

我们从小就习惯了在提醒中过日子,天气刚有一丝风吹草动,妈妈就说,别忘了多穿衣服。才相识了一个朋友,爸爸就说,小心他是个骗子。你取得了一点成功,还没容得乐出声来,所有关切着你的人一起说,别骄傲!你沉浸在欢快中的时候,自己不停地对自己说:"千万不可太高兴,苦难也许马上就要降临……"

我们已经习惯了在提醒中过日子。看得见的恐惧和看不见的恐惧终像乌鸦盘旋在头顶。

在皓月当空的良宵,提醒会走出来对你说:注意风暴。于是我们忽略了皎洁的月光,急急忙忙做好风暴来临前的一切准备。当我们大睁着眼睛枕戈待旦之时,风暴却像迟归的羊群,不知在哪里徘徊。当我们实在忍受不了等待灾难的煎熬时,我们甚至会恶意地祈盼风暴早些到来。风暴终于姗姗地来了。我们怅然发现,所做的准备多半是没有用的。事先能够抵御的风险毕竟有限,世上无法预计的灾难却是无限的。战胜灾难靠的更多的是临门一脚,先前的惴惴不安帮不上忙。

当风暴的尾巴终于远去,我们守住零乱的家园,气还没有喘匀,新的提醒又智慧地响起来,我们又开始对未来充满恐惧的期待。

人生总是有灾难。其实大多数人早已练就了对灾难的从容,我们只是还没有学会灾难间隙的快活。我们太多注重了自己警觉苦难,我们太忽视提醒幸福。

请从此注意幸福!

幸福也需要提醒吗？

提醒注意跌倒……提醒注意路滑……提醒受骗上当……提醒宠辱不惊……先哲们提醒了我们一万零一次；却不提醒我们幸福。

也许他们认为幸福不提醒也跑不了的。也许他们以为好的东西你会珍惜，犯不上谆谆告诫。也许他们太崇尚血与火，觉得幸福无足挂齿。他们总是站在危崖上，指点我们逃离未来的苦难。

但避去苦难之后的时间是什么？

那就是幸福啊！

享受幸福是需要学习的，当幸福即将来临的时刻需要提醒。人可以自然而然地学会感官的享乐，人却无法天生地掌握幸福的韵律。灵魂的快意同器官的舒适像一对孪生兄弟，时而相傍相依，时而南辕北辙。幸福是一种心灵的震颤。它像会倾听音乐的耳朵一样，需要不断地训练。

简言之，幸福就是没有痛苦的时刻。它出现的频率并不像我们想象的那样少。人们常常只是在幸福的金马车已经驶过去很远，捡起地上的金鬃毛说，原来我见过它。

——节选自：《提醒幸福》，同心出版社，2012年。

【朗诵指导】

毕淑敏，1952年10月出生于新疆伊宁，中共党员，国家一级作家，注册心理咨询师。中国作协第九届全委会委员，当代著名小说家、散文家。

《提醒幸福》是毕淑敏的一篇佳作，它辞藻华美，流利顺畅，很有感染力。

文章大量运用排比句式，连词成句，组句成段。排比的运用增强了文章的畅达连贯，自然，这也成了朗诵时要特别注意的地方。

比如第一段妈妈、爸爸、其他人对自己的提醒，朗读时要注意句子间的停顿且语气要有略微变化。

文章前半部分读起来稍有无奈感，因为人们总是忽略身边的幸福而使自己处在焦虑之中。后面语气渐重，提醒大家"注意幸福！"结尾和缓，让大家感受身边的幸福。

傍晚，当你轻轻推开门扉

金马

一

傍晚，当你轻轻推开门扉：啊，到家了。家，谁个没有家呢？又有谁不盼望有个幸福的家呢？

可是，有的人推开门扉，迎面扑来的是亲昵的欢笑，温存的抚爱；有人遇到的却是冷漠的目光或者辛酸的眼泪。

托尔斯泰说："幸福的家庭是相似的；不幸的家庭各有各的不幸。"可到底是哪位幸福的天使和悲哀的精灵导演着家庭的欢乐和悲哀呢？

二

也许你属于幸福者群，那真该为你高兴，为你祝福。因为幸福的天使总是为每个家庭抒写着独特的诗篇，你自然会乐于享受这美的慰藉。然而，爱情的幸福离不开理智的向导，理智老人不允许人们对他有些许的忽视或遗忘。

想想看，不是吗？幸福常常使人抬头仰望，而不幸却往往悄悄降临，难怪哲人们认为：即使爱的基石十分牢固，情的酿造深似大海，恋人们也不能完全沉浸在痴情和诗意里，忘却理性的节制。正如鲁迅所警策的：要使爱情之树常青，就需要"不断地发展、更新和创造"。

三

傍晚，当你轻轻推开门扉，或许你看到温柔的妻已经烹调好可口的饭菜，甚至不厌其烦地把冷盘拼装成美丽的图案；阳台上两条长长的晾衣架上搭满了洗涤的衣物，你心满意足地笑了，大步走向书房摊开笔记本想立即记下归途中捕捉的灵感。可是，且慢，请你不妨回眸注视一下：也许身后正追随着一双娇嗔中蕴含着一丝委屈的眼睛。

难道爱情的奉献还需要报偿？难道投身事业不正是为了美化爱情的花环？是的，爱情的性格是无私的奉献。然而爱神的跃动照例需要力的推动。其实，这时你只要适当表示对妻子辛劳的慰问，也就足以汇通彼此心中的暖流。

是的，热爱事业无疑是建造稳固的爱情大厦的基础，然而，忙于家务的一方又何尝不是为了事业——为了支持对方的事业。爱情毕竟不是脱离了一般物质生活法则的单纯精神现象，她不允许任何一方无视她的存在。

四

　　傍晚，当你轻轻推开门扉，你也许正期待着"脖子上的安娜"的温存悬挂，迎面看到的却是一位英俊男青年在同你的"安娜"亲切地侃侃而谈。于是，你的"安娜"站起来大方地向你介绍来宾。然而，你此时此刻又是一副什么样的面孔，怀的是什么样的心情呢？

　　你也许是一位爱情的智者，那么你就会向来客表示大方而得体的接。如果他们的谈话无须介入，那么你完全可以在同客人打完招呼后去帮助妻子做一些力所能及的事情，以表示对来客的信任和妻子的尊重。你这样做了，无疑会使你们原本十分忠诚的爱情焕发出更纯美的光辉。如果可惜你猜忌了，你愠怒了，那么纯美的爱神反而可能会从你温柔的"安娜"的心灵中被吓走，因为爱神喜欢在自由天地中锤炼她的忠贞，而生性厌恶妒忌的领主，不愿让狭隘的心境闭锁和污染她那洁净的灵魂。要知道，在人类一切美好的感情中，最美好、最自私的感情——爱情，恰好正是基于无私和信赖而诞生、而发展、而升华的。爱情永远不可能是禁锢的产物，她需要的是同志，而不是哨兵。

五

　　傍晚，当你轻轻推开门扉，你期待着的自然是天伦之乐，然而，为了牢固地占有这份权利，当你清晨离开家门的时候，可曾扪心自问是否尽到了自己应尽的义务。

　　记得一位哲人曾经说过：世上不存在没有义务的权利，也不存在没有权利的义务。何况爱情的权利和义务更像一对迷人的孪生姐妹，对于痴情者来说，简直分不清她们哪一个更值得钟爱呢！因此，如果你敏感地觉察到爱人对你开始变得有些冷漠，请你千万不要急于谴责对方爱得疏懒，而不妨检点一下自身是不是有意无意间熄灭着对方爱的火焰。要知道，爱情的火焰既能燃烧，也会熄灭，而要保持旺盛的火势，夫妻双方就都要勇于做爱情的卫士，善于挑起生活的重担。

人间毕竟不是天堂，夫妻毕竟不是不食人间烟火的"神仙"。因此，只有把现实生活开拓成爱情的沃土，才能培植出永不衰败的爱情之果，夫妻才能携手化为爱之"游仙"，漫步人间的爱情胜境。

六

傍晚，当你轻轻推开门扉，祝愿你善于迎来幸福的天使，永远获得家庭的快乐。

——选自：《金马随笔》，贵州人民出版社，1993年。

【朗诵指导】

傍晚，当你轻轻推开门扉，你期待看到什么？又会看到什么？期待中的与真实的会一样吗？你会以什么心情面对一切，都在推开门的那轻轻的一瞬间……

文章设想了各种推开门时的情景，一个一个娓娓道来，语意真挚诚恳，设身处地对各种情形、各个你进行着设想，不愧是一篇细致、温暖、贴心的美文。

朗诵时基调应是温柔而舒缓的。如"啊，到家了。家，谁个没有家呢？又有谁不盼望有个幸福的家呢？"以反问语气，真切地道出"你"的感受，声音亲切、自然，令人从心底深处觉得温暖，也会接受文中的观点。

散文朗诵最大的特点是富有亲和力和感染力，表达时应不急不躁，不骄不火，没有太大音调起伏，却有细微的波澜跳动；没有夸张强烈的表达方式，却娓娓真切地熨帖心窝。可以想象深夜一位最温柔、亲切、可信任的朋友缓缓和你谈着心，循循教导生活中无助的你，以她的经验与体会真诚地为你排忧解难，宽缓你的心情。语调低沉亲切，富有哲理又让人易接受，如果朗诵时以平静澄澈的心情做到这样，那么对这篇文章的表达是成功的。

江上歌声

［英］毛姆

沿江两岸回荡着船夫号子声。

船夫划着收扎起帆樯的高尾舢板，顺流而下；你听，他们喊着嘹亮雄浑的号子。

纤夫背着纤绳，逆流而进，五六人拖着小舟，两百人拽着扬帆舢板，越过激流险滩，你听，他们喊着船夫号子，那是更加气喘吁吁的歌唱。船中央，一人站立，不停地擂鼓督阵；他们弓腰曲背，着了魔似地拽着纤绳；极力挣扎，有时就在地上爬行。他们奋力紧拉纤绳，同激流的无情力量抗争。工头在一旁巡查，谁不拼死卖命，那一头破开的竹鞭，便会抽打他赤裸的脊背。人人都得竭尽全力，要不就会前功尽弃。他们喊着激越、高亢的号子——激流曲。

语言怎能描述歌声里蕴蓄着多少辛劳。这歌声啊，足以显示那极度劳损的心灵，那紧绷欲绽的筋肉，以及那人类征服自然力量的顽强精神。纤绳可能断裂。舢板纵然旋回，而湍流险滩终将被战胜。劳累的一天结束时，饱餐一顿，或吞云吐雾，或陶醉在悠闲自在的美梦中。

然而，最痛楚的歌唱却是码头工扛着沉沉大包，沿着陡峭石阶，走向城垣时哼出的歌声。他们上上下下，走个不停，"嗨哟，啊嗬"，那节奏分明的喊声，就像他们的辛劳一样，永无休止。他们光脚赤膊，汗流浃背。他们的歌唱是痛苦的呻吟，是绝望的叹息，是凄惨的悲鸣，简直不是人的声音，而是无限忧伤的心灵的呐喊，只不过带上了点旋律和谐的乐音，而那收尾的音调才是人的最后一声抽泣。

生活太艰难，生活太残忍，歌唱是绝望的最后抗议，这就是江上歌声。

——李传声译

【朗诵指导】

威廉·萨默塞特·毛姆（1874—1965），英国小说家、剧作家。

《江上歌声》所写的是江上纤夫的生活，描绘了他们艰苦的劳动场面，歌颂了他们征服大自然的顽强精神。在确定朗读基调时，不能陷入对文章的表面理解，一味地突出哀怜和感伤的气氛，而应当强调哀中有叹、感中有愤的情感。朗读的声音不可过度低沉、压抑，语速不拘于迟滞、缓慢，特别要注意句末不可滥用降调。

　　文章第一、二段是描绘纤夫们拉纤的场面,朗读时宜用平直调,语气舒缓,读到"他们弓腰曲背……"时,可用丰富的表情和手势,来显现当时拉纤的场景。第二段的末尾应注意节奏放慢,适当停顿,如"号子"后要停顿,然后一字一顿地读出"激流曲"三字。

　　第三段写纤夫们征服大自然的精神,抒发了作者对纤夫们征服大自然精神的礼赞,朗读时句末用降调,感叹、思索的语气要贯穿始终。

　　第四段写纤夫生活的艰辛和痛苦,表达了作者对劳动人民的同情和对不公平生活的激愤,读时语调多抑。

　　文章最后写道:"生活太艰难,生活太残忍,歌唱是绝望的最后抗议,这就是江上歌声。"是点题之语,既点明了本文的题旨,也使人产生了共鸣,朗读时前三句要用升调,语气强烈,最后一句"这就是江上歌声"几个字要缓缓送出,饱含"不言而喻"的意味,以牵动听者的思绪。

第八章　小说、故事的朗诵

一、小说、故事的文学特征与类型

小说是综合运用语言艺术的各种表现手法来塑造人物形象和反映社会的叙事性文学体裁。

小说的三要素是人物、情节和环境。人物是小说要素的中心，情节是由人物的性格发展而发展的，环境是人物活动展开的场所。小说的基本特征首先是细致的人物形象刻画，它通过语言、行动、肖像描写，心理刻画等方法塑造典型人物形象，使人物形象具有立体感。其次是丰富、复杂的故事情节，情节是叙事性作品中人物活动的过程，某些形象、典型成长的历史，是由一系列能显示人物与人物之间、人物与环境之间的复杂关系的具体事件组成，所以又叫作故事情节。小说的情节是丰富多彩并曲折离奇的，充满一定的戏剧性。另外，有具体生动的环境描写。小说作者要写好人物、写好情节，离不开对环境的描写，一定的环境是对一定的人物来说的，它是指围绕着人物性格形成和驱使人物行动的一切外部条件的总和。环境和人物是互相依存，互相作用的。

小说的分类，可以有不同的角度和标准。就题材内容分，有言情小说、武侠小说、公案小说、谴责小说、侦探小说、科幻小说、神魔小说；就题材时代分，有历史小说、现代小说；就语言分，有文言小说、白话小说、诗体小说；就文体分，有日记体小说、书信体小说、章回小说；就表现手法分，有情节小说、性格小说、心理小说；就篇幅长短分，有长篇小说、中篇小说、短篇小说、微型小说等。

故事一般又叫民间故事，是叙事散文作品的总称。故事按照内容及流传的不同情况可分为神话、传说、生活故事、笑话等。故事从其文学特点来分析有与小说相同或相似的朗诵要求。

二、小说、故事的朗诵方法

总体来说,朗诵小说和故事要自然亲切,给人以身临其境感、喜怒哀乐感和立体形象感。

1. 充分展示人物形象的特征

优美的小说、故事都是塑造了令人难以忘怀的人物形象。人物形象的思想特征表现在人物的言语、举止、外貌、心理活动的描写上,朗诵时,要从小说故事中人物的思想心理入手,准确、生动地表达人物个性化的语言。其中主要要读好人物的对话。人物的对话是人物的"间接形象",一个人说的话,同一个人的身份、思想、性格以及在当时情节发展中的态度有密切关系。朗诵时,要得体地表达,把不同人物的不同性格逼真地显现出来。当然,朗诵不等于表演,朗诵人物语言,主要是强调人物对话时各自说了些什么,而不是强调人物是怎样说的,因此,不必过分改变声音扮演人物。另外要朗诵好心理活动的描写,因为心理活动直接展示了人物内心世界,朗诵者要注意揣摩人物心灵,描摹出人物此情此景的心声,要在感受的基础上将声音放松,刻画细腻,富有情感,具有感染力,使人听了真实可感。

2. 做好小说、故事环境描写

环境是人物活动的天地,是事件发展的场所,是人物性格形成、发展的主要客观因素。因此。小说、故事塑造人物是离不开环境描写的。小说、故事对社会环境的描写,以描绘性语气为主之外,常常对社会环境有较细微、较具体的表现,朗诵时感情色彩要"浓"些,语调变化要丰富;而一些叙述性之处则要读得相对平稳些。自然环境的描绘常常是与人物的心情和环境的气氛相一致的。朗诵时,要力求体现出人物在此间的思想与心理动态,寓情于景,将听众带入氛围之中。"一切景语皆情语。"朗诵环境描写,表现环境气氛,最主要的是要根据环境的特点,怀着饱满的感情来读,做到融情于景,情景交融,运用语调、语气和重音等技巧将感情表达出来。如鲁迅的小说《药》中,最后坟场上枯草、寒风、乌鸦、秃树等景物描写,衬托了两位母亲悲哀、凄凉的心境,朗诵时语速缓慢,语调沉闷。

3. 注意情节变化

情节是由一系列能展示人物之间、人物与环境之间相关的事件、细节组成的,小说、故事主要通过故事情节来体现人物性格,表达中心思想。情节有起因,有发展,有高潮和结尾,还有序幕和尾声。小说故事情节的曲折起伏,主要是通过声音形式的音量、力度、音色与各种技巧,如语气、节奏、语调来体现的,朗诵时,必须熟练地把握故事情节,然后根据情节发展需要恰当地安排好语速的快慢、语气的强弱和虚实的变化。

三、小说、故事文本朗诵指导

轻轻的一声叮咛

言者

出差在外,在一农家借宿一夜,放亮时又踏上了一段新路。一阵积水响,老大娘追出来,拿着一把她女儿的小花伞:"带上……"看她那慈祥的目光,霎时,我像是听见了母亲的叮咛。

路上果然下了大雨,许多人在树下、店旁躲着。我撑开那把伞,照旧走着,一种说不清却感人至深的温暖和情感洋溢在我的周围。

途中的一天晚上,我在招待所翻书,读到一篇《母性》的文章:

我和太太在马来西亚槟榔屿参加一个游览团体。向导带我们到橡胶园参观割胶。一个男童爬上一棵椰树,正打算用弯刀割下一个椰子,他母亲便在附近房子里叫嚷。

我告诉太太:"她说'孩子,小心啊,别把手指割掉'。"

向导惊讶地问:"原来你懂马来话。"

我答:"我不懂。不过我了解母亲的叮咛。"

出差回单位后,我把自己伞下的感受和这则故事说给一位长辈听,他的眼睛似乎有些湿润。他说他的母亲早已过世，但母亲那句"好好工作，注意身体"的嘱咐，一句最平常不过的话，伴随他走过了风风雨雨四十年，成了母亲最珍贵的遗产。

我感动至极。想起了我的母亲。小时候去上学时，她总在我出门时给我整理好凌乱的衣服轻轻地叮咛："走好，听老师话。"

又是一个雨天，我骑车去约会。中华门城堡下，刚认识不久的女友走到我身边，轻轻地掀下我雨披的帽子："看你热得，快把雨披脱下来。"原来，雨早已停了，我额上全是汗。空气清新得很，吸入肺腑的全是温馨。

想到每次约会结束，我推着自行车准备走的时候，她忘不了说一句"骑好，晚上早一点休息。"于是我认可她了，因为没有爱心的人，是不会为别人着想的。

——摘自：《羊城晚报》，1991年8月27日。

【朗诵指导】

其实，每个人的心灵深处都有着深深的关爱之情，经意地、不经意地、自然地、不自然地流露出来。

读罢全文，平实的语言，描述的是发生在我们身边的平凡的故事，故事中的声声叮咛却是久久萦绕心头。

整篇故事的感情基调是平和的，平凡即是真，特别是那几句叮咛的话，要读出自然中带着关爱的神情来。

开篇首先应用一种平缓的语调娓娓道来，在读到那简短的"带上"两字时，语速缓慢、凝重，重音轻读，低缓，感情要自然流露，不必煽情。到了雨开始下了那一段，"我"撑开伞，这和在树下躲雨的众人形成对比，此时"我"必定是感激之情油然而生，故而此时朗读的语气逐渐明朗、柔和，语调上扬。

第二个故事讲母性，语速平缓，力求将读者带入故事的情境，其中要有语气色彩的穿插，夸张的，重音、上扬。当孩子爬上高高的橡胶树时，那母亲的叫嚷，我领悟的话语，应急促、紧张、加重。"孩子，小心啊！别把手指割掉了"而向导的惊讶"原来你懂马来语?"这句语速很快,色彩鲜明,非常夸张。而回答"我懂母亲的叮咛"应该低沉、缓慢,重音轻读。

接下来"我"回忆起逝去的母亲,最珍贵的遗产竟是那句轻轻的叮咛"好好工作,注意身体!"整段语速渐慢、轻柔,可用气音表达,流露浓浓的思念之情。

最后作为"我",在思想上也渐渐注意到了那句轻轻的叮咛,语调上扬,声音由平稳直至激昂,心中是满满的爱。

夜半来客

[美]罗·亚瑟

奥塞贝尔全身上下无一处与福勒所读过的书里的秘密特工相仿。奥塞贝尔下榻于巴黎一家阴暗的旅馆。福勒尾随他经过霉味扑鼻的通道时,心中极为失望。他的住房只是顶层六楼的一小间,毫无传奇人物的那种特有背景。而大腹便便,西装又皱又脏的奥塞贝尔压根儿就称不上传奇人物。

"您大失所望了,"奥塞贝尔掉过头去呼哧呼哧地说,"人家告诉您我是个经营谍报和玩命行当的间谍。您原想见我只因为您是个作家,年轻浪漫。您想象的只是:黑夜中的神秘人物,手枪的砰砰声,以及酒杯里的毒药。相反,您却和一个邂逅的胖子在法国的音乐厅里消磨了一个无聊的夜晚。没见到有黑眼睛的美人把情报悄悄地塞进他手中,只听见他接了个语无伦次的电话,说是要在他屋里碰头。您一定腻透了!"

这胖子边开房门边"咯咯咯"地笑个不停。随后,站在门边以便让他的客人进去。

"您现在的幻想破灭了,"奥塞贝尔对他说。"不过。别泄气,年轻朋友。您马上就会看到一份文件,一份相当重要的文件,好几个人为了它送了命。到我这,是它进入官方手中的最后一站。有那么一天,这份文件也许会极大地影响历史进程。考虑到这一点,还是有点戏剧性,对不对?"奥塞贝尔说着话随手把身后的门关上了,接着把灯打开。灯一亮,福勒头一次感受到了真正的刺激。屋中央站着个男人,手握一把小自动手枪。奥塞贝尔眨了眨眼,

文学作品朗诵艺术

"马克斯,"他呼哧、呼哧地说,"你吓了我一跳,我还以为你在柏林呐。你在我房里干啥?"马克斯身材细挑,个儿不算高,看上去有点狡诈,脸庞尖尖的,很像狐狸。他身上除了那支枪外没什么特别可怕之处。"那份报告,"他小声说,"那份今晚要送来给你,关于俄国新式导弹的报告。我想它在我手里比在你手里更可靠。"奥塞贝尔挪向扶手椅,重重地坐了下来。"这次,我可得好好教训教训那些管事的,"他阴沉着脸说,"有人从凉台爬进我屋里,这已是本月的第二次了。"福勒的眼光转向房里仅有的一扇窗户,那是一扇普通的窗户。此刻,在它的衬托下,夜色显得格外黑。"凉台?"马克斯问,他显然受到了影响。"不,是万能钥匙。我不知道有凉台,我要是知道,那可省了许多麻烦。""不是我的凉台。"奥塞贝尔大发雷霆,"是隔壁公寓的。"

他瞧了瞧站在几尺远的福勒。"您知道,"他解释说,"这房间过去是套间的一部分。隔壁间,从那扇门进去,曾经是起居室。它有个凉台,现在延伸到我的窗下。你可以从底下两层的空屋爬上来。况且,上个月就有人这么做过。管事的答应把它封掉,可他们至今还没封。"马克斯向福勒挥了一下枪,命令道:"请坐下,我们还得等上半个小时。""三十一分钟,"奥塞贝尔忧郁地更正,"约定时间是十二点半。我真想知道你是怎么得知有这份报告的,马克斯。""我却想知道它怎么会往你这边跑,"马克斯回敬一句,"不过,我会把它拿回来的——这是怎么回事?"门外响起了敲门声,还站着的福勒吓了一跳。奥塞贝尔打了个哈欠。"是个警察,"他说,"我原先想今晚的文件太重要了,来个把警察保护会安全一些。"马克斯犹豫不决地咬了咬嘴唇。敲门声又响了起来。"现在你怎么办,马克斯?"奥塞贝尔问道。"即使我不去开门,他们也会进来的。门没上锁,而且,他们会毫不迟疑地开枪的。"马克斯迅速撤向窗户,把身后的窗打开,一只腿吊在窗台上。"叫他们走,要不,我就开枪。"敲门声越来越响,来人提高了嗓门。"先生,奥塞贝尔先生!"门的把手转动了。马克斯迅即左手一撑,往外边的凉台跳了下去。紧接着,一声尖叫,令人不寒而栗。门开了,侍者托着酒瓶和两个杯子站在那儿:"先生,这是你要的白兰地。"说着,他把盘子放在桌上,轻轻地打开瓶塞,又悄悄地退了出去。

脸色发白的福勒盯着奥塞贝尔："可是——！他结结巴巴地开了口，警察——"

"没有警察。"奥塞贝尔叹了口气，"我等待的只有亨利。""可是，凉台上的那人不会——"福勒讷讷地说。"不"奥塞贝尔打断他的话，"他回不来了。你瞧，年轻的朋友，根本就没什么凉台。"

【朗诵指导】

这是美国作家罗·亚瑟的一篇充满紧张与机智的短篇小说。文章主要勾勒了两个人物，通过他们之间的机智斗争，刻画了奥塞贝尔侦探这个机敏与智慧并存的人物形象。

文章首先说奥塞贝尔一点也不像小说所描绘的侦探，这几句的朗读语气中带着不解，同时也充满悬念。

奥塞贝尔是个大胖子，他的说话语气是开朗、乐观的。音量应该加大，读出他的爽朗语气。同时，奥塞贝尔的表情和语气都很丰富，朗读时要根据各种情形变化，例如咬牙切齿、生气、闷闷不乐、不动声色……显示了奥塞贝尔老谋深算、随机应变，又非常会演戏、镇静自若的名侦探本色。这些，都让开始很失望的富勒惊诧不已并刮目相看。

文中的另一重要人物马克斯的朗读也是十分有趣的。首先，他为了不惊动其他人，声音总是低沉着的，带有危险性。他一开始就控制了整个局面，为此，用的是命令的口气。因为截取了重要情报，他的语气兴奋中掩饰不了得意。这个老狐狸式的人物步步谨慎，听见敲门时立刻警觉，自以为聪明却掉进了奥塞贝尔设下的陷阱。

全文的朗读应绘声绘色，像演戏般把听众带进紧张、漆黑的夜中，用声音把侦探与间谍间的斗争显露出来。最后奥塞贝尔的话读来很平静、从容，那是一种胜利者的姿态。

文学作品朗诵艺术

太阳出来的那天

[美] 约翰逊

我们离开了家园,老马破车,越走越慢。我们穿过了大草原,向山冈走去。我们一共四口人:爸、两个小妹和我。小妹妹坐车,爸和我步行,我已经是11岁的大男孩了。车上载着旧家什。我们是逃荒者,要去森林西边的小城,那里住着爸的叔叔,他在那里开了两家小小的锯木厂。爸爸去投奔他找活干,以便一家人能活下去。

已经走了两个星期了,这时候我们收留了20岁的玛丽娅。她也是逃荒出来的。她说她要和我们全家在一起,她能照料小孩。我爸勉强同意了,因为我们也没什么吃的了,钱也花光了。

草原上刮着风,可山里却下起了雨。我们停在路边一间废弃的破房子旁边,农家田里的景象使人发愁。入夏以来阴雨连绵,庄稼都烂在地里,颗粒无收。庄稼人个个愁眉苦脸,恐慌绝望。我们只剩下几个马铃薯和一点点粮食了。我看到爸爸忧伤的脸上那凹陷下去的双眼。

爸爸要我们先住在这里,他去老约翰那里弄点吃的救急。他对我说:"乖孩子,你一定要听玛丽娅的话,我四天以后就会回来。要是实在饿得受不了,就把老马宰了吧。"他吻了两个小女孩,带上他那支来复枪和一块羊毛毯,迈着沉重的步子走了。

房子里没有地板,是软土。我们用木柴生起了火,浓烟滚滚,从房顶空洞中冒出。我们还要烘干湿木头。

第三天夜里,马丢了。一只熊把它吓跑了。我们听到了马的惊叫声,玛丽娅和我连忙跑出去看,但是周围一片漆黑,什么也看不见。

天刚放亮我就出去找马。我迷路了两三次,但好歹找到了返回破房子的路。这是第四天,爸还没回来。这一天我们把仅有的粮食都吃光了。

第五天,玛丽娅出去找马。孩子们又哭又叫,她俩在火堆旁的羊毛毯上紧紧偎在一起,既怕又饿。可是我不能哭,因为我是大男孩,我已经11岁了。天快黑的时候,玛丽娅回来了。

玛丽娅也没找到马。她带回来一堆蘑菇。

"你想干什么？用蘑菇当足球踢吗？"我问。

"吃——也许能吃。"她说。

"蘑菇可不是好吃的，"我说，"它会毒死你。"

"可能，"玛丽娅回答，"也许能吃，我可没有把握。"

伊丽莎白叫着找爸，萨拉赫哭着喊饿。玛丽娅安慰她们说，爸爸很快就会回来，她一定想办法弄点吃的。于是玛丽娅支起锅，从铁罐里舀出一点豪猪油（豪猪是爸爸用来复枪在森林里猎取的，肉早已被我们吃光了），把蘑菇切成片，放在锅里煎。油香味立刻把小姑娘们吸引过来了，玛丽娅命令她们回到原地。她们号啕大哭，令人心碎。我不哭，我瞪她，我恨她。我咽着口水强忍着，终于说了一句："给我一点吧！""明天，也许明天可以，今天晚上不行，"她声色俱厉地说，"别找麻烦，一边儿去。"玛丽娅做好了蘑菇，但没马上吃。她犹豫地望着褐色的蘑菇片，然后慢吞吞地吃了起来。过了好一会儿，她小声对我说："如果有毒，我不知道我会怎么样。那你就要照顾好孩子们。反正你爸会回来的……你去睡觉吧，让我在这儿坐着守着火。"我心里想，那你就这么坐着吧。这大概是你在人世上的最后一个夜晚，死的痛苦会随时把你带走。但愿你神志清醒，记住往事，体味人生。我们静静地坐着。过了一阵，头一耷拉，我睡着了。可是玛丽娅绕着火堆不停地走动，又把我弄醒了。

夜色正在消退。"我感觉一切正常，没问题。"玛丽娅说。可是我没好气地回答她："我不知道。"玛丽娅站在门里望着外面落雨的世界，像是发现了一个美好的天地。她赶忙煎起蘑菇片，这时两个小姑娘惊喜地手舞足蹈起来。我们美美地吃开了，我和两个妹妹一直吃到玛丽娅下令禁止："别吃了，要撑坏的，再说吃光了就再也没有吃的了。"她自己一口都没吃。这是奇妙的一天，玛丽娅又高兴又快活，不住嘴地给我们讲故事，我和妹妹们还玩起了游戏。忽然我们听到了喊声，两个妹妹兴奋得尖叫着，我冲到她们前面，穿过空旷地。

雨停了。父亲回来了，他身背着木柴，手牵着那匹走失的老马。马身上驮着布袋，布袋里装着食物。父亲眼泪汪汪，惊喜地端详着我们。"那个人呢？"他问。玛丽娅从房子里走出来，沉静地走过来。当她走到我们前边的时候，天放晴了，太阳出来了。我的继母真是一位大好人。

【朗诵指导】

很喜欢文章讲述的故事，更喜欢文章的结尾："当她走到我们前边的时候，天放晴了，太阳出来了。"很美丽，很温暖的感觉如一阵微风拂过，神清气爽。20岁的玛丽娅，岂止与圣母有同样的名字，在三个孩子的面前，她简直就是圣母！不是吗？忠诚、仁慈、宽厚、关爱，就如那放晴的天空，坦诚、宽容而温暖。

太阳出来的那天，其实就是"我"了解继母的那天，"我"对继母的喜爱与敬佩是不言而喻的。

但文章一开始是竭力隐藏了这种感情的。相反，"我"对她不仅厌恶，而且是极不客气的，恶狠狠的。

文章的开头应该读得缓慢一点，不仅是因为主人公们步伐缓慢，也因为饥饿疲劳让每个人都觉得乏力，一种对贫困生活的乏力。"我"虽然还是个11岁的孩子，但在爸爸与两个小妹妹面前，"我"装得很懂事很坚强，对生活的苦，应以平淡点的语气来读，显得见怪不怪，可以包含一点无奈，这是"我们"只剩下几个马铃薯和一点点粮食，以及看到爸爸的忧伤的脸的时候。

对玛丽娅的行为、语言的朗读应显得坚强、冷静，因为她就是这么一个勇于面对生活的人。"我"对玛丽娅的态度是憎恨、厌恶的，可是她并不以为然，读时要表达出这些感情。

文章的结尾应读得温暖，夸赞得毫不含糊，读出转变后的我由衷的赞美与喜爱。

狗鼻子

[苏联] 左琴科

商人巴勃金有件貉皮大衣被人偷走了。商人巴勃金嚎了起来。他真心疼这件皮大衣呀。他说:"诸位,我那件皮大衣可是好货啊。太可惜了。钱我舍得花,我非把这个贼抓到不可。我要吐他一脸唾沫。"

于是,巴勃金叫来警犬搜查,来了一个戴鸭舌帽、打裹腿的便衣,领着一只狗。狗还是大个儿头,毛是褐色的,嘴脸尖尖的,一副尊容很不雅观。便衣把那条狗推到门旁去闻脚印,自己"嘘"了一声就退到一边。警犬嗅了嗅,朝人群扫了一眼(自然四周有许多围观的人),突然跑到住在五号的一个叫费奥克拉的女人跟前,一个劲地闻她的裙子下摆。女人往人群里躲,狗一口咬住裙子,女人往一旁跑,它也跟着。一句话,它咬住女人的裙角就是不放。

女人"扑通"一声跪倒在便衣面前。"完了,"她说,"我犯案啦,我不抵赖。有五桶酒曲,这不假。还有酿酒用的全套家什,这也是真的,都藏在浴室里。把我送警局好了。"人们自然惊得叫出了声。"那件皮大衣呢?"有人问。她说:"皮大衣我可不知道,听都没听说过。别的都是实话。抓走我好了,随你们罚吧。"这女人就被带走了。

便衣牵过那只大狗,又推它去闻脚印,说了声:"嘘。"又退到一旁。狗转了转眼珠,鼻子嗅了嗅,忽地冲着房产管理员跑过去。管理员吓得脸色煞白,摔了个仰面朝天。

他说:"诸位好人呀,你们的觉悟高,把我捆了吧。我收了大伙的水费,全让我给乱花了。"住户们当然一拥而上,把管理员捆绑起来。这当儿警犬又转到七号房客的眼前,一口咬住他的裤腿。这位公民一下子面如土色,瘫倒在人群前面。他说:"我有罪,我有罪。是我涂改了劳动履历表,瞒了一年。照理,我身强力壮,该去服兵役,保卫国家。可我反倒躲在七号房里,用着电,享受各种公共福利。你们把我逮起来吧!"

人们发慌了,心想:"这是条什么狗,这么吓人呀?"那个商人巴勃金,一个劲儿眨巴眼睛。他朝四周看了看,掏出钱递给便衣。"快把这条狗牵走吧,真见它的鬼。丢了貉皮大衣,我认倒霉了。丢就丢了吧……"他正说着,狗已经过来了,站在商人面前,不停地摇尾巴。商人巴勃金慌了手脚,掉头就走,狗追着不放,跑到他跟前就闻他那双鞋。商人吓得脸色刷地就白了。他说:"老天有眼,我实说了吧。我自己就是个混账小偷。那件皮大衣,说实话也不是我的,是我哥哥的,我赖着没还。我真该死,我真后悔啊!"

这下子人群哄地四散而逃。狗也顾不得闻了,就近咬住了两三个人,咬住就不放。这几位也一一坦白了:一个打牌把公款给输了;一个抄起熨斗砸了自己的太太;还有一个,说的那事简直叫人没法言传。

人一跑光,院子便空空如也,只剩下那条狗和便衣。这时警犬忽然走到便衣跟前,大摇其尾巴。便衣脸色陡地变了,一下子跪倒在狗跟前。他说:"老弟,要咬你就咬吧。你的狗食费,我领的是三十卢布,可自己私吞了二十卢布……"

后来怎样,我就不得而知了。是非之地,不可久留,我便赶紧溜之乎也。

【朗诵指导】

米哈依尔·米哈依洛维奇·左琴科(1895—1958),苏联著名幽默讽刺作家,创作短篇颇丰。他写过中篇小说、传记性小说和剧本等。

左琴科的创作多取材于现实生活,以幽默含蓄著称,《狗鼻子》正是一篇极具讽刺意味的反映社会不良风气的小说。

这篇小说描述了由于商人巴勃金的貂皮大衣被偷而引发的一系列事件,从侧面反映了社会生活中的不良现象。因此,朗读时应把握讽刺的总基调,除了在朗读中正确运用停顿、重音等表达技巧外,还要重点把握语气色彩。

文章分三部分。第一部分(第一段)写商人巴勃金的皮大衣被偷了。作者首先陈述商人的皮衣被偷的事实,朗读时应平心静气。而后一句中的"嚎""心疼"应重读,表示商人的怨恨和不满。而商人讲到"……我非把这个贼抓到不可。我要吐他一脸唾沫",朗读时,气息粗重,音量增大,语速迅猛,造成情感色彩上的震慑感。

第二部分写了在警犬的"威逼"下,各人承认自己所犯的错。这一部分主要要注意各人承认自己所犯的错时的语气等。朗读时应气息上提,出声不顺,语速不匀,轻重随便,给人以"衰竭感"。另外,人们的心里想的那句"这是条什么狗,这么吓人呀?"也要像前面各人承认犯错那样读出那种既惧怕又无奈的感觉,语速较匀,出声较顺,有种心存侥幸的"解脱"。

第三部分(最后一段)写作者自己对狗的惧怕,即"是非之地,不可久留",朗读时无须亢奋激越,凝重、讥讽的语气可让听者细细品味其深刻的含义。

语气色彩并非朗读者随心所欲的涂抹,它是语句内在的具体思想感情的显露,这体现在声音气息的变化上。因此,像《狗鼻子》这篇文章一样,声音气息的变化的把握非常重要。

柔弱的人
[俄]契诃夫

前几天,我曾把孩子的家庭教师尤丽娅·瓦西里耶夫娜请到我的办公室来。需要结算一下工钱。我对她说:"请坐,尤丽娅·瓦西里耶夫娜!让我们算算工钱吧。您也许要用钱,您太拘泥礼节,自己是不肯开口的……我们和您讲妥,每月三十卢布……"

"四十卢布……"

"不,三十,我这里有记载,我一向按三十付教师的工资的,您待了两月——"

"两月零五天。"

"整两月,我这里是这样记的。这就是说,应付您六十卢布,扣除九个星期日,实际上星期日您是不和柯里雅一块儿学习的,只不过游玩,还有三个节日。"

尤里娅·瓦西里耶夫娜骤然涨红了脸,牵动着衣襟,但一语不发。

"三个节日一并扣除,应扣十二卢布。柯里雅有病四天没学习,您只和瓦里雅一人学习,您牙痛三天,我内人准您午饭后歇假,十二加七得十九,扣除还剩,嗯,四十卢布,对吧?"

尤丽娅·瓦西里耶夫娜两眼发红,并且满眶湿润,下巴在颤抖。她神经质地咳嗽起来,擤了擤鼻涕,但一语不发!

"新年底,您打碎一个带底碟的配套茶杯。扣除两卢布,按理茶杯的价钱

文学作品朗诵艺术

还高,它是传家之宝,上帝保佑您,我们的财产到处丢失!尔后哪,由于您的疏忽,柯里雅爬树撕破礼服,扣除十卢布。女仆盗走瓦里雅皮鞋一双,也是出于您玩忽职守,您应对一切负责,您是拿工资的嘛,所以,也就是说,再扣除五卢布,一月九日您从我这里支取了九卢布——"

"我没支过!"尤里雅·瓦西里耶夫娜嗫嚅着。

"可我这里有记载!"

"那就算这样,也行。"

"四十一减二十七净得十四。"

两眼充满泪水,长而修美的小鼻子渗蓄汗珠。令人怜悯的小姑娘啊!她用颤抖的声音说道:"有一次我只从您夫人那里支取了三卢布,再没支过。"

"是吗?这么说,我这里漏记了!从十四卢布再扣除——呐,这是您的钱,最可爱的姑娘!三卢布,三卢布,又三卢布,一卢布再加一卢布。请收下吧!"我把十一卢布递给了她,她接过去,喃喃地说:"merci(法语:'谢谢')。"

我一跃而起,开始在屋内踱来踱去。憎恶使我不安起来。"为什么'谢谢'?"我问。

"为了给钱——"

"可是我洗劫了您,鬼晓得,这是抢劫!实际上我偷了您的钱,为什么还说'谢谢'?"

"在别处,根本一文不给。"

"不给?怪啦!我和您开玩笑,对您的教训是太残酷了。我要把您应得的八十卢布如数付给您!呐,事先已给您装好在信封里!可是何至于这样快快不快呢?为什么不抗议?为什么沉默不语?难道生在这个世界口笨嘴拙行吗?难道可以这样软弱吗?"

她苦笑了一下,而我却从她脸上的神态看出了答案,这就是"可以"。

我请她对我的残酷教训给予宽恕,接着把使她大为惊奇的八十卢布递给了她。她羞怯地点了一下数就走出去了,我看着她的背影,沉思着:"在这个世界上做个有权势的强者,原来如此轻而易举!"

【朗诵指导】

安东·巴甫洛维奇·契诃夫（1860—1904），俄国批判现实主义的杰出代表。小说代表作有《变色龙》《套中人》等。戏剧代表作有《樱桃园》等。艺术上，他不仅善于从日常生活中发现具有典型意义的人和事，而且还能从现实中抓住典型的出人意料的细节，活画人物形象。他的小说，人物鲜明；情节生动；结构紧凑，短小精悍；语言简练朴素，幽默明快，寓意深刻。在世界文学史上，与莫泊桑、欧·亨利齐名。

这是一篇讽刺小说，篇幅不长，但情节完整，人物鲜活，表达曲折生动，波澜起伏。朗诵时主要是通过具有个性化的人物语言展示主人公的心灵世界。

小说主人公之一是由"我"假扮的一个"有权势的强者"，虚伪、卑鄙、巧取豪夺，随心所欲地欺侮弱者，语言表达基调是气粗声重，语调阴沉，速度缓慢，语势多曲折。如下面一段话"是吗？这么说，我这里漏记了！从十四卢布再扣除——呐，这是您的钱，最可爱的姑娘！三卢布，三卢布，又三卢布，一卢布再加一卢布。请收下吧！"其中"是吗？"处理成上升调，加重音，接下来一句表达快捷，用兴奋感体现出"有权势的强者"爱钱如命的丑态；数钱处的朗诵要放慢速度，拖长音值，声音飘浮，充分展现其内心活动。

女教师尤丽娅·瓦西里耶夫娜是小说中的另一主人公，她性格柔弱，精神麻木，逆来顺受，朗诵时应语气轻柔，语调低缓，语流迟滞，语势平直，以此充分体现出步步忍让，没有主见，不求反抗的形象。如以下一段："她用颤抖的声音说道：'有一次我只从您夫人那里支取了三卢布，再没支过。'"朗诵时声量很小，速度很慢，欲说还休，并用颤音，显现出她"嗫嚅""喃喃"的语言特点。

另外，还有一个人物是作者"我"，他憎恨"有权势的强者"，同情女教师但对她的所作所为又忧急和不满，在表达"我"的语言时要激昂、沉稳、感情丰富。

文学作品朗诵艺术

穷人

[俄]托尔斯泰

　　渔夫的妻子桑娜坐在火炉旁补一张破帆。屋外寒风呼啸,汹涌澎湃的海浪拍击着海岸,溅起一阵阵浪花,海上正起着风暴,外面又黑又冷,在这间渔家的小屋里却温暖而舒适。地扫得干干净净,炉子里的火还没有熄,食具在隔板上闪闪发亮。在挂着白色帐子的床上,五个孩子正在海风呼啸声中安静地睡着。丈夫清早驾着小船出海,这时候还没有回来。桑娜听着波涛的轰鸣和狂风的怒吼,感到心惊肉跳。古老的钟嘶哑地敲了十下、十一下。始终不见丈夫回来。桑娜沉思着:丈夫不顾惜身体,冒着寒冷和风暴出去打鱼,她自己也从早到晚地干活,可是还只能勉强填饱肚子。孩子们没有鞋穿,不论冬夏都光着脚跑来跑去;吃的是黑面包,菜只有鱼。不过,感谢上帝,孩子们都还健康。没什么可抱怨的。桑娜倾听着风暴的声音,"他现在在哪儿?上帝啊,保佑他,救救他,开开恩吧!"她一面自言自语,一面画着十字。

　　睡觉还早,桑娜站起身,把一块很厚的围巾包在头上,点亮马灯,走出门去。她想看看灯塔上的灯是不是亮着,丈夫的小船能不能望见。可是海面上什么也看不见。风掀起她的围巾,卷着被刮断的什么东西敲打着邻居小屋的门,桑娜想起了她傍晚就想去探望的那个生病的女邻居。"没有一个人照顾她啊!"桑娜一边想,一边敲了敲门,她侧着耳朵听,没有人答应。

　　"寡妇的日子真困难啊!"桑娜站在门口想,"孩子虽然不算多,只有两个,可是全靠她一个人张罗,如今又加上病。唉,寡妇的日子真难过啊!进去看看吧!"

　　桑娜一次又一次地敲门,仍旧没有人答应。

　　"喂,西蒙!"桑娜喊了一声。心想,莫不是出什么事了?她猛地推开门。屋子里没有生炉子,又潮湿又阴冷。桑娜举起马灯,想看看病人在什么地方。首先投入眼帘的是对着门放着的一张床,床上仰面躺着她的女邻居。她一动不动,只有死人才是这副模样。桑娜把马灯举得更近一些。不错,是西蒙。她头往后仰着,冰冷发青的脸上显出死的宁静,一只苍白僵硬的手,像要抓住什么东西似的,从稻草铺上垂下来。就在这死去的母亲旁边,睡着两个很小的孩子,都是卷头发,胖脸蛋,身上盖着旧衣服,蜷缩着身子,两个浅黄头发的小脑袋紧紧地靠在一起。显然,母亲在临死的时候,拿自己的衣服盖在他们身上,还用旧头巾包住他们的小脚。孩子的呼吸均匀而平静,他们睡得又香又甜。

桑娜用头巾裹住睡着的孩子,把他们抱回家里。她的心跳得很厉害。她自己也不知道为什么要这样做,但是她觉得非这样做不可。

回到家里,她把两个熟睡的孩子放在床上,让他们同她自己的孩子睡在一起,又连忙把帐子拉好。她脸色苍白,神情激动。她忐忑不安地想:"他会说什么呢?这是闹着玩的吗?自己的五个孩子已经够他受的了,是他来啦?不,还没来!为什么把他们抱过来啊?他会揍我的!那也活该,我自作自受,嗯,揍我一顿也好!"

门"吱嘎"一声,仿佛有人进来了。桑娜一惊,从椅子上站起来。"不,没有人!上帝,我为什么要这样做?如今叫我怎么对他说呢?"桑娜沉思着,久久地坐在床前。

门突然开了,一股清新的海风冲进屋子。魁梧黧黑的渔夫拖着湿淋淋的撕破了的渔网,一边走进来一边说:"嘿,我回来啦,桑娜!""哦。是你!"桑娜站起来,不敢抬起眼睛看他。"瞧,这样的夜晚!真可怕!""是啊,是啊,天气坏透了!哦,鱼打得怎么样?"

"糟糕,真糟糕!什么也没有打到。还把网给撕破了。倒霉!倒霉!天气可真厉害!我简直记不起几时有过这样的夜晚了,还谈得上什么打鱼!谢谢上帝,总算活着回来啦。我不在,你在家里做些什么呢?"渔夫说着,把网拖进屋里,坐在炉子旁边。

"我?"桑娜脸色发白,说,"我嘛……缝缝补补……风吼得这么凶,真叫人害怕。我可替你担心呢!"

"是啊,是啊。"丈夫喃喃地说,"这天气真是活见鬼!可是你有什么办法呢!"

两个人沉默了一阵。

"你知道吗?"桑娜说,"咱们的邻居西蒙死了。"

"哦?什么时候?"

"我也不知道她什么时候死的,大概是昨天。唉!她死得好惨啊!两个孩子都在她身边,睡着了。他们那么小,一个还不会说话,另一个刚会爬。"桑娜沉默了。

渔夫皱起眉,他的脸变得严肃、忧虑。"嗯,是个问题!"他搔搔后脑勺说,"嗯,你看怎么办?得把他们抱来,同死人待在一起怎么行!哦,我们,我们总能熬过去的!快去!别等他们醒来。"

但桑娜坐着一动不动。

"你怎么啦?不愿意吗?你怎么啦,桑娜?"

"你瞧,他们在这里。"桑娜拉开了帐子。

——选自:舒静庐编著,《外国儿童文学名著欣赏》,安徽文艺出版社,2013年。

【朗诵指导】

《穷人》是俄国作家列夫·尼古拉耶维奇·托尔斯泰所创作的一部短篇小说,出版于1905年。小说描写了在一个浪涌风吼的夜晚,渔夫妻子桑娜在等候亲人归来时,出于善良和同情收留了邻居的两个孤儿,待渔夫归来,正和她的想法一致,作品精细地剖析了渔夫妻子桑娜的心理矛盾发展过程,表现出渔人夫妇宁可自己吃苦,克服困难,也要帮助邻居的高尚品质。

《穷人》结构严谨,层次分明;描写细腻,入情入理,真切感人。

朗诵的重点是着力表达桑娜的内心活动,体现出她的忐忑不安和矛盾心理,桑娜的高尚品德也就在这种不安和矛盾中逐渐显露出来。整篇文章宜用低沉、缓慢的语调。

第一部分包括两个自然段,写桑娜焦急地等待丈夫打鱼回来。朗诵这一段要着重表现恶劣的天气,说明渔民的贫苦。"小屋里却温暖而舒适"读来语气淡淡的,只不过是贫苦人家对生活的满足,并不是十分幸福的生活。桑娜等待丈夫的归来,心情是焦虑不安的,朗诵时应尽量把音调压低,带点沉重感,以烘托风雨夜的恐怖气氛,更好地衬托主人公的内心世界。穷人适应贫穷的生活习惯而且知足,读时语气中不应有抱怨成分,不需要过分悲伤。

第二部分写桑娜把西蒙的孩子抱回家里,应着重表达她果断的行动和矛盾不安的心理。桑娜牵挂出海打鱼的丈夫,来到了邻居家门口,这一切动作都是很自然的,宜用平静的语调、均匀的速度表达,并为发现西蒙的死的紧张作铺垫,"心想,莫不是出什么事了?她猛地推开门。"语速加快,预示着不幸的事要发生。接下来仍用紧张的语调读桑娜进屋以后看到的情景。西蒙死后的形象和两个孩子的睡态,语速减慢,语气里流露出同情与怜悯。她把孩子抱回家的举动是果断的,内心却是矛盾的。语调里应体现这种复杂的心理活动。桑娜抱孩子回家后,以为丈夫回来了,应形成感情起伏,语调先是惊恐紧张然后放松,把忐忑不安的心情表达得淋漓尽致。

第三部分写桑娜的丈夫回来后,桑娜如何吞吞吐吐地把西蒙的死和遗留两个孩子的事告诉丈夫。丈夫提出把两个孩子抱到自己家来。这一段要着重表达桑娜支支吾吾的语态和对丈夫的试探语气。渔夫一进门的话,先是抱怨语气,后是对妻子的关切。听了桑娜述说西蒙的死和两个孩子的事,他很快做出决定,表达应是十分肯定的,表现他宁可自家再苦一点儿也要抚养两个孩子的优秀品质。

聪明的法官

[德] 黑贝尔

并非所有发生在东方的事情都是蹊跷古怪的,咱们已经讲过了。下面的这个故事,据说也是出自东方:

一个有钱人,不小心把缝在一个布包里的一大笔钱丢了。他出了张失物启事,按照惯例答应给诚实的拾金者一笔酬劳,也就是说一百塔勒。不久,果然来了一位拾金不昧的人。"我拾到了您的钱。大概错不了!请您这就收回自己的财产吧!"他带着诚实无欺者所有的爽朗愉快表情说道,这可真美妙呵。另一位呢也眉开眼笑,可高兴的只是他得到了自己满以为已经丢失的钱。至于他是不是也诚实,我们马上便会见分晓。他一边数钱,一边赶紧盘算，想找个法儿赖掉自己答应给诚实的拾金者的一百塔勒。

"朋友，"他数完钱后说，"这包里缝着八百塔勒，现在却只剩七百了。看来准是您拆开了一条线缝，把您那一百塔勒的酬劳给取走了吧。没关系，没关系。我感谢您。"这可就不美妙喽。

不过，事情还没有完。常言道，诚实终不吃亏，奸刁反害自己。对那位拾金不昧的人来说，倒不在乎得不得一百塔勒，他重视的只是自己名誉的清白，因此保证说，他捡到钱包时就是这样，而且怎么捡到的，就怎么送来了。到后来，两人只好去见法官。可在法官面前，双方仍各持己见：一个说，他包里缝着八百塔勒；一个说，他从拾到的钱包中分文未取，压根儿就没有动过钱包。在这种情况下，办法可就不容易想啦。然而，聪明的法官似乎早已看出两人中一个胸怀坦荡，另一个心术不正，便做了如下的处置：他先让双方都对自己说的话作一个肯定而庄严的保证，然后便判决道："既然你们两人中一个丢了八百塔勒，另一个却只拾得一个装着七百塔勒的钱包，那么，据理推之，后者所拾钱包就不可能正是前者有权得到的钱包。因此，你，诚实的朋友，把你拾到的钱领回去好好保存起来，等有个掉了七百塔勒的人来认领再说吧。而这位先生呢，我则别无办法，只好请你耐心等待那个拾到你八百塔勒的人找上门来啦。"

法官这么说了，事情也就不了了之了。

——杨武能译

【朗诵指导】

弗里德里希·黑贝尔（1813—1863），德国剧作家。

《聪明的法官》是黑贝尔的一篇幽默小说，文章短小，却隐含着深刻的道理：贪小利者必失大利。

看幽默小说，如同站在人生的哈哈镜前，如同走进生活戏剧的后台，你会发现形象的变态、关系的错位、轻巧的讽刺，对自己的调侃和开涮、对苦旅的嘲讽和慰勉、对生活的莫名苦笑、对现状的无可奈何，有高兴时的洋相、失败时的窘境，等等，要确切地表达出这些情感，表现其幽默，就要充分运用朗读技巧。

这篇文章大部分是人物对话,朗读时,要注意把它和事情发展的叙述相区别。

叙述部分,要根据情节的要求读出所必需的情感。例如开头部分,语气要轻柔、平缓,徐徐道来,引人入胜。第二段结尾是作者正面发表议论,朗读应明显地表示自己对有钱人的鄙视、否定。"他一边数钱,一边赶紧盘算,想找个法儿赖掉自己答应给诚实的拾金者的一百塔勒",朗读这句话时,力求形象、有动作感,使人想象出有钱人那"丑陋"的形态。

文章由叙述和对话两部分组成,读对话时要分别读出人物的不同语气。但千万不要改变自己的音色,机械地去模仿,这样只会给人矫揉造作的感觉。法官判决的声音要低沉,稍重而慢、严肃肯定,表现法官的威严,有钱人的话要较前者扬起一些,稍轻而快,读得自负,表现出自以为是、不可一世的态度。拾钱人的话读得轻缓、厚实,表现出他的老实,诚实待人的态度。

这篇小说由有钱人与拾钱人产生矛盾,拜谒法官两个情节组成,朗读时要读出情节的生动性,注意重音字(词)的读法与区别。第三段是情节的转折点,朗读时要注意体现出有钱人奸诈的神情。第四段是拜谒法官,要表达出各种人物的情感变化过程,为故事发展推波助澜,两人争先向法官诉说,语气应激烈、高昂,表现出紧张场面。朗读过程中还可充分配合各种态势语言,使人物形象活灵活现,充分表现其幽默性。

上将与下士

乔治·华盛顿是美利坚合众国的第一任总统,就是他领导美国人民为了自由、为了独立浴血奋战,赶走了统治者。

乔治·华盛顿是个伟人,但并非后来人所想象的,他专做伟大的事,把不伟大的事都留给不伟大的人去做。实际上,他若在你面前,你会觉得他普通得就和你一样,一样的诚实、一样的热情、一样的与人为善。

有一天,他身穿没膝的大衣,独自一人走出营房。他所遇到的士兵,没一个认出他。在一处,他看到一个下士领着手下的士兵筑街垒。

文学作品朗诵艺术

"加把劲!"那个下士对抬着巨大水泥块的士兵们喊道:"一、二,加把劲!"但是,那下士自己的双手连石块都不碰一下。因为石块很重,士兵们一直没能把它放到位置上,下士又喊:"一、二,加把劲!"但是士兵们还是不能把石块放到位置上。他们的力气几乎用尽,石块就要滚落下来。

这时,华盛顿已经疾步跑到跟前,用他强劲的臂膀顶住石块。这一援助很及时,石块终于放到了位置上。士兵们转过身,拥抱华盛顿,表示感谢。

"你为什么光喊加把劲而让自己的手放在衣袋里呢?"华盛顿问那下士。

"你问我?难道你看不出我是这里的下士吗?"

"哦,这倒是真的!"华盛顿说着,解开大衣纽扣,向这位鼻孔朝天,背绞双手的下士露出他的军服。"按衣服看,我是上将。不过,下次再抬重东西时,你就叫上我!"

你可以想象,那位下士看到站在自己面前的是华盛顿本人,是多么羞愧。

——摘自:《青年文摘》,1993年第2期,刘云喜译。

【朗诵指导】

从这篇文章中我们可以看出伟人乔治·华盛顿尊重他人,处处以身作则的优秀品质。文章语气较为平实,感情起伏不大,朗读时应把握语气柔缓、声音柔和的特色,充分表达对伟人的敬爱之情。

文章分为两部分,第一部分(第1~2段),概述华盛顿的身份、品质,以缓慢语速、下抑语调读出,"自由独立""浴血奋战"等词应当重读。

第二部分(第3~9段),其中第3、4段以轻快的叙述语气读出,对下士的话语要把握住鲁莽与傲慢的基调;华盛顿的出场应以较快的语速读出,表现出事情的紧急;华盛顿与下士的对话速度较慢,亲切随和,下士的回答用上扬调,其中:"你问我?"一字一顿,表现出下士的惊讶和无礼。

文章的最后一段总结了主题:伟大的人应当尊重他人。其中"你可以想象……"一句要气足声满,表现出欣喜之情,最后一句含义深刻,应以低缓的语气、重音读出,表现出深深的思索,饱含对华盛顿的赞扬以及对下士的鄙薄之意。

第九章　童话、寓言的朗诵

一、童话、寓言的文学特征与类型

童话是带有浓厚幻想的民间故事。早在原始社会末期就开始出现，阶级社会又继续发展。原始社会的童话主要反映了原始社会人们的生活、信念和习惯，成为原始人对儿童进行教育的教材。到了阶级社会，这些童话则多是通过幻想来表达被压迫、被剥削阶级的心愿。童话一般都是歌颂勤劳勇敢、正直善良、诚实朴素的劳动者，而谴责那些好吃懒做、贪得无厌、奸诈狡猾的人，通过幻想前者得到好的结局，而后者没有好下场来达到教育儿童的目的。

童话的艺术特征首先表现在其幻想性与象征性。大千世界，包罗万象，人物、动物、景物事物都可以进入童话世界，成为童话里的主人公。作者把人们引入广阔无垠而又闪耀着奇光异彩的童话世界，使之受到强烈的艺术感染。其次，表现在童话的艺术美感和诗意情境中，民间童话之所以世世代代为人们所喜爱，在于它将虚幻和真实、单纯和丰富、哲理和诗情巧妙地融合在一起，表现出一种特殊的艺术魅力。这源于童话故事里的幻想和实际的结合，不外乎两种方式的运用：或者是叙述普通人因某种机遇进入幻想境界，生出美妙故事；或者是让那些神奇角色闯入人类世界，创造出种种奇迹。

童话从篇幅分，有中、长篇和短篇两种；从国别上分，有中国童话和外国童话；从时间上分，有历史童话和现实童话。

寓言是指用生动有趣的小故事来阐发哲理、寄托教训，以发人深思的一种文学样式。寓言实际上是一种形象性的比喻，借此喻彼，借远喻近，借古喻今，借小喻大，言在此而意在彼，使得抽象深奥的道理从具体浅显的故事中体现出来。而且比喻中常常带有讽刺意味，因此，人们又称它是一种"短小的讽喻故事"。

寓言作为一种特殊的文学样式有其独特的艺术特征：首先是比喻形象，寓言作者往往从社会实践中获得一定的哲理概念之后，再寻求一种具体生动的故事形象，以印证概念，加强概念的说服力，它所采用的是从"一般"中寻取"个别"，其中的角色与故事情节是为了说明概念所设的比喻。其次是情节生动。寓言常常就是一个个小故事，它由片段情节甚至可以由一个场面构成，寓意一经点明，叙述即告结束，叙述情节简明扼要，不求情节离奇曲折。另外题材广泛。寓言的题材来源很广，神话、传说以及一般民间故事均可转化成为寓言，寓言同这些口头散文故事有着复杂的交叉转化关系，这也是它很突出的一个特征。

寓言的类型就主人公角色而言，可分为拟人的动物和其他自然物体为角色所编成的故事及人物故事两大类，我们可以把它们叫作动物寓言和人物寓言。从内容主题方面分，包括正面劝喻和反面讽喻两种。

二、童话的朗诵方法

童话是用符合儿童想象力的情节而编织成的富于幻想色彩的故事，它语言浅显，生动优美，情节吸引人，虚构成分多，是作者想象的产物，具有鲜明的教育意义与启迪作用。朗诵时语调要张扬，表达生动，充分展示情节的戏剧性。具体说来注意三点：

1. 夸张形象、个性

童话作品的情感倾向很鲜明，就是赞颂真、善、美，鞭挞假、丑、恶，作品中好人与坏人泾渭分明，一看便知，好人总是历经磨难，最后完成自己的使命，实现了自己的理想，惩治了坏人；坏人虽然能一时得逞，但最终逃不出被打败的下场。朗诵时要有鲜明的爱憎感情，适度地夸张，以刻画形象，表现故事的情节。如童话《神笔马良》有一处描写财主贪财的情节，当马良画出一座水中金山时，财主渴望得到金山，要马良画船并将风画大点，财主叫嚷道:"风大点,风大点。"朗诵财主的话可用破嗓音,变化音色并拖长音值,这样可以充分展示财主贪婪的丑态。

2. 充满童心童趣

童话是孩子们的精神食粮,它用儿童的口吻叙述故事,生动、有趣的情节很适合儿童的需求,浅显明白的道理又被儿童理解和接受。朗诵时,要从儿童的接受心理和理解心理出发。要符合儿童的兴趣,在音声造型方面要轻柔、徐缓,适度儿童口语化,但要注意,不可刻意去模仿作品中的"人物"的言行举止去"演",要从语气、语调、停连和节奏方面去进行技巧处理。

3. 分清叙述语言和人物语言

叙述语言是指作品中客观地介绍、描绘性的语言。它们主要体现故事脉络、情节的发展,叙述语言要读得平稳清晰,语速稍慢,语调略低。人物语言是指作品中的人物(包括拟人化的动植物等)语言,它主要是展示人物的性格特点,人物语言表达要有特点,按人物的个性特征进行表达。

4. 读好重点语句

童话虽短,但其中有些重点词句很好地揭示了主题,表明了寓意,朗诵时要严肃、郑重。开头句,要定好基调,结尾处要有力、肯定,给人一种归结全文的感觉。

三、寓言的朗诵方法

朗诵寓言要注意以下三点:

1. 形象立体化

寓言的形象一般不是人,但他们是人格化的形象,代表着现实中不同性格、不用思想的人。朗诵寓言,首先要分析揣摩作品中的人物形象,男女有差别,年龄有长幼,身份有尊卑,这样才能运用不同的朗诵技巧,或褒或贬,或赞扬或批评,或讽刺或嘲笑,就心中有数了。如寓言《揠苗助长》的主人公是一位主观性急、头脑发热、违背客观规律的人,朗诵时可以用较高的声音、急促的语气来表达。朗诵寓言,要对所读作品产生强烈、浓厚的兴趣,展开丰富想象,然后通过语言、表演把它们生动地刻画出来。在朗诵寓言中描述各种动物的声音、神态、动作的语句时,要求神似,不可太夸张,表演色彩不能太过。因为寓言采取的是拟人化手法,即让没有思想的各种动物带上人的特性,是动物的人格化,所以不能把人装扮成动物,否则,会产生图解式效果,破坏真实性。

2. 表达个性化

寓言作为一种文学作品,形象很鲜明,而展示形象性格特点的主要方法是人物语言,朗诵时应让人物语言带上鲜明的个性,这自然增加了朗诵的难度。因为,作品中人物的对话表现出来的情感态度是丰富多彩的,其中既有"喜怒哀乐""爱憎好恶"和"忧惧疑奇"的情感体现,又有"冷热亲疏""褒贬毁誉"的态度分寸,还有"强弱深浅"的程度区别,要表现这些复杂的区别,朗诵者必须借助语流声音的高低强弱、明暗虚实和刚柔粗细等技巧处理,用千变万化的语气来表现。

3. 寓意明朗化

寓言的寓意是指作品通过故事以寄托的深刻含义,或所说明的道理,即作品的主题思想。如《农夫和蛇》这则寓言的寓意是通过农夫同情、可怜毒蛇而被毒蛇咬死的故事,告诫人们不要同情恶人。朗诵时节奏要平稳缓慢,声音要沉重。作品的寓意与作品的情感基调是相连的,因此在朗诵时,要找到文章的主要细节,因为往往是这些细节哪怕是一个动作、一种神态,都对"引出寓意"有关键作用,朗诵时要重点体现。另外,绝大部分寓言有直接点明寓意的句子,朗诵这些画龙点睛的语句时要放慢速度,吐字沉稳,一字一情,表达到位。

四、童话、寓言文本朗诵指导

小公鸡学吹喇叭

黄衣青

一只小公鸡,想学吹喇叭。他走去问啄木鸟:"啄木鸟,请你告诉我,谁会教我吹喇叭?"啄木鸟告诉他,在山的那一边,有只大公鸡,他很会吹喇叭。当他吹第一遍时,村子里的公鸡就跟他一起吹起来了。当他吹第二遍时,太阳出来了,照亮了美丽的山河。当他吹第三遍时,小朋友们哼着歌,快活地上学去了。

小公鸡决定去找大公鸡。

天一亮,小公鸡就背起喇叭上路了。他跳过大大小小的田沟,走过独木桥,翻过一座小山,看见一间茅屋,找到了大公鸡,就对他说:"大公鸡,大公鸡,我要学吹喇叭,请你教我好不好?"大公鸡拍着翅膀,摇摇头说:"小公鸡,你来得太迟了,我已经吹过第三遍,你明天再来吧!"小公鸡只好回去了。

第二天,小公鸡比太阳起得早,他背起喇叭上路。他跳过大大小小的田沟,走过独木桥,翻过一座小山,看见一间茅屋,找到了大公鸡,就对他说:"大公鸡,大公鸡,今天你教我吹喇叭,好不好?"大公鸡拍着翅膀,摇摇头说:"小公鸡,你来得太迟了,我已经吹过第二遍,你明天再来吧!"小公鸡只好回去了。

第三天,天还没有亮,小公鸡就起来了,他背起喇叭上路。他跳过大大小小的田沟,走过独木桥,翻过一座小山,看见一间茅屋,找到了大公鸡,就对他说:"大公鸡,大公鸡,今天你教我吹喇叭,好不好?"大公鸡拍着翅膀,点点头说:"好啊!好啊!你学习的决心很大,我一定好好地教你!"

大公鸡教他吹第一遍时,声音很响亮,吹得整个村子的公鸡都听见了,就跟着一起吹起来。大公鸡教他吹第二遍时,声音很清脆,告诉人们,太阳升起来了。大公鸡教他吹第三遍时,声音动听,欢送小朋友上学去。

小公鸡学好就回家了。

第二天,小公鸡一起身就忙着拿起喇叭吹。他吹了第一遍,村里的公鸡,没有一只跟他一起吹。他吹了第二遍,太阳老早来了,高高地挂在树梢上。他吹了第三遍,小朋友们都已经去上学了。

啄木鸟看见了,对他说:"你学习的时候没有仔细地听,就学不好了。"小公鸡说:"对,对,是我没有仔细地听。这一次,我一定要学好了才回来!"

文学作品朗诵艺术

　　小公鸡又背起喇叭上路了。他跳过大大小小的田沟，走过独木桥，翻过一座小山，看见一间茅屋，找到了大公鸡，就对他说："大公鸡，大公鸡，我上次来学吹喇叭，没有仔细地听，学得不好，请你再教我一次好不好？"大公鸡再一次教他："吹第一遍时，声音要响亮，村子里的公鸡就会跟着一起吹起来。吹第二遍时，声音要清脆，让人们知道太阳已经升起来了。吹第三遍时，声音要动听，这才会使小朋友喜欢听你唱歌。"

　　小公鸡仔细地听，牢牢地记住大公鸡的话，回去后练了又练。几天以后，他喇叭吹得可好啦！当他吹第一遍时，村子里的公鸡就跟他一起吹起来了。当他吹第二遍时，太阳出来了，照亮了美丽的山河。当他吹第三遍时，小朋友们哼着歌，快乐地上学去了。

　　啄木鸟和许多别的鸟儿们，为了小公鸡学好了吹喇叭，都高兴地飞舞起来。

【朗诵指导】

　　这是一篇针对儿童的寓教于乐的童话故事，作者以轻快的笔调，朗朗上口、通俗易懂的语句描写了一个集娱乐学习于一体的故事，让孩子们在轻轻松松听故事之余，受到教育与启发。

　　文章告诉小朋友无论做什么事都要有决心和恒心，要不怕苦和不怕累。朗读时要始终保持轻松愉快的心情，语气轻柔舒缓，声音清亮是读好这篇文章的关键。

　　文章讲述了小公鸡四次重复学吹喇叭的经过，四次重复节奏的变化一次比一次强，在这不断加强的变化之中，刻画了小公鸡坚持到底、一心想学好吹喇叭的决心，朗读时要读出起伏层次感。一开始应清晰交代故事的起因，当描述第一次小公鸡去找大公鸡时，语气要轻松、舒缓，具体动作的动词如"跳""走""翻"要重读，以突出小公鸡的决心和勇气。接下来的两次重复中，声音逐渐提高，节奏稍稍加快。

　　此外要把握好小公鸡第一次和第二次吹喇叭时村里的公鸡、太阳和小朋友们的反应的区别，并进行比较，要运用不同的语气来朗读。

表现小公鸡没学好之前在村里吹喇叭那段，语调下降或平直，停顿稍多，并带有一种沮丧失望的神情；当小公鸡学好后，可使用上扬的语调，声音清亮，心情愉快，与前面形成反差。

小青蛙打老狼

姜玉璋

树林里来了一只老狼，三角脑袋，一双眼睛闪着绿光，又长又尖的嘴巴里，拖着一条血红的大舌头，那样子又凶又丑。

从老狼来了以后，小青蛙再也看不见好朋友小白兔和小松鼠了，再也不能跟他们一起玩了。他在池塘里躲了几天，怎么也憋不住了，心想："多快乐的一个树林，老狼一来，害得大伙逃的逃、藏的藏，动也不敢动。他凭什么欺负我们？我们得想法儿打死他。对！对！想法儿打死他！"

小青蛙真的想了一个好办法。他悄悄儿找到小松鼠，让小松鼠去叫伙伴们来一起打狼。

这天，小青蛙趴在草地上，使劲地叫着："呱呱，咕咕咕，呱咕呱咕，呱咕咕！"老狼已经饿了几天了，听见小青蛙在叫，连忙奔了过来。他一见小青蛙，龇牙咧嘴地就嚷起来："你喊得好，我老狼正找不着东西吃，先把你吞了垫垫肚子！"老狼说着就朝小青蛙一扑，小青蛙一蹦，蹦到一边去了。老狼转身又一扑，小青蛙一跳，跳到另外一边去了。老狼瞅准了，猛地朝前一扑，这回小青蛙蹦到他身后头去了。

老狼心想：这小家伙倒挺机灵，我得想办法骗他，让他自己送到我嘴边来。老狼装着一副笑脸，说："好啊，小青蛙，看不出你有这样的本事，可是，你光会跳远，不会跳高啊。要是你能跳高，我老狼就服了你了！"小青蛙一听，就知道老狼想了什么坏主意了。他不慌不忙地问："你说说，跳多高才算啊？""嗯，这样吧！我坐在这儿，仰着头，你要能一下跳到我的鼻子尖上，就算你有本领了。"小青蛙心想：大坏蛋！你想让我往你嘴里送啊？他想了想，就说："好吧，老狼，你坐好，我要跳啦！"老狼坐在地上，仰着头，心里说："傻青蛙，你没命啦！等你跳到我鼻子尖上，我一晃，你准得掉到我的嘴里！"哪知道，小青蛙往上蹦，没蹦到老狼的鼻子尖上，偏偏落在老狼的右眼上。老狼心想："好个滑头的家伙，你跳到我的眼睛上，我也不放过你！"老狼飞快地伸出一只爪子，朝右眼睛上猛一抓。小青蛙早就防着了，还没等老狼的爪子伸到跟前，他蹬的一下，跳开了。老狼只顾使劲抓，没抓着小青蛙，倒把自己的右眼珠给抓破了，血流了一脸，疼得他嗷嗷直叫。这时候，小青蛙又跳到老狼的尾巴上了。老狼气得回头朝小青蛙就是一口，好！这一口没咬着小青蛙，倒把自己的尾巴咬掉了一截。小青蛙又一跳，跳到老狼的左眼上，老狼又气又恨，赶紧伸爪子，朝左眼狠狠一抓，哈哈，没抓着小青蛙，又把左眼睛抓瞎了。

就在这时候，小松鼠和小白兔，还有小猴、小鹿、小刺猬全起来了。他们一看，老狼叫小青蛙打得瞎了眼睛，又秃了尾巴，别提有多高兴了！小松鼠在树上，拿着松球直往老狼的头上扔，小白兔呢，抓了一把土，撒到老狼抓破了的眼珠子上，蜇得老狼直晃脑袋。

小青蛙在一边乐得又笑又唱：

呱呱呱，咕咕咕，

尖嘴老狼气鼓鼓！

秃了尾巴瞎了眼，

呱咕呱咕气鼓鼓！

老狼一听，气疯啦！恨不得马上把小青蛙抓住嚼烂了。可他眼睛瞎了，什么也看不见，小青蛙在哪儿呀！他就听着声儿朝小青蛙扑过去。小青蛙不慌不忙，使劲一蹦，跳到水池子里的一张大荷叶上，冲着老狼又唱起来。

老狼气得大吼一声，朝着小青蛙那儿一扑，只听见扑通一声，老狼掉到水里去了，咕嘟咕嘟，灌了一肚子水，再也上不来了。

——根据姜玉璋同名童话改编

【朗诵指导】

童话故事是适合儿童、为儿童所喜闻乐见的一种文学形式，它常以拟人化的手法来描写事物，从而揭示出一个易为儿童接受的道理，达到"人"性与"物"性的统一。《小青蛙打老狼》以充满幻想和极度夸张的表现手法，塑造了机智的小青蛙和狡黠的老狼的形象。从而告诉小朋友：样样事情都要开动脑筋，用智慧去处理事情。

全文较多采用对话的形式来展现小青蛙和老狼各自的性格特点，因此，"以声音塑造形象"是朗读的关键。

音色是声音的个性和特色，不同的音色可以塑造不同的形象。音色的处理要在理解作品主人公的基础上，在语调和语气变化上作必要的加工。在朗读小青蛙的语言时，尽量使语气清脆，要做到这点，要注意吐字发音往外送时，嘴唇绷得紧些，用力些，声音就显得稚气；发音节奏也可以稍快一些，但要根据情节的变化随时调整。另外，体现主人公性格特色的字词，要着重把握，要读出小青蛙的那种机智和娇宠天真的神气。

与小青蛙不同，老狼的声音处理则应显得深沉浑厚得多。要做到这点，注意让发音共鸣部位压低些，靠里些，在读老狼的话时，语气则要稍显急促一些，这样才可显出老狼急不可待的神态来。在尾音的处理上，注意要把声音压得低沉一些，收音稍慢。

总之，朗读小青蛙的清脆，要高而不尖；朗读老狼的狡黠，要低而不浊，唯其如此，才能更鲜明地表达主人公的形象特点，让人有身临其境之感。

猴吃西瓜

猴王找到个大西瓜，可是怎么吃呢？这个猴儿啊是从来也没吃过西瓜的。忽然他想出一条妙计，于是就把所有的猴儿都召集来了，对大家说："今天我找到一个大西瓜，这个西瓜的吃法嘛，我是全知道的，不过我要考验一下你们的智慧，看你们谁能说出西瓜的吃法，要是说对了，可以多赏他一份；要是说错了，我可要惩罚它！"小毛猴儿一听，搔了搔腮说："我知道，吃西瓜是吃瓤儿！"猴王刚想同意。"不对，我不同意小毛猴儿的意见！"一个短尾巴猴儿说，"我清清楚楚地记得，我和我爸爸到我姑妈家去的时候，吃过甜瓜，吃甜瓜是吃皮，我想西瓜是瓜，甜瓜也是瓜，当然该吃皮啦！"大家一听，有道理，可到底谁对呢，于是都不由把眼光集中到一只老猴儿身上，老猴一看，觉得出头露面的机会来了，就清了清嗓子说道："吃西瓜嘛，当然……是吃皮啦，我从小就吃西瓜，而且一直是吃皮。我想我之所以老而不死，也正是由于吃了西瓜皮的缘故！"

有些猴儿早等急了，一听老猴儿也这么说，就跟着嚷起来，"对，吃西瓜吃皮！""吃西瓜吃皮！"猴王一看，认为已经找到了正确的答案，就向前跨了一步，开言道："对！大家说得都对，吃西瓜是吃皮！哼，就小毛猴儿崽子说吃西瓜是吃瓢儿，那就叫他一个人吃，咱们大家都吃西瓜皮！"于是西瓜被一切两半，小毛猴儿吃瓢儿，大伙儿共分西瓜皮。

【朗诵指导】

这是一篇寓言故事，它深刻地嘲讽了那些不懂装懂、说假话、说空话、说大话，万事想当然的人。朗诵这篇寓言，主要要把握个性、身份、年龄等迥然不同的人物形象，通过不同的音色赋予不同角色生命力，使这些人物在听众面前"站立"起来。

猴王威严、狂妄，说话时语调高扬，语速慢挺，嗓音粗重；小毛猴儿天真无邪，无所顾忌，说话时语速急快，声音略高，可用假声；短尾巴猴因循守旧，不懂装懂，说话时可以假想成口吃，越想讲越讲不好；老毛猴儿老态龙钟，倚老卖老，说话时慢慢吞吞，有气无力，可运用长久停顿、咳嗽等技巧表达。体现这些人物对话时，要自然、真切，正确展示不同人物的心理状态，不可照本宣科地"念"，也没必要手舞足蹈地"演"。

寓言中，还有叙述性语言，朗诵时可用表达者的本质音色，但要和人物对话有区别，并且要依据文中的内容、情感而有所变化。

美丽的女郎欧罗巴

［德］斯威布

美丽的女郎欧罗巴是阿革诺耳国王的女儿，她深居在父亲的宫殿里。

那些和欧罗巴同年龄的贵族家庭里的女儿们，总喜欢聚集在欧罗巴的周围，陪着欧罗巴散步、歌舞和祀神。她们带着欧罗巴来到海边的草地上，欣赏着盛开的花朵，倾听着温柔的浪花声。正当女郎们欢乐地唱着歌，编织着花篮的当儿，昨夜的梦闯进了欧罗巴无忧无虑的少女心理。

原来，欧罗巴在头天夜里做了一个奇异的梦：两块大陆变成了两个妇女，争吵着要占有欧罗巴。一个妇女便是亚细亚——外表和动作都和自己的女同乡一模一样；另一个妇女有着异国人的风度，争吵的结果是欧罗巴被异国妇女占有了，异国妇女对她说："跟我来吧，我的小情人哟，我将带你到宙斯那里去，命运女神指定你为他的情人。"

宙斯，这克洛诺斯之子，被爱神阿佛洛狄忒的金箭射中了，在诸神中只有爱神可以制服宙斯。宙斯被年轻的欧罗巴的美貌打动了心，但由于畏惧嫉妒的妻子赫拉的愤怒，并且如果以他自己的形象出现，很难诱惑这位纯洁的女郎。宙斯想出了一条诡计，使自己变形成一头牡牛。

这头牡牛高贵而华丽，他的身体是金黄色的，他的两只角细长而美丽，比珠宝还透明，亮蓝的眼睛不住地转动，像燃烧着的爱情的火焰。

牡牛走到这群女郎中间，他变得那么驯良。欧罗巴非常喜欢这头牡牛，拿芬芳的玫瑰花放在他的嘴唇上，牡牛亲昵地舔着花朵，舔着那只爱抚他拍着他的美丽的手，渐渐地这牡牛使欧罗巴更着迷了，她大着胆子骑上了牡牛宽阔的背。

当牡牛如愿以偿达到了自己的目的，便从地上跃起，像飞马一样奔出了草地，跳进了大海。这牡牛在海上行走，没有一滴水弄湿欧罗巴。

最后，他们到了一块陆地，牡牛让欧罗巴从背上滑下来。

于是，牡牛消失了，站在欧罗巴面前的是一个美男子。美男子告诉欧罗巴，他就是这陆地的统治者，并愿意保护她，只要她成为他的妻子。在忧愁和寂寞中，欧罗巴同意了，宙斯达到了自己的愿望。

但是，欧罗巴离家出走，似乎听到了父亲的诅咒，她感到只有死才能结束自己给父亲带来的羞耻。

正在这时，欧罗巴突然听到了谁在说话。回头一看，那儿闪着非凡的光辉，站着的正是爱神阿佛洛狄忒。

爱神对欧罗巴说："平静你的愤怒吧！在你父亲宫殿里托梦给你的便是

我。欧罗巴哟,你被一个神带走,你命里注定要做宙斯在人间的妻子!你的名字将是不朽的。"

从此,这块居住着美丽女郎的大陆被命名为欧罗巴,就是现在的欧洲。

【朗诵指导】

古斯塔夫·斯威布(1792—1850),德国著名的浪漫主义诗人。《美丽的女郎欧罗巴》是斯威布的佳作,文章通过一个美丽动人的爱情故事叙述了欧洲的来历。朗诵时,语气语调要随着主人公的情感起伏而变化,让听众听来不显单调、不缺乏真情实感。

首先,朗诵者应捕捉感受,进入作品展示的规定情景。譬如表达主人公欧罗巴居住在父亲给她准备的宫殿里,有鲜花香草好友相伴时,朗诵者也要充分领悟这种感觉,朗诵时语气要饱满,声音要亮丽,以此表达欧罗巴幸福快乐之情。欧罗巴情窦初开,一个甜美的梦,使她冲脱世俗的禁锢,不顾一切地追求爱情,宙斯化身牡牛,美丽无比,使欧罗巴对牡牛充满了无比热爱之情。朗诵这些段落时,宜用激昂的语调,以引导听众与主人公共欢乐,同喜悦。

其次,必须深入分析主人公的所处情境,以声传情。如当美丽的宙斯告诉欧罗巴一切时,可以用气少声淡的语气,来突出欧罗巴的忧愁和寂寞。而当欧罗巴远离父亲,想以死来"洗却"给父亲带来的"羞辱"时,音量变小,速度减慢,以表现出欧罗巴所处的情境,让人感受到她那焦急、沉痛的心情。

朗诵目的在于情感导引,如果听众能乐主人公之乐,忧主人公之忧,表达即告成功。

点金术

[美] 霍桑

有个很有钱的国王,名叫美戴斯。他有一个美丽的公王,叫金玛丽。美戴斯国王最喜爱金子,爱金子胜过世上的任何东西。他的黄金宝库里藏满了金子,每天都要去看一看,摸一摸。他认为这才是人生最大的幸福。

有一天，国王正在宝库中察看，忽然看见一个影子落在一堆金子上。他抬头一望，仿佛看到一个陌生人的形象。这人的笑容里含有一种金色的光芒，国王感到他一定不凡。这人四面打量了一下宝库，然后对国王说："你藏有这么多金子，算得上是世界上最富有的人了。"

国王回答说："我的黄金不算多，我希望自己所摸到的一切东西都变成金子才好。"

陌生人说："噢，你想要点金术吗？我可以满足你。不过你有了点金术后，该要后悔的。"

"为了能有更多的金子，我决不后悔！"国王说。

"那就满足你的愿望吧，"陌生人说，"明天日出时，你就会掌握点金术了。"

陌生人说完，身影闪出一道金黄色的亮光，不见了。国王睁开眼睛环顾房内，只看见一道金色的阳光，照在黄金上闪闪发光。他怀着极其兴奋的心情离开了宝库。

早晨，天渐渐亮了，一道阳光照进寝宫，国王觉得这金色的阳光在白色的床单上反射出奇特的金光来。他仔细一看，床单已经变成又纯又亮的金子了。国王知道自己已掌握了点金术，高兴得满屋子奔跑。他碰到什么东西就点什么东西，他抓住一根床柱，床柱立刻就变成了金柱子。他从书架上取下一本书，手刚一碰，书就变成了一捆金片。他拿起衣服刚穿上，衣服就变成了金衣服。国王从口袋里掏出眼镜刚戴上，镜片也变成金的了，但是眼前却一片漆黑，什么也看不见。国王心想："这算不了什么，要想得到更多的黄金，只有委屈一下了。"

国王又来到花园里，只见满园盛开着玫瑰花。国王在花丛中走来走去，毫不疲倦地使用着点金术。这样，他就把每株玫瑰的枝叶、花朵甚至连偶尔跑来的虫子都变成金的了。

国王回到王宫，与女儿一起吃早饭。饭桌上放着面包、咖啡和烤鱼。国王倒了一杯咖啡给女儿，女儿刚接过来，杯子却变成金的了。国王拿起面前的杯子喝咖啡，嘴唇刚触到咖啡，咖啡顿时变成了金液，随即就硬化成一块黄金。国王看到了这种情景，心里也惊恐起来，他顺手取了一块面包，面包也变成了一块金子。国王无奈，只好去拿烤鱼吃，自然烤鱼也变成金子了。

　　国王见女儿在津津有味地吃着面包和咖啡，就走过去抚摸着女儿，他本想让女儿拿点东西给自己吃，谁知他心爱的女儿也变成一尊金像了。国王见情形不妙，便发疯似的大声喊道："陌生人，快来呀！快来救救我和女儿吧！"随着喊声，陌生人很快就出现在国王面前。他问国王道："点金术一定给你带来很多财富吧？"国王惭愧地说："现在我才真正明白，金子并不是世界上最宝贵的东西，请将点金术给我解除吧！"陌生人严肃地说："美戴斯国王，好在你的心还没有完全由血肉变成金子，否则就无药可救了。现在你快跳进花园旁的那条小河，从河里装一瓶净水，把水洒在你变过的东西上，如果你能真诚地去做，就可以补救这场灾难。"

　　国王听了，赶快跑到河边，连鞋袜也来不及脱去，就纵身跳进河里，想尽快地把点金术冲洗掉。他带了一瓶河水跑回王宫，将水洒向心爱的女儿，于是，公主又恢复了原来美丽的模样，国王拥抱着女儿说："孩子，是爸爸害了你。从今以后，我再也不要什么点金术了。"

【朗诵指导】

　　霍桑是美国著名的童话作家，他的作品深受读者喜爱，尤其是他的《点金术》，众口皆碑，流传久远。

　　文章第一段，作者介绍了故事发生的背景，朗诵时宜语速中等，语调平缓。主人公是国王，因此，对国王思想情感和心理活动的变化要重点把握。如当国王回答说"我的黄金不算多，我希望自己所摸到的一切东西都变成金子才好"时，应着重表达国王对黄金的渴求心理，语气贪婪急迫；在国王得到点金术后，其心理得到了满足，激动喜悦之情溢于言表，语速应随之加快、急促。但有时要有变化，如适当之时因为高兴可将语速放慢，如在第八段中，"这算不了什么，要想得到更多的黄金，只有委屈一下了。"最后，当国王发现"点金术"的弊端时，那种无助、悲恸和无可奈何的心理得以展示，此时的语调应尽量放低沉，语速减慢；末了，国王懊悔，知错就改，朗诵时要真情发自内心，对女儿的低语应尽量体现出父爱情深。

这篇童话通俗易懂，人物的心理感情跌宕起伏，但从整体上说语调应以平和为主，这是建立在通篇童话是以叙述及心理活动为主的条件之上的。

鹰 歌

[苏联]高尔基

蛇高高地爬到山里去，躺在潮湿的山谷里，盘成一圈，望着海。

太阳高高地在天空中照耀着，群山向天空中喷出热气，波浪在下面冲击着石头……

沿着山谷，在黑暗中，在飞沫里，山泉轰隆隆地冲击着石头，迎着大海奔腾而去……

雪白的、激烈的山泉完全浸在泡沫里，它切开山岭，怒吼着，倒入海去。

忽然在蛇所待的那个山谷里，天空中坠下一只胸膛受伤、羽毛上染着血迹的鹰……

它短促地叫了一声，坠在地上，怀着无可奈何的愤怒，胸膛撞在坚硬的石头上。

蛇吓了一大跳，敏捷地爬开去；但是马上看出，这鸟的生命只能维持两三分钟了。它爬到那受伤的鸟跟前，面对着它轻声说："怎么啦，你要死了吗？"

"是的，要死了！"鹰深深地叹了一口气，回答说，"我美好地生活过了！……我懂得什么是幸福！……我英勇地战斗过了……我见过天……你是不会那么近地看到天的！唉，你这可怜虫！"

"那有什么了不起，天吗？空空洞洞……我怎么能在天上爬呢？我在这里很好……又温暖，又滋润！"

蛇对那自由的鸟这样回答，它听了那鸟的这些胡言乱语，心里暗暗好笑。而且它这样想："飞也好，爬也好，结果还不是一样，大家都要埋入黄土，都要化为灰尘……"

但是那勇敢的鹰忽然抖擞精神，微微地挺起身来，向山谷里看了一眼。

水穿过灰色石头滴下来,阴暗的山谷里气闷不堪,散发着腐臭的气味。鹰使出全身精力,悲哀而痛苦地喊叫起来:"啊,要是能够再飞到天上去一次,那可多么好啊!……我要把敌人紧压在胸膛的伤口上,让他吸吸我的血!……啊,战斗多么幸福啊!"

但是蛇却想道:"天上的生活大概的确是很愉快吧,要不然为什么它要呻吟?"

它给那自由的鸟出了一个主意:"那么你挪到山谷边,跳下去。也许翅膀会把你托起来,你就可以在你的世界里再活一些时候了。"

鹰颤抖了一下,高傲地叫了一声,顺着石头上的黏液溜到悬崖边上。到了边上,它伸开翅膀,胸中吸足了气,眼睛里闪着光辉,向下面滚去。它像石头似的顺着山岩滑下去,迅速地下坠,翅膀折断,羽毛也掉下了。山泉的波浪把它卷住,泡沫里浴着血,冲到海里去。海浪发出悲伤的吼声撞击着石头,在浩大的海上,那鸟连尸体都看不见了……

——选自:《高尔基散文经典》,上海社会科学院出版社,2004年。

【朗诵指导】

马克西姆·高尔基(1868—1936),原名阿列克塞·马克西莫维奇·彼什科夫,苏联作家、诗人、评论家、政论家、学者。

这是一篇感情充沛、描写细致、寓意深刻的散文,表达了作者对鹰战斗不息精神的赞叹。

全文动作描写、环境描写、对话比较多,自然,这些是朗读的难点。前四段描写景色,目的是突出鹰下落的环境,朗读时语气要平和,而在朗读第三段的"迎着大海奔腾而去"与第四段的"它切开山岭,怒吼着,倒入海去"时语气要加重。

从第五段开始,鹰出现了,"忽然"二字要读得快而重。第六段速度较慢,朗读时要带着悲伤、惋惜之情。第七段,对鹰的心灵表白要带着一种满足感、幸福感去表达。第九段朗读蛇的对话时要带着一种不服气、自命清高的语气。接下来对鹰的喊叫要重点把握:"啊,要是能够再飞到天上去一次,那可多么好啊！"充满希望与渴求，但语气悲伤，语速缓慢；接下来增加音量，很激动地喊出"让他吸吸我的血。"最后几段是表现鹰勇敢地战斗到生命的最后一刻的精神核心所在，表达时语速稍快，饱含深情，充满着由衷的自豪、赞美之情。最后一段写出了鹰的结局，语速缓慢，音量放低，有悲伤感，展示朗读者对鹰的感叹与赞扬。

狮子和老鼠

[俄] 克雷洛夫

老鼠十分低声下气地来见狮子，它请求狮子准许它住在附近的一棵树底下。老鼠这样恳求道："在我们整个儿森林里，你是强大的，赫赫有名的；我敢保证，谁也没有狮子大王力量大，你只要大吼一声，所有的野兽就都心惊胆战。然而，保不住会有什么意外发生，也可能需要什么人为你效劳的。虽然我的身体很小，说不定我也可以对你有点儿用处的。"

"什么！"狮子大声吆喝道，"你这个混账的小畜生，你竟这样的满脑门子都是骄傲自大！你简直是该死！你再不滚开，我就把你杀了！快滚，不然你就完蛋了！"

老鼠吓得要命，失魂落魄的，拔起腿来就跑，溜得影踪全无了。

然而，狮子大王的骄傲自大，不久就得到了报应。有一天夜里，狮子出去找点儿可口的肉类，竟堕入了罗网。它的一切力量全没有用处：咆哮也罢，呻吟也罢，都没有效力；不论它怎么撕，怎么扭，也冲不破结实的罗网，猎人已经牢牢地把它逮住了。人们把它关在笼子里，把它摆出来展览。

已经太晚了，狮子想起不该那么轻蔑地拒绝老鼠的建议；检讨自己的飞来横祸，狮子想道："这些个小牙齿，能够很快地咬破那把我毁了的罗网！我骄傲自大，就是自取灭亡！"

——选自：《克雷洛夫寓言》，新文艺出版社，1957年。

【朗诵指导】

伊凡·安德列耶维奇·克雷洛夫（1769—1844）是俄罗斯及世界著名的

寓言家、作家。代表作有《大炮和风帆》《鹰与鸡》等。

  克雷洛夫的寓言都是来自于生活,有血有肉的现实主义之作,作品中的主人公并不是虚拟的寓意摹写,而是生动的典型刻画,其作品多是对压迫和欺凌人民的强权者的辛辣讽刺和揭露,对劳动人民的赞美。《狮子与老鼠》正是如此。这则寓言对狮子是讽刺的,对老鼠是同情的,而狮子代表着强权者、压迫者、自高自大之人;老鼠代表着勤劳智慧的老百姓,在朗读中要重点把握两者的对话区别。

  老鼠的恳求读得很轻,要体现出谦恭胆怯的神态,"虽然我的身体很小,说不定我也可以对你有点儿用处的。"这句话可稍稍加重。狮子的回话要声音洪亮,"小畜生""该死""完蛋""快滚"要重读,收音快,朗读时表现出骄傲自大、不可一世、对老鼠不屑一顾的神态来。后面狮子陷入困境后,对其语言的表达要与前面有区别,绝望后悔,气弱声小,语速较慢。

奇妙的七色花

[俄] 卡达耶夫

  有一个女孩子,名字叫珍妮。有一天,妈妈叫她去买面包圈。珍妮买了八只面包圈,两只给爸爸,两只给妈妈,两只粉红色的给弟弟,两只有奶油的给自己。珍妮手里提着一大串面包圈,她一边走,一边念着马路旁商店招牌上的名字,又数数天上飞来飞去的乌鸦。

  忽然,不知从哪儿跑出来一只小狗,那小狗一直跟在珍妮的后面。它偷偷地把珍妮提的一串面包圈吃了,它先吃了爸爸的、妈妈的、弟弟的,最后吃了珍妮的面包圈。珍妮忽然觉得手上提的东西变轻了,她转过头来一看,哎呀,已经来不及了,手上提的面包圈全没了,唉,旁边站着一只小狗,它正在吃剩下的面包圈呢!

  "喂!你这个小偷,坏东西!"珍妮追着小狗,要打它。珍妮追小狗,追呀追呀,她追不上小狗,自己却迷路了,她走到一块陌生的地方。珍妮害怕了,她哇哇地哭起来。忽然,不知从哪儿走出来一位老妈妈,老妈妈问她为什么哭,珍妮就把面包圈被小狗偷吃的事,全告诉了她。那位老妈妈,看她哭得怪可怜的，就说："别哭了，小朋友，你瞧瞧，这儿有朵七色花，它会帮你忙，你要什么就有什么，我把这朵花送给你吧！"珍妮看那朵七色花，有七片花瓣：黄、红、蓝、绿、橙、紫、青，七种颜色。

老妈妈对她说："你想要什么，就撕下一片花瓣，扔出去说'飞吧，飞吧！我要……照我的意思办吧！'它就会替你办好。"

珍妮接过七色花，谢谢老妈妈，她要回家去，但不知该走哪条路，她又哭起来了。后来她想起了七色花，就拿出来试一试。她撕下一片黄色花瓣，把它扔出去，照着老妈妈教她的话说："飞吧，飞吧！我要带面包圈回家去……"她话还没说完，手里已经拿着一串面包圈，回到家里了。

珍妮把面包圈交给妈妈，就走进房里，想把七色花插进美丽的花瓶里，可是一个不小心，花瓶掉在地上，打碎了。妈妈在厨房里嚷："珍妮，你把什么东西打碎了？""没有……没有。"珍妮赶快撕下一片红色的花瓣，扔出去说："飞吧，飞吧！给我一个这样美丽的花瓶吧……"她的话还没说完，地上的破花瓶碎片又合拢来了。妈妈走进来一看，那美丽的花瓶，还是好好地放在原来的地方。

珍妮到院子里去玩，院子里的男孩子们正在玩"到北极去探险"的游戏。那些男孩子都不跟珍妮一起玩，珍妮说："你们不跟我玩，我自己到北极去。"珍妮又撕下一片蓝花瓣，扔出去说："飞吧，飞吧！我要到北极去……"她的话还没有说完，忽然太阳不见了，一阵大风吹来，她的身子好像陀螺一样旋转，把她吹到北极去了。可是，这时珍妮身上穿的是夏天的衣裙，光着两只小腿，一个人孤零零地到了北极，北极那地方冰天雪地多冷呀！"妈妈，我冷死了，妈妈快来呀！"珍妮大声喊妈妈，眼泪一串串流下来，那眼泪马上结成一颗颗冰珠子了。

忽然七只大白熊从大冰块后蹿出来，好凶呀，它们直向珍妮扑过去。珍妮吓坏了，她用冻僵的手指，抓起七色花，撕下一片绿色的花瓣，赶忙说："飞吧，飞吧！快让我回家去……"她的话还没有说完，一会儿工夫，她又在院子里了，她告诉男孩子们说："我已经去过北极了，瞧，我脸上还有冰的珠子呢！"可是男孩子们不相信她的话，笑了。

文学作品朗诵艺术

珍妮去找邻居的女孩们玩，她看见她们有好多玩具：小汽车、大皮球、三轮自行车、会说话的大娃娃……珍妮多么想要呀！她把一片橙色的花瓣扔出去，说："飞吧，飞吧！我要好多好多的玩具……"她的话还没说完，好多好多的玩具，就从四面八方向珍妮拥来了。那么多的娃娃，把整个院子都挤满了，把整个弄堂和弄堂对过的马路都挤满了，有五百多个会说话的娃娃走过来了，它们吵得要命，还有小皮球、拖拉机、汽车、小坦克、大炮都滚过来了，天空上还飞来了几百只小飞机、小飞船和滑翔机，接着从空中又撒下了背着降落伞的娃娃，它们都挂在马路边的树上、电线上。警察在吹口哨，叫大家来维持秩序。珍妮看见了，吓得大叫起来："够了，够了，玩具快别来了，我害怕啦！"可是玩具还是不断地拥过来，那些玩具已经多得堆了起来，一直堆到屋顶上去了。

珍妮走到哪里，玩具就跟到哪里，珍妮爬上屋顶，玩具也跟上屋顶，珍妮赶忙撕下一片紫色花瓣，扔出去说："飞吧，飞吧！快叫玩具回去吧……"她的话还没说完，一切玩具都不见了。

珍妮把神奇的七色花拿来一看，只剩下最后一片花瓣了。她想，我把六片花瓣都浪费了，一点好处也得不到，这最后一片花瓣，要它干什么事，得好好地想一想。

珍妮想买巧克力糖、买蛋卷、买……可是吃过就没了；买三轮小车、买花裙子，不，等一等，让我再想想看。

忽然，一个小男孩走过来，他有一双可爱的黑眼睛，坐在马路边的小凳上，珍妮想跟他玩，但他脚有毛病，是个跛子，走路要扶着手杖，珍妮很喜欢这个小男孩，她要使他能走路，她就扔出最后一片青花瓣说："飞吧，飞吧！使这个小男孩会像我一样走路……"她的话还没说完，小男孩就站了起来，同珍妮拉着手玩起来了。他很开心，跑呀，跑呀，珍妮怎么也跟不上。

——黄衣青译写

【朗诵指导】

瓦连京·彼得洛维奇·卡达耶夫（1897—1986）俄罗斯小说家、剧作家、诗人。

　　《奇妙的七色花》是卡达耶夫所写的一篇生动有趣的童话故事。它通过叙述小女孩珍妮七次使用这朵奇妙的七色花，表现了珍妮天真无邪、纯洁善良的美好心灵。朗读时除了注意吐字清晰、语言准确、语句流畅、断句停顿及轻重音处理得当以外，还必须坚持以"讲"为主的风格和注意一些特有的语言技巧。

　　《奇妙的七色花》以叙述为主，因此，在讲述这篇童话故事时，必须着重把握好叙述语言。叙述语言，一般是交代故事发生的有关情况，是讲述者与听众之间的直接交流，因此要求语气朴实自然，生活化、口语化，要注意控制好语速，不能太快，要用比较舒缓的语气。如故事的开头，"有一个女孩子，名字叫珍妮。有一天……"这就要求语气平缓、语速适中，从而使听众一目了然，符合小孩子的心理。总之，叙述的语言要求把故事的有关情况交代清楚。

　　朗读时，要注意投入情感，进入角色，不可平铺直叙。尤其是当朗读珍妮所说的话时，要抛开朗读者的身份，使自己置身于珍妮的位置，要符合珍妮的身份。如朗读"喂！你这个小偷，坏东西！"时，声音要干脆有力，"坏东西"要重读，表达珍妮对狗的一种痛恨之情。当朗读"飞吧，飞吧，我要带面包圈回家去……"时，要模仿送给她七色花的老妈妈的说话形态，但又要保持小女孩特有的音质和形态，表现其天真可爱。朗读"妈妈，我冷死了，妈妈快来呀！"时，语速要快，要气短声促，表现其害怕、着急的心理。"我已经去过北极了，瞧，我脸上还有冰的珠子呢！"要用一种自信自豪的语气以表现其天真活泼。朗读"她的话还没说完，小男孩就站了起来，同珍妮拉着手玩起来了"时，要用上扬调，声音要稍高一些，表达一种喜悦的感情。而朗读老妈妈说的话时，要用一种柔和慈祥的语气。

　　总之，在朗读童话故事时，要考虑小朋友的欣赏习惯，适合他们的心理，营造出一种浓浓的儿童情趣氛围。

文学作品朗诵艺术

巨人的花园

[英] 王尔德

从前有这么个人,长得又高又大,脑袋像只大箩筐,大家就管他叫巨人。

有一天,巨人去看他的朋友,他们要说的话太多了,说上七年才说得完,这样,巨人得在他朋友家里住七年。

巨人有个花园,满地是青草,这花园里开着鲜花,远远看去,就像一颗颗小星星,还有十二棵桃树,春天满树粉红色的花,夏天结出又大又甜的桃子,小鸟停在树枝上唱歌好听极了,巨人出门去,花园就空着了,孩子们每天下午一放学,就到巨人的花园里来玩,玩得真痛快。

七年过去了,巨人回来了,看见孩子们正在花园里玩。"这是我的花园,谁也不能上这儿来玩。"巨人这一吼叫,把孩子们都吓跑了,他还给花园筑起高高的围墙,挂了一块牌子,牌子上写着:谁也不准进来,进来就要处罚!

这样一来,孩子们没有玩的地方了,他们只好在街上走来走去,可是街上灰尘很多,一点也不好玩,他们放学以后,常常在花园的墙外面转来转去,"唉,我们以前在花园里玩得多痛快呀!"

春天来了,田野里的草绿了,花开了,小鸟唱着歌,可是巨人的花园里还是冬天,雪可高兴了,说:"我可以在这花园里一直住下去啦。"它还请来了北风住在一起,北风整天在花园里乱跑乱叫,把烟囱也吹倒了,它又请冰雹一起来住,冰雹每天在屋顶上闹几个钟头。

"春天怎么还不来呀?"巨人觉得很奇怪。

是呀,春天没有来,夏天没有来,秋天也没有来,巨人只看见雪和冰雹在跳舞,北风在给它们打拍子。

一天早晨,巨人刚刚醒来,忽然听到小鸟唱歌的声音,还闻到一股花的香味,"春天来了,春天来了!"他从床上跳下来,往窗外一看,他看见了什么呢?雪不见了,北风和冰雹躲起来了,孩子们从一个墙洞爬进花园里来,他们坐在树枝上,一棵树上坐一个,这些树看见孩子们来了,赶紧开出花来,青草挺起了腰,花儿也从青草中间探出头来看,看得大笑起来,小鸟飞来飞去,乐得唱起歌来。只有一个角落里,那儿还是冬天,一个孩子在树旁边走过来走过去,他太小了,爬不到树上去,哭得很厉害。

巨人明白了:"哦,我不让孩子们来玩,春天也就不肯来了。"他轻轻地走下楼,悄悄地打开门,走到花园里去,孩子们看见他,非常害怕,就逃走了,他们一走,花园里又是冬天了,那个最小的孩子没有逃走,他眼睛里充满泪水,没有看见巨人走过来。巨人偷偷地走到他的背后,轻轻地把他抱到树枝上去坐着,小树马上就开花了,小鸟也飞来唱歌了。

孩子们看见巨人不像以前那样凶,就回来了,春天也跟着他们回来了。巨人真高兴,说:"孩子们,花园是你们的了!"

他把围墙推倒,这样,孩子们每天下午就可以随便跑来玩了,他还陪着孩子们玩呢,他说:"这儿有许多美丽的花,可是孩子们是最美丽的花。"

【朗诵指导】

奥斯卡·王尔德(1854—1900),19世纪英国最伟大的作家与艺术家之一,以其剧作、诗歌、童话和小说闻名,19世纪80年代美学运动的主力和90年代颓废派运动的先驱。

这则故事可分为三部分。

第一部分介绍巨人,"从前,有这么个人,长得又高又大……"宜用轻松平缓语气表达。"又高又大""大箩筐""巨人"等词重读,表现巨人的高大形象。

第二部分讲巨人不准孩子们到花园里来玩,春天没有来。朗读时,要把"青草""鲜花""小星星""唱歌"等重点体现,朗读巨人吼叫"这是我……"时,语气要粗浑而严厉,体现巨人吓人的样子。后面的"筑""挂""牌子"重读,尤其需要把牌子上的内容模拟巨人严厉的吼人口气表达出来。春天没有来,"可是"用惊奇的语气处理。"雪可高兴了"的"可"字及后面的"乱跑乱叫"用得意的口气读出,表现雪的"嚣张"、花园里的寒冷。

第三部分说巨人发现因有孩子在花园里,春天来了。于是,他让孩子们到花园里来玩。"忽然听到小鸟唱歌的声音"中的"忽然"用吃惊的语气读出,"春天来了,春天来了!"此句稍重而快速。接着,花园春天的景色显现在巨人眼底,"开""挺""看""飞来飞去""唱"重读,把花园里春天生机勃勃的景象呈现出来,与前面寒冷的冬天花园里的景象形成对比。"巨人明白了"音量稍大,延长音值。"偷偷""轻轻地"用清脆的声音读出。"真高兴"重读,体现巨人此时的心情。"孩子们,花园是你们的了"用洪亮而温和的声音,表现巨人变得和蔼可亲了。"推"字重读,体现巨人热烈欢迎孩子们来花园玩,与前面的"筑"形成鲜明对比。

最后,朗读"他还陪着孩子们玩呢"时要高兴、愉快,"这儿有许多美丽的花,可是孩子们是最美丽的花"要读得响亮、缓慢,把巨人爱孩子们的感情展示出来,以深化故事的主题。

第十章　剧本的朗诵

一、剧本的文学特征与类型

戏剧艺术是以演员表演为主的综合性艺术，集体性、表演性、综合性是戏剧艺术的三大特点。而剧本是戏剧艺术的文学蓝本，即戏剧文学，是戏剧艺术的关键所在。戏剧文学的基本特征体现在：

其一，高度集中的人物、事件、场景和时间要素。剧本要在有限的时间和场景中，表现一段完整的故事情节，塑造较完整的人物形象，剧本的篇幅就不宜太复杂，场景变化不宜太过频繁，必须具有高度的集中性才行。

其二，集中、尖锐的戏剧冲突。戏剧艺术的成败关键在于有无戏剧性，戏剧性就是戏剧冲突，是指生活中的矛盾冲突经过集中提炼在剧本中的反映。高尔基说："存在着鲜明的人物性格的那些地方，必定存在着戏剧冲突。"集中尖锐的戏剧冲突不仅是戏剧艺术反映生活的必然要求，也是戏剧刺激读者或观众审美心理，吸引人的魅力所在，只有具备尖锐、强烈的戏剧冲突，才能"使人看过数日而犹觉声音在耳，情形在目"。

其三，用人物语言塑造艺术形象。戏剧文学不像其他叙事性文学一样可用叙述语言表达主旨，故事情节的发展、人物性格的塑造，都要靠人物语言和动作来完成。因此，人物语言必须高度个性化，有丰富的潜台词，形象生动，含蓄精练。

其四，要有紧凑、严谨的戏剧结构。戏剧文学因为受舞台演出的时空限制，必须精心选择、提炼和巧妙安排剧情，剧本结构必须紧凑、严谨。

戏剧文学根据不同的标准，可以分为不同的类型。根据容量的不同，可以分为独幕剧和多幕剧；根据表演形式的不同，可以分为话剧、歌剧、舞剧、歌舞剧等；根据题材古今的不同，可以分为历史剧和现代剧；根据戏剧冲突的性质和结构不同，可以分为悲剧、喜剧和悲喜剧（正剧）。

二、剧本的朗诵方法

剧本台词属于舞台艺术范畴，朗诵时，要把握它与其他文学作品朗诵的区别，要明确作为表演艺术，要充分体现其自然得体的生活真实，在生活真实的基础上追求艺术真实，一些外部技巧如重音、停顿和语调等无须夸张过分，只要在生活语言基础上略微强化即可。具体要注意以下几点：

1. 联系背景，营造语境。戏剧是通过一定的故事情节、人物之间互动，在舞台上再现人类社会的某一个侧面，从而揭示主题、给观众以启迪、激励，以达到一定的社会效果。因此，任何一个剧本中的人物语言，对白或独白，都不能脱离剧本中所描绘的社会环境，不能脱离当时的历史背景，他们的语言都是在戏剧情节之中，在人与人的交往、斗争中有感而发、因情而动的。因此，朗诵剧本台词前，必须了解其依靠的社会背景、自然环境、人文关系等，并力图营造出适合当时背景的表达氛围即语境。其次要进一步重点了解剧本台词产生的具体情境，即这段独白或对白产生的规定情境。因为，剧中人总是生活在特定的环境之中，环境规定着情境的发展、变化，必然影响、制约着人物语言的表达。斯坦尼斯拉夫斯基曾教导演员们："让演员们的注意力都转到规定的情境中去吧，真实地生活在这些情境中，热情的真实就会自然而然地在你们心里产生。"剧本中某一台词的规定情境可能是虚拟的，但朗诵者必须信以为真，较准确地找到这段台词的态度，明确角色语言的目的，并真正感受到语言表达的情感。唯有如此，表达才能真实动人。

2. 明确主旨，定位形象。任何一部文学作品都有其准确鲜明的主题定位，剧本文学亦然。当我们拿到一个剧本或一段台词时，要联系作品语境了解作品所反映或表现出来的中心思想。它是串通作品结构的主线，是作品形象的基石，是表达基调的管轨。朗诵台词时如果不挖掘作品主旨、把握情感基调，将会是文不对题、无的放矢。明确作品主旨后，必须对剧本台词的主体（即剧本人物形象）分析定位，从人物形象的年龄、身世，以及他的职业、阶层、性格、为人处世、兴趣爱好等方面确定其语言表达的个性特点、风格特征。再通过朗诵技巧塑造出十分突出、鲜明的人物性格，体现出独具特色的"这一个"，而不是"那一群"。

人物形象的个性化定位是剧本台词朗诵的难点和焦点，也是朗诵的起点和归宿。北京电影学院伍振国教授将人物形象语言个性化的形成原因总结为五点：语言的性格特征，语言的职业特征，语言的生理特征，语言的时代特征，语言的地域特征。在这五种特征中，性格特征是第一的，性格不同的人在语言形态上也有明显差异；人们从事职业的不同、工种的区别也会导致语言表达的区别；另外，诸如生理差别、时代不同、地域不同都可以引起人们语言表达的变异，因此，朗诵剧本台词时，必须准确定位形象，捕捉其细微区别才能表达到位、准确无误。

3. 强化对象，建立交流。社会是交际的大家庭，生活是交流的小舞台。作为反映社会生活的文学剧本，其中的人物台词也是交流的语言成品。生活中，不管是对他人还是对自己，或者是对想象中的人或物，语言表达都会有一个明确的对象，这无可厚非。其实，我们朗诵剧本台词时也是应该有明确对象的，只是剧本台词中的对象并非生活中的实景实物，而是虚拟形象罢了。正如斯坦尼斯拉夫斯基所说："在舞台上我们被迫来说些不是我们亲自见到、感到、想到的东西，而是我们所扮演的角色见到、感到、想到的东西。"因此，朗诵剧本台词时必须建立明确的对象交流感，由于对象不同，讲话的方式各异，从而产生出千姿百态的语言样式。无论是与观众的直接交流、与想象中的人或物交流、与自己的心灵交流，还是与同台对手交流，均要有明确对象并与对象建立起合乎生活逻辑的关系。只有做到这些，朗诵语言才能生动鲜明，富有特色。

4. 活用技巧，立体表达。以上三点可以理解为剧本台词朗诵的宏观把握，从大处着手，高屋建瓴；除此之外，还必须活用一些微观技巧，如内心视像、内心独白、潜台词以及语调、重音、停连等技巧。

首先，建立内心视像。内心视像是指在舞台上进行对话或进行思索过程中，在演员内心里所映出的一系列事物影像，它是演员头脑中形象思维的产物，是使台词表达具有吸引力和感染力的基础。内心视像具有生动可感、运动灵活、虚构模拟等特征。创设内心视像是剧本台词朗诵者应有的基本功。必须通过丰富的艺术实践刻苦磨炼。

其次，丰富内心独白。在心理学中，把构成思想活动而没有讲出来的语言叫作内部语言，在舞台表演中，我们把这种构成人物思想活动的"内部语言"叫作"内心独白"。通俗地讲，内心独白就是角色的心里话。内心独白是台词背后隐含的东西，是外界事物刺激的结果，是人们进行言语、行动交流的产物。内心独白是以交流的形式出现的，人们在交流时，总要边说、边听、边看、边想，在这个过程中，都会伴随人的内心活动，形成内心独白。当我们朗诵剧本台词时，要及时主动地把自己置身于规定情境中，牢牢地掌握人物的"后景"，即他的生活经历、命运、遭遇、欢乐与痛苦，牢牢地抓住人物的"灵魂"，对人物的精神生活深入了解、真实感受、细腻体会，使内心独白走向深入。

另外，挖掘潜台词。潜台词是指潜伏在台词背后、体现于台词的字里行间，能够真正反映出台词的实质，揭示言语、行动要表达而又没表达出来的意思。即台词的"弦外之音""言外之意"。潜台词是台词的真正意义所在，是人物的真实思想所在，人物的真实动机所在。所以，朗诵剧本台词时必须充分挖掘把握作品的潜台词。当然，要准确地挖掘潜台词需要很大功力，要对剧本、对人物有深刻细致的理解，要唤起朗诵者自身在实际生活中类似的体验，要运用重音、停顿、语调、节奏、语气等有声语言的外部变化技巧，多者结合起来，才能化成角色感情的激流倾泻出来。

三、剧本文本朗诵指导

雷电颂

郭沫若

（向风及雷电独白）风！你咆哮吧！咆哮吧！尽力地咆哮吧！在这暗无天

日的时候，一切都睡着了，都沉在梦里，都死了的时候，正是应该你咆哮的时候，应该你尽力咆哮的时候！

尽管你是怎样的咆哮，你也不能把他们从梦中叫醒，不能把死的吹活转来，不能吹掉这比铁还沉重的眼前的黑暗，但你至少可以吹走一些灰尘，吹走一些砂石，至少可以吹动一些花草树木。你可以使那洞庭湖，使那长江，使那东海，为你翻波涌浪，和你一同地大声咆哮呵！

呵，我思念那洞庭湖，我思念那长江，我思念那东海，那浩浩荡荡的无边无际的波澜呀！那浩浩荡荡的无边无际的伟大的力呀！那是自由，是跳舞，是音乐，是诗！

啊，这宇宙中的伟大的诗！你们风！你们雷！你们电，你们在这黑暗中咆哮着的，闪耀着的一切的一切，你们都是诗，都是音乐，都是跳舞。你们宇宙中伟大的艺人们呀，尽量发挥你们的力量吧。发泄出无边无际的怒火把这黑暗的宇宙，阴惨的宇宙，爆炸了吧！爆炸了吧！

雷！你那轰隆隆的，是你车轮子滚动的声音？你把我载着拖到洞庭湖的边上去，拖到长江的边上去，拖到东海的边上去呀！我要看那滚滚的波涛，我要听那鞺鞺鞳鞳的咆哮，我要漂流到那没有阴谋，没有污秽，没有自私自利的没有人的小岛上去呀！我要和着你，和着你的声音，和着那茫茫的大海，一同跳进那没有边际的、没有限制的自由里去！

啊，电！你这宇宙中最犀利的剑呀！我的长剑是被人拔去了，但是你，你能拔去我有形的长剑，你不能拔去我无形的长剑呀。电，你这宇宙中的剑，也正是，我心中的剑。你劈吧，劈吧，劈吧！把这比铁还坚固的黑暗，劈开，劈开，劈开！虽然你劈它如同劈水一样，你抽掉了，它又合了拢来，但至少你能使那光明得到暂时的一瞬的显现，哦，那多么灿烂的，多么炫目的光明呀！

光明呀，我景仰你，我景仰你，我要向你拜手，我要向你稽首。我知道，你本身就是火，你，你这宇宙中的最伟大者呀，火！你在天边，你在眼前，你在我的四面，我知道你就是宇宙的生命，你就是我的生命，你就是我呀！我这熊熊地燃烧着的生命，我这快要使我全身炸裂的怒火，难道就不能

文学作品朗诵艺术

迸射出光明了吗!

炸裂呀,我的身体!炸裂呀,宇宙!让那赤条条的火滚动起来,像这风一样,像那海一样,滚动起来,把一切的有形,一切的污秽,烧毁了吧,烧毁了吧!把这包含着一切罪恶的黑暗烧毁了吧!

把这东皇太一烧毁了吧!把你这云中君烧毁了吧!你们这些土偶木梗,你们高坐在神位上有什么德能?你们只是生产黑暗的父亲和母亲!

你,你东君,你是个什么东君!别人说你是太阳神,你,你坐在那马上丝毫不能驰骋。你,你红着一个面孔,你也害羞吗?啊,你,你完全是一片假!你,你这土偶木梗,你这没心肝的,没灵魂的,我要把你烧毁,烧毁,烧毁你的一切,特别要烧毁你那匹马!你假如是有本领,就下来走一走吧!

什么个大司命,什么个少司命,你们的天大的本领就只是晓得拨弄人!什么个湘君,什么个湘夫人,你们的天大的本领也就只晓得痛哭几声!哭,哭有什么用!眼泪,眼泪有什么用!顶多让你们哭出几笼湘妃竹吧!但那湘妃竹不是主人们用来打奴隶的刑具么?你们滚下船来,你们滚下云头来,我要把你们烧毁!烧毁!烧毁!

哼,还有你这河伯……哦,你河伯!你,你是我最初的一个安慰者!我是看得很清楚的呀!当我被人们押着,押上了一个高坡。卫士们要息脚,我也就站立在高坡上,回头望着龙门。我是看得很清楚,很清楚的呀!我看见婵娟被人虐待,我见你挺身而出,指天画地有所争论。结果,你是被人押进了龙门,婵娟她也被人押进了龙门。

但是我,我没有眼泪。宇宙,宇宙也没有眼泪呀!眼泪有什么用呵?我们只有雷霆,只有闪电,只有风暴,我们没有拖泥带水的雨!这是我的意志,宇宙的意志。鼓动吧,风!咆哮吧,雷!闪耀吧,电!把一切沉睡在黑暗怀里的东西,毁灭、毁灭、毁灭呀!

——选自:《郭沫若全集》第六卷,人民文学出版社,1986年。

【朗诵指导】

《雷电颂》选自郭沫若的历史剧《屈原》。该剧写于抗日战争末期。剧本借古讽今，抨击时弊，揭露了国民党政府分裂、投降的阴谋，表达了人民对和平的渴望。

朗诵时要注意：

1. 了解作品内容。《雷电颂》选自第五幕第二场。它是主人公正气凛然、震撼人心的独白，也是剧作者的心声，它以炽烈的语言、雄伟的气势，发泄了对黑暗世界的强烈愤懑和诅咒，表达了对光明前景的无限向往与追求。全篇共十三个自然段，分为四部分：第一部分（1~2段）诗人迎着狂怒的自然风景，激起心中的汹涌波涛；第二部分（3~7段）诗人对风、雷、电的期待、歌颂和对光明的渴求；第三部分（8~12段），诗人对诸神的抨击；第四部分（第13段）表现诗人永不妥协、战斗到底的意志。

2. 把握情感基调。主人公惨遭迫害，壮志难酬，但威武不屈，奋力抗争。当时，屈原身陷囹圄，镣铐缠身，面对电闪雷鸣，他的满腔悲愤似火山爆发出来。朗诵本文，要情绪饱满，感情激荡，读得刚劲豪放，气势恢宏，深沉有力。但切忌从头到尾，声嘶力竭。切忌声音高叫，寡情乏味。

3. 注意层次变化。有人将《雷电颂》比作是一部雄浑深沉的交响乐，并把四部分分别比作四个乐章。这种比喻很确切。要注意的是，我们不能把四个"乐章"一口气诵完，也不能越读越高，节奏越快，感情越激昂。而应按照作品的情感起伏进行变化，有急缓连停，有强弱快慢，有抑扬顿挫，并能做到自然流露，得体展示，不是背诵，不是唱读。

4. 推敲表达技法。《雷电颂》是一首抒情散文诗，朗诵时要字正腔圆，清晰准确，另外要诵出韵味，使音调优美和谐，这是基本的要求。作品采用第二人称，大量运用排比、反复、拟人、呼告等修辞手法，朗诵时一定要注意表达技巧。如作者展开丰富的想象，直接对风、雷、电呼告，有力地表达了爱憎感情，如"风，你咆哮吧！""你们风，你们雷，你们电""你们东君……"等，这些语句，是对风、雷、电的呼唤、期待，也是对东君的斥责、愤怒，朗诵时，要心中有物，读得实在，生动感人。文中还多处运用排比、反复手法，铿锵有力，感情激昂，如"爆炸了吧！爆炸了吧！""劈开，劈开，劈开""烧毁了吧，烧毁了吧"等处朗诵时要高亢有力，波澜迭起，震撼人心。

文学作品朗诵艺术

血，总是热的

宗福先　贺国甫

厂长罗心刚在被迫停职前的一段讲话：

同志们（停了16秒钟，心情沉重地），从今天起，我要接受审查，也许很快就要滚蛋了。今天在这儿抢时间跟大家讲几句话，也可能是临别赠言啦。

我们厂的生产能有今天的形势，确是你们大家几个月辛苦换来的。相反，作为厂长，我是失职了，我没有把厂子搞好，对不起大家，特别是对不起像方英这样的同志。昨天，我到你家去，你不在家，你自尊心强，有困难不肯说，厂子里人人都知道你贪财，却没有人知道，你们两口子每月只拿几十块钱，要养活老老少少这么一大家子呀！可是，正是为了这个，我第一个就要处分你。因为，你本来应该比别人更能理解早点使中国富强起来的道理。这次合同很可能要误期，我们就得向外商赔一大笔外汇。为什么呢？就是因为你上个月少拿了几块钱的奖金。过去都怪我们没有把工作做好，伤了你们的心，可如今中央下了决心，我们也下了决心，为什么居然就这么难？奖金的钱我是拿到了，可是我是用很不光彩的方法拿到的。方英，站在你的小屋子里，我真想深深地给你鞠上一个躬，说一声："谢谢！"

我们的人民，就是在这样艰苦的条件下，支撑着我们整个的事业。使我们感到伤心的是，有很多人，包括我的老战友都不理解我，直到10分钟前还对我说："你会没有退路的。"没有退路并不是坏事。当初打仗那年月，为什么人人拼命，就是因为没有退路，不革命就没有法子活啦！唔，现在可怕的是人人都有了退路。工人有工人的退路，少说几句吧，得罪了领导，以后，工资要吃亏的。厂长有厂长的退路，当出头的椽子是要倒霉的。随大流吧。有的局长、部长，退路就更多喽。大笔一挥，扔掉国家好几个亿，都轻轻地说了一句，为我们付学费。有的这样混下去，换个地方，照样当了局长、部长，都在那儿等着。最好中央马上拿出个神奇的法宝来，预先把中国送进四个现代化，而他们自己呢，都完全不承担任何的一点责任。同志们，难道你们真的看不出来，我们的退路，已经不多了。我们搞了三十年，不理想，万一再搞二十年还不理想,中国怎么办?没有退路了。同志们,我们只有和党同心同德,拼出一个现代化的中国来。否则,我们这些人再被打倒,就不会有人再为我们平反啦。

有人说,中国的经济体制像一个庞大的机器,有些齿轮已经链住了,咬死了,可只要用我们的血做润滑剂。这话已经说烂了,不时髦了。没有人要听了。可无论如何,我们的血总是热的。

【朗诵指导】

本篇是选自话剧《血,总是热的》中的主人公罗心刚的演讲词。

演讲者是一位热血沸腾、正直负责、不随大流、敢于顶撞、抨击歪风邪气、不会因一己之私而奉迎上司的厂长,正是因他刚正不阿的性格而受到排挤,被迫停职。这则演讲就是他临走时给全厂职工的讲话。朗诵时基调应是低沉而坚定有力的。每段应在此基础上各显区别和变化。第一段,厂长告诉职工们要离开的原因——因要接受审查而"滚蛋"。表达时应沉重而又充满眷恋之情。接下来是演讲者的自我检查,责备自己对厂里职工关心不够,不了解他们的情况,导致一些错误,读时应诚恳真切,如:"作为厂长,我是失职了,我没有把厂子搞好,对不起大家,特别是对不起像方英这样的同志……"但后来,在批评方英的过错时,语调要变化,严肃而有力。

第三段是演讲的高潮,批评了社会上一些不正之风:人人都想到退路,因此,不敢放手做事,瞻前顾后的。演讲者对此不正之风深恶痛绝,批评是严厉的。表达时应慷慨激昂,义正词严。

最后一段指出中国经济现状,一则比喻,意味深长,应适当放慢速度,最后一句"我们的血总是热的"要铿锵有力,情真意切,动人心旌。

高山下的花环

李存葆

(靳开来在党支部会上商量谁带尖刀排的发言:)

这个会根本不需要开么!查查我军历史上的战例。副连长带尖刀排,

文学作品朗诵艺术

已是不成文的章程！既然战前上级开恩提我为副连长，给了我首先去死的官衔，那我靳开来就是知恩必报！放心，我会在副连长的位置上死出个样子来！指导员你也别再争了，我靳开来已觉出你是个有种的人，已经过去的事我不提了，也不准你再提起！从现在起，我们将患难相依，生死与共！指导员是连队的中枢神经，要死第一个也轮不到你！连长，你也少啰唆！要带尖刀排比起我靳开来你绝对没资格！当然讲指挥能力，我靳开来从心里服你；论军事素质，你比我靳开来高一等，我说的资格是，我靳开来兄弟四个，死我一个，我老父老母还有三个儿子去养老送终，祖坟上断不了烟火，可你梁三喜，你家大哥为革命死得早，二哥为他人死得惨，惨啊！就凭这，不到万不得已你梁三喜得活下来！你们不知道连长家的事……咳！我这个人，就愿意把话说得白一些，尽管说白了的话怪难听。（眼发湿）连长，我说句掏心的话，全连谁"光荣"了，我都不会过分伤心，为国捐躯，打仗死的么！唯独你，如果有个万一……你那白发老母，还有韩玉秀怎么办？咳！小韩怕是早已生了，可你还不知她生的是男是女啊！行了，别开马拉松会了，顺理成章，带尖刀排的事，是我的！（拍板定音）

——选自：《高山下的花环》，北京出版社，1983年。

【朗诵指导】

这是一个可歌可泣的革命英雄的故事，虽然并没有什么感天动地的豪言壮语，但正是这发自内心的战前发言才能如此地感人肺腑，这篇发言中所体现的正是我人民军队的患难相依、生死与共的战友情和前仆后继、为国尽忠的革命精神。因而产生了震撼人心的力量，当我们捧读这篇发言时，一种崇敬、悲壮的情感便油然而生。

作为一篇战前演讲，朗诵时应带有慷慨激昂的革命英雄主义气概。然而在这种特定的氛围中，若增添一层深沉悲壮的色彩，使声音在较低的音域中运行，似乎效果更佳。同时在揭示事迹内涵、颂扬高尚精神、抒发革命情怀的段落中，宜用充满激情的语气和稍扬的语调来读。具体应注意以下几点：

1. 朗诵第一句"这个会根本不需要开么！"时，声音应当适度高昂一些，以引起全体与会者的注意，用来排除先前众发言者的意见。同时切勿单纯只注意将音调提高，而忽视该句应是发言者感情的自然流露。

2. 在读"查查我军历史上的战例……我会在副连长的位置上死出个样子来！"时，语气应该庄重豪迈，既要表现出特定情景中人物壮怀激烈的情态，又不能游离出人物的自身性格和这篇发言的总体语言风格，以便层层揭示年轻的共产主义战士视死如归的革命英雄主义精神。

3. 在读"指导员你也别再争了……可你还不知她生的是男是女啊！"时，语调应沉稳稍抑而有力，特别是在有省略号的句子中应该稍显沙哑、动情，以体现这种深切而又真挚的兄弟般的战友情。但是声音不应过于高亢，而应保持沉稳，以收到发人深思、余音袅袅的效果。

4. 在读最后一句"行了，别开马拉松会了，顺理成章，带尖刀排的事，是我的！"时，声音应雄壮有力，给人以信服感。且又充满大无畏的气概，以起到一锤定音的震撼效果。

月牙儿

老舍

（铁栅内，一个女犯神经质地喊叫着。）

（高声地）我不出去！我不出去！哼哼，哈哈哈……我不出去！我知道我快死了，既然没有比这里更好的地方，那么死在哪还不是一样？

（抬起头来，从那个小洞口看见了一线月光。）

啊……月牙儿……月牙儿……月牙儿！又看见你了，我的好朋友！……我的好朋友！你那一点点光，那一点寒气，总是在我心中比什么都亮，都清凉，像块玉似的……有时候想起来，仿佛能用手抚摸到你。我永远忘不了你，你让我想起了一切……当我发现自己有了病，我非常痛苦，我觉得已经不必活下去了。我穿好了衣裳，擦上粉，躺在床上等死。忽然，听到门外有很轻的脚步声，我看见一双眼睛从门上那块小玻璃往屋里看，我起来轻轻地打开门……是妈！

我们母女怎么进的屋，哭了多久，我都说不清了，只见妈已经老得不像样了。原来她是一点儿办法都没有，无路可走了，才到处找我，已经找了很久很久了……她没有想到，竟能找到我，不是我叫她，她都不敢认我，她也许就走了……哼哼，她找到了女儿，可女儿已经和她过去一样，是个暗娼了！噢，天哪！这会儿我才明白，我从七岁死了爸爸，小学没毕业，后爸又走了，那时候妈为了养活我，她只得那样！……可我当时恨妈，我躲着妈妈，甚至拒绝她给我做的饭菜……当我睡不着的时节，冷静思索，我也想原谅妈妈，可我的心像冬天的风，平静了一会儿又刮得更猛了！我自觉着念过书，想靠自己做事来养活自己，可每次我抱着希望出去，带回来的却是尘土和泪水……

我也曾相信过一个人，他的甜言蜜语使我走入梦里，醒过来，不过是一个梦！我得到的，只是两顿饭，几件衣服……哼哼，我早就知道，我没有希望，一点儿云彩就能把月牙儿遮住，我的将来是黑暗的。果然，没有多久，我的春梦就做到了头……（惨笑）我不后悔，我只觉得空虚，像一片云那样的无依无靠，我不想再这样挣饭吃了，可我实在是挣不上饭吃，就连当年妈给人家洗臭袜子的活儿我都找不到。哼！女人，就得承认自己是女人！……现在轮到我养活妈了，我也得像她那样，原来女儿的职业是世袭的，是专门的！（一阵痛苦的惨笑）我的妈就是我的影子，我最多不过和她一样，卖了一辈子肉，剩下的只是满头的白发和褶皱的黑皮。这就是生命！……而我这样的生命是没有什么可惜的……可是它到底是个生命！我不愿意撒手。而我所做的并不是我自己的过错……死是可怕的，那是因为活着是可爱的，我并不是怕死的痛苦，我的痛苦早已胜过了死。我爱活着，可是不应当这样活着啊！……我并不愿意死，我还不到20岁呀！（凄凉地哀哭起来。）

【朗诵指导】

老舍（1899—1966），原名舒庆春，字舍予，中国现代小说家、作家、人民艺术家，新中国第一位获得"人民艺术家"称号的作家。代表作有《骆驼祥子》《四世同堂》，剧本《茶馆》等。

《月牙儿》是老舍的一部中篇小说。小说主人公月容一生命途多舛，从小父亲去世，被人放在一口破棺材里抬走。以后母亲只能靠给别人洗衣服、变卖家产维持生计。有一天，一顶大红轿子来接母亲，此后的那段好日子使她终生难忘。新爸爸供月容母女衣食，还送她去小学读书，可是，好景不长，新爸爸在一次意外事故中死了，母女俩一下又陷入衣食无着落的困境。母亲找不到工作，还要养活月容，逐渐沦落为暗娼。月容小学毕业走上社会后，经历了一次又一次的磨难，并被一个男人欺骗，她看透生活：对于穷人来说，填饱肚子才最重要，于是，她也走上了和母亲同样的道路。后来月容染上花柳病，凄凉地躺在床上等死，母亲闻讯来到她的床前，母女俩抱头痛哭。在朗诵上面这篇文章时，一定要把握住主人公月容的感情，这样朗诵起来才能声情并茂，才能感人心。

特别答辩
（电视小品）

（教——教授；男——男学生；女——女学生）

教：我可以知道您是来自哪个中国吗？

男：先生，我没有听清楚你的问题。

教：小姐，请你重复一下我刚才提出的问题。

女：他是说你和我分别来自哪个中国。

男：我对法兰西的这种表达方式很陌生，不明白"哪个中国"一说可以有什么样的解释。

女：在我们中国人的词典里没有两个中国的回答，教授先生，这是常识，连三岁小孩都知道。

教：那么，我是想知道，您是来自北京的中国，还是来自台北的中国。

男：明确地说，我是来自中国的北京。

教：小姐，您呢？

女：准确地说，我是来自中国的台北，先生。

教：您走遍了中国吗？

男：我到过很多地方，但宏伟辽阔的中国位居世界土地第三位，要想走遍它，不是一下子就能做到的。

教：那您到过台湾吗？

男：没有，但用不着怀疑，教授先生，我一定会到的。

教：小姐，台湾没有法国大，你肯定走遍全国，到过所有的城乡吧！

女：教授先生，我们中国太大、太大，我没有去过所有的地方，但我游过黄河、渡过长江、爬过长城、到过黄山，祖国所有的大好河山在我心中重于千斤，无论在什么时候，也无论在什么地方，我对它们都是一样的亲切。

教：我们法兰西有很多名胜，特别是埃菲尔铁塔，看过后，你有同样的感觉吗？

女：不，不一样，看到贵国的埃菲尔铁塔，我很激动，但看到中国的可爱的名山大川，我很感动。流淌在我心里的血，时时澎湃着我们中华民族的声音，我虽然生活在法兰西，但也永远改变不了我对祖国的无限热爱和忠诚。我为我是中国人而感到无比的骄傲和自豪。

教：那么，你认为在台湾问题上，该是谁负主要责任呢？

男：该是我们的父辈，教授先生，那会儿，他们还年轻呢。

教：那，小姐，依您之见，台湾问题应该如何解决呢？

女：教授先生，中国有句话，叫作"一人做事一人当"，我们父辈还健在呢。

男：我们没有权力去剥夺父辈们解决他们自己酿成的难题的资格。

教：我想，你不会否认邓小平先生是你们的父辈，您是否知道他想如何解决台湾问题呢？

男：我想，如今摆在领导人桌面上的，台湾问题并非最重要。

教：什么问题才是最重要的呢？在领导人的桌面上。

男：依我之见，如何使中国尽早富强起来是他最迫切需要考虑的。

教：我实在愿意请教，中国富强的标准是什么？这儿坐了二十几个国家的学生，我想大家都有兴趣弄清楚这一点。

男：最起码的一条是：任何一个离开国门的我的同胞，再不会受到像今天我所承受的这种刁难。

教：我丝毫没有刁难您的意思，我只是想知道一个普普通通的中国人是如何看待他们自己国家的。在这里，我向中国人脱帽致敬，下课。

（站起来，两人看着对方，男走向女。）

男：一起喝杯咖啡好吗？

女：（高兴地点点头。二人挽手走下台。）

【朗诵指导】

这则电视小品通过大陆与台湾的两位中国青年与异国一位教授的对话，充分展示炎黄子孙爱我泱泱中华、振我民族国威的凛凛气节，读来动人心旌。

朗诵时要注意两点：

第一，要展示不同人物的情感倾向。小品涉及三个不同人物形象，具有不同的年龄、性别、气质、心理等，朗诵时要注意区别，这是表达难点。可做如下设计：教授——年老体健、声音沉稳，开头的趾高气扬、故意刁难与后面的声气平和、赞叹有加要有区别；男青年——正气凛然，刚劲豪放，气势雄浑，震撼人心；女青年——义正词严，外柔内刚，感情真挚。朗诵时要充分把握文章的情感基调，人物的角色倾向。

第二，要注意对话的起承转合。小品情节以对话推进，场景没有变化，道具少，朗诵时要运用形象的不同特点和对话的连接转换来吸引听众，感染听众。如面对教授的无礼和刁难。男青年的答话可时而提高音量，时而放低嗓门，时而拖长字音，时而快捷停顿，充分表现出对尊严的捍卫和情感的主动。而面对男女青年的义正词严，教授的言语由刁难转入平和再到赞赏，语气应由强转弱，语速由快到慢，语调由高到低。如此抑扬顿挫，错落有致，定可引起听众的强烈共鸣。

基督山伯爵恩仇记

[法] 大仲马

贝尼台多：

审判长阁下，我看您是采用了普通的审讯程序，用那种程序我将无法遵从，我要求，而且不久就可以证明我的要求是正当的。

我恳求您开一个例外，对我采用一种不同的程序，我将对所有的问题都愿意回答。

我二十一岁，说得更确切些，过几天我就要满二十一岁了，因为我是在1817年9月27日晚上在巴黎附近的阿都尔诞生的。

最初我是个伪币制造者，后来我成了一个贼，最后我成了一个暗杀犯……噢！在座的诸位请不必惊奇，我并不是什么卡凡尔·康德尔王子，我只是个孤儿。

你们一定想知道我的姓名吧！可是我不能把姓名告诉你们，因为我父母生下来就遗弃了我，所以我根本就没有姓名，但我知道我父母的姓名，可我现在不能告诉你，我必须首先讲一讲，我为什么是个孤儿。

【朗诵指导】

亚历山大·仲马（1802—1870），人称大仲马，法国19世纪浪漫主义作家。大仲马各种著作达300卷之多，以小说和剧作为主。

大仲马的小说大都以真实的历史作背景，情节曲折生动，往往出人意料，有历史惊险小说之称。结构清晰明朗，语言生动有力，对话灵活机智等构成了大仲马小说的特色。

以通俗小说而跻身于重要作家之列，在文学史上占有一席之地的作家为数不多，而大仲马是其中之一，其代表作是《基督山伯爵恩仇记》。本段台词即选自《基督山伯爵恩仇记》，是主人公被审的一幕。由于是在法院被审，不免给全文笼罩了一层灰色、低沉的气息。开始朗诵时音调可稍抬高，节奏较快，带上轻蔑的语气，矛头直接指向审判长。在做自我介绍时，语气转为舒缓，吐字清楚，在读到"最初我是个伪币制造者……"一段时，要逐渐加强音量，语调上移，一个"噢"字要低沉、拉长音值，富有情感，读到"我只是个孤儿"时要一字一顿，音量低但语势强。

末尾一段，在念到"你们一定想知道我的姓名吧！可是我不能把姓名告诉你们。"时声音舒缓，速度较慢，有不屑一顾之感，但接下去要语调上升，表达强劲，情动于衷，动人心弦。

大雷雨
[俄] 奥斯特洛夫斯基

卡杰林娜（独自地）：

现在我到哪儿去呢？回家去吗？不，我回家去就跟到坟墓里去一样。对啦，回家，要不然，就进坟墓，坟墓！最好是到坟墓里去！一棵树下面的一座小坟！多愉快……阳光温暖它，雨点淋湿它……春天它上面长满青草——嫩嫩的青草……鸟儿会飞到树上去；他们会唱歌，会养小鸟。野花会开出黄的、红的、蓝的……各式各样的花朵……（沉思）各式各样的花朵……多宁静！多愉快！我会轻松多了！我不要想起人生。再活下去吗？不，不，没有必要……没有意思！我憎恨那些人，我憎恨那些墙壁！我决不到那儿去！不，不，我决不去……要是我回到他们那儿去，那他们就会到处说，可是，这对我有什么要紧呢？哦，天已经黑了！他们又在什么地方唱起歌来了！他们唱什么歌？我不明白……

现在我只想死！他们唱什么歌？等死来或是我自己去寻死，这都是一样的……总之我不能再活下去了！这是罪恶！他们会替我祈祷吗？反正谁爱我，谁就会替我祈祷……他们就会把我的手叠成十字……放到棺材里去！对啦，像这样……我记得：要是他们抓住了我，那他们就会把我拖回家去。哦！赶快，赶快！

（她走到河边，大声地叫道）我的朋友！我的欢乐！再见！

【朗诵指导】

《大雷雨》，俄国剧作家 A. H. 奥斯特洛夫斯基的代表作。5 幕悲剧。写于 1859 年，当时正值俄国反农奴制斗争处于高潮时期。作品通过一个家庭生活的悲剧，揭露了封建农奴制度和宗法家长制的黑暗。卡杰林娜是 19 世纪俄国戏剧中最美丽动人的悲剧女性形象。19 世纪俄国有评论家曾高度评价卡杰林娜这一形象的思想艺术价值，称她是"黑暗王国里的一线光明"。

文学作品朗诵艺术

相对于一般的散文来说,电影台词对白的朗诵更接近生活,更加口语化,从技巧的角度来说,可以更多地运用感情重音、感情停顿与升降变化及一些特殊技巧。

这则台词充分展示了主人公卡杰林娜悲凄、绝望的心态,面对现实的冷酷、家庭的抛弃,卡杰林娜不恋人生,想到死,辞世前的心灵表白是歇斯底里、疯疯癫癫的。

开头两个问句,第一个读得慢点,作沉思状,第二个声音大点,用升调。"不"要快速说出,并加重,表达出对家庭厌恶的情感。接下来,朗诵描绘坟墓"美景"的语句,要轻柔、清亮,适当运用感情停顿,表达出如醉如痴的形态。当想到是否"再活下去"时,要紧接"不,不,没有必要"的重读,接下来加快速度,提高音量,充分表达自己看破红尘、不恋家、不恋世的想法。从"要是我回到他们那儿去"开始速度缓慢,朗诵时若有所思,若有所想,有时是对天表白,有时是自言自语,要灵活自如地延长字音,变化语调。最后"哦,赶快,赶快"要快点,用气音送出,"我的朋友!我的欢乐!再见!"要表现出层次感,"我的朋友"用颤音,语调上扬,"我的欢乐"要高上去但声音不能太亮丽,"再见"要延长音值,变化音色。

吝啬鬼

[法]莫里哀

阿巴公:

(他在花园里喊捉贼,出来帽子也没有戴)捉贼!捉贼!捉凶手!捉杀人犯!王法,有眼的上天,我完了,叫人暗害啦,叫人抹了脖子啦,叫人把我的钱偷了去啦。这会是谁?他去了什么地方?他在什么地方?他躲在什么地方?我怎么样才找得着他?往什么地方跑?不往什么地方跑?他不在那边?他不在这边?这是谁?站住。还我钱,混账东西……(他抓住自己的胳膊)啊!是我自己。我神志不清啦,我不晓得我在什么地方,我是谁,我在干什么。哎呀!我可怜的钱,我可怜的钱,我的好朋友!人家把你活生生从我这边抢走啦;你既然被抢走了,我也就没有依靠,没有了安慰,没有了欢乐。我是什么都完啦，我活在世上也没有意思啦。没有你，我就活不下去。全完啦，我再也无能为力啦，我在咽气；我死啦，我叫人埋啦。难道没有一个人愿意把我救活过来，把我的宝贝钱还我，要不然也告诉我，是谁把它拿走的？哦？你说什么？没有人。不管是谁下的这个毒手，他一定是用心在暗地里害我的：不前不后，正好是我跟我那忤逆儿子讲话的时候。走。我要告状，拷问全家大小：女佣人、男用人、儿子、女儿，还有我自己。这儿聚了许多人！（指台下观众）我随便看一眼，谁就可疑，全像偷我的钱的贼。哎，他们在那边谈什么？谈那偷我的钱的贼？楼上什么声音响？他会不会在上头？行行好，有谁知道他的下落，求谁告诉我。他有没有藏在你们当中？他们全看着我，人人在笑。你看吧，我被偷盗的事，他一定也有份。快来呀，警务员、宪兵、队长、法官、刑具、绞刑架、刽子手。我要把那个人绞死。我找不到我的钱呀，跟着就把自己吊死。

——选自：《吝啬鬼》第四幕第七场。

【朗诵指导】

莫里哀（1622—1673），法国喜剧作家、演员、戏剧活动家。法国芭蕾舞喜剧的创始人，也是法国17世纪古典主义文学最重要的作家，古典主义喜剧的创建者，在欧洲戏剧史上占有十分重要的地位。

莫里哀的代表作之一《吝啬鬼》创作于1668年，在这部作品中，作者首次将讽刺的锋芒直指上层的资产阶级，成功地刻画了资产阶级贪婪、吝啬的丑恶本质，证明金钱被神化后所起的巨大的破坏作用。

对于本篇，应该怎样才能把阿巴公这个守财奴、钱串子淋漓尽致地表现出来呢？在整体上应该用急促的语气，特别是开始："捉贼……叫人把我的钱偷了去啦"，可以用声嘶力竭的声音表现，其后一连串问号，可以看作阿巴公在思考、在搜索谁是盗贼，钱被藏在哪里，小偷跑到哪里去了。好像是在自言自语，声调可放低，速度可减慢，但最后一句"这是谁？"以及"站住，还我钱，混账东西。"要突然提高嗓门，声音变得急促，朗诵到"我叫人埋啦"时用一种极度失望的神情，从吝啬鬼口中吐出的话，要如丧考妣，因为对他而言，钱比什么都重要。最后三句："快来呀……"是全场的结尾，朗诵时要声嘶力竭，筋疲力尽，带有失望与仇恨，句末用升调。

另外，作为戏剧语言，身势配合也很重要，像抓住自己的胳膊、指指台下的观众均可增加朗诵的表达效果。

大独裁者

〔英〕卓别林

遗憾得很，我并不想当皇帝，那不是我干的行当。我既不想统治任何人，也不想征服任何人。如果可能的话，我倒挺想帮助所有的人，不论是犹太人还是非犹太人，是黑种人还是白种人。

我们都要互相帮助，做人就是应当如此。我们要把生活建筑在别人的幸福上，而不是建筑在别人的痛苦上。我们不要彼此仇恨，互相鄙视。这个世界上有足够的地方让所有的人生活。大地是富饶的，是可以使每一个人都丰衣足食的。

生活的道路可以是自由的，美丽的，只可惜我们迷失了方向。贪婪毒化了人的灵魂，在全世界筑起仇恨的壁垒，强迫我们踏着正步走向苦难，进行屠杀。我们发展了速度，但是我们隔离了自己。机器是应当创造财富的，但它们反而给我们带来了穷困。我们有了知识，反而看破一切；我们学得聪明乖巧了，反而变得冷酷无情了。我们头脑用得太多了，感情用得太少了。我们更需要的不是机器，而是人性。我们更需要的不是聪明乖巧，而是仁慈温情。缺少了这些东西，人生就会变得凶暴，一切也都完了。

飞机和无线电缩短了我们之间的距离。这些东西的性质，本身就是为了发挥人类的优良品质；要求全世界的人彼此友爱，要求我们大家互相团结。现在的世界上就有千百万人彼此友爱，要求我们大家互相团结。现在的世界上就有千百万人听到我的声音——千百万失望的男人、女人、小孩——他们都是一个制度下的受害者，这个制度使人们受尽折磨，把无辜者投入监狱。我要向那些听得见我讲话的人说："不要绝望呀。"我们现在受到苦难，这只是因为那些害怕人类进步的人在即将消逝之前发泄他们的怨毒，满足他们的贪婪。这些人的仇恨会消逝的，独裁者会死亡的，他们从人民那里夺去的权力会重新回到人民手中的。只要我们不怕死，自由是永远不会消失的。

战士们！你们别为那些野兽去卖命呀——他们鄙视你们——奴役你们——他们统治你们——吩咐你们应该做什么——应当想什么，应该怀抱什么样的感情！他们强迫你们去操练，限定你们的伙食——把你们当牲口，用你们当炮灰。你们别去受这些丧失了理性的人摆布了——他们都是一伙机器人，长的是机器人的脑袋，有的是机器人的心肝！可是你们不是机器！你们是人！你们心里有着人类的爱！不要仇恨呀！只有那些得不到爱护的人才仇恨——那些得不到爱护和丧失了理性的人才仇恨！

战士们！不要为奴役而战斗！要为自由而战斗！《路加福音》第十七章里写着，神的国就在人的心里——不是在一个人或者一群人的心里，而是在所有人的心里！在你们的心里！你们人民有力量——有创造机器的力量，有创造幸福的力量！你们人民有力量建立起自己美好的生活——使生活富有意义。那么——为了民主——就让我们进行战斗，建设一个新的世界——一个美好的世界，它将使每一个人都有工作的机会——它将使青年人都有光明的前途，老年人都过安定的生活。

那些野兽也就是用这些诺言窃取了权力。但是，他们是说谎！他们从来不去履行他们的诺言。他们永远不会履行他们的诺言！独裁者自己享有自由，但是他们使人民沦为奴隶。现在，就让我们进行斗争，为了解放全世界，为了消除国家的壁垒，为了消除贪婪、仇恨、顽固。让我们进行斗争，为了建立一个理智的世界——在那个世界上，科学与进步将使我们所有人获得幸福。战士们，为了民主，让我们团结在一起！

哈娜，你听见我在说什么吗？不管这会儿在哪里，你抬起头来看看呀！抬起头来看呀，哈娜！乌云正在消散！阳光照射出来！我们正在离开黑暗，进入光明！我们正在进入一个新的世界——一个更可爱的世界，那里的人将克服他们的贪婪，他们的仇恨，他们的残忍。抬起头来看呀，哈娜！人的灵魂已经长了翅膀，他们终于要振翅飞翔了。他们飞到了虹霓里——飞到了希望的光辉里。抬起头来看呀，哈娜！抬起头来看呀！

文学作品朗诵艺术

【朗诵指导】

本段台词选自英国著名喜剧大师查理·卓别林的电影《大独裁者》，原台词长达6分多钟，体现了作者的民主和进步思想，道出了一切热爱自由的人们的心声：只要不怕死，自由是永远不会消失的。这里选取的是后一部分。

该台词情感真挚、庄严雄浑，以无比愤慨的心声痛斥了战争贩子的丑恶勾当，暴露了人类因贪婪而迷失方向、互相残杀的可悲现实，告诫人们要面对现实，树立必胜的信心。

朗诵这段台词要把握基调：语调高亢、感情激烈，以义无反顾的凛然正气挞伐统治者，充满战斗性。首先要读好文中的短句，文中大量运用短句，似匕首，像投枪，深沉隽永，字字珠玑，朗诵时吐字要有力，归音要干脆，语速较快，调门偏高，充满力量。其次要读好排比句。文中有很多排比句，节奏鲜明，气势贯通，如结尾处对哈娜的反复呼唤，连串排比，气势宏伟，令人振奋，表达了对美好生活的急切盼望，对世界大同的热切向往，朗诵时要充满激动人心的力量，运气饱满，声音高远，听来有声有色，扣人心弦。另外，文中多处有破折号，要么是内容解释，要么是层次递进，要么是情感转换，朗诵时要有变化，有起伏，不可固定死板，一以贯之。

简·爱

[英] 夏洛蒂·勃朗特

罗：你，到底出来了。一个人关在屋里苦着自己，一句责怪的话也没有？没有……让这个来惩罚我。我不是有意要这样伤你，你相信吗？我说什么也不会伤你，我只能这样。要全都告诉你，那我就会失去你，那我还不如死了。

简：你失去我了，爱德华。我也失去了你。

罗：不，为什么跟我说这个？加重对我的惩罚？简！我真尝够了！我生平第一次找到真正的爱，请你不要把它拿走！

简：我得离开你。

罗：你怎么不听我话。

简：我不能住这儿，做你情妇！

罗：你想来想去就是为了这个，想做爱德华·罗切斯特太太？

简：你真的认为我想这个？

罗：我当然认为。你说你爱我，你怎么能想到离开我。

简：爱德华，做你情妇我会成什么了？靠人施舍，一个没地位的寄生者，我没有权力在这儿。所有的权力在你那儿，丝毫不在我这儿。

罗：权力，你说话像个律师。我所有的一切都是你的，你还要什么？

简：什么也不要，不要，只要你！

罗：（轻声）那你别走。简！

简：我要再来找你的话，我是作为同等的人，我不能少于这一点，即使为我爱的。

罗：唉，你是想从此我们各走各的路了？

简：是的。

罗：（叫道）不能这样！我们做什么没有人在乎！

简：我在乎！你的妻子她还活着。

罗：活着？哼！

简：她是还活着。不管上帝是怎么样的在安排她，她还活着，她也无能为力。我不愿在夜里，偷偷溜过她身边睡到你的床上来。

罗：把我扔回去吧！扔进过去的生活。

简：你和我都无法选择。人活着就是为了含辛茹苦。你会在我忘了你之前先忘了我。

罗：你简直把我说成个骗子了！（稍停）走吧，走吧！如果你把我看成这样的人。简·爱，等等……等等！别急于决定。等一会儿，再等一会儿……

【朗诵指导】

夏洛蒂·勃朗特（1816—1855），英国女作家。曾做家庭教师，最终她投身于文学创作的道路。于1847年，出版长篇小说《简·爱》，轰动文坛。

文学作品朗诵艺术

朗诵好电影台词一是要明确人物情感特征，二是要理顺人物情感变化的前因后果。

电影《简·爱》所描绘的两位主人公是名门富豪罗切斯特和家庭女教师简·爱。罗切斯特家财万贯，物质上富有，但精神生活空虚，失败的婚姻使他压抑苦闷，他向往自由的生活，追求纯真活泼的爱情，这些决定了他说话的基调是语势时稳时变，语调容易上升高昂，情绪的变化对其言语表达形式影响很大。这段台词开头处罗切斯特见到了简·爱，担心的心情得以放松，语速稍快，语气轻柔；接下来，其言语都是表达温和，语调下沉，语势平稳的，到"那你别走。简！"处，声音轻柔，言发于心，坦诚相劝；可面对执拗的简·爱，罗切斯特的轻言细语不能起作用时，他心里烦躁，难以忍耐，开始叫起来。朗诵"不能这样！我们做什么没有人在乎！"一直往下，语调变得高亢，语势变得强烈，情感突然爆发；可一旦简·爱要离开时，罗切斯特又意识到自己的不是，语调恢复平静，最后几句，音值拉长，有恳求感。

简·爱是一个孤女，是罗切斯特家的家庭教师，物质上贫穷，但精神富有，她内向、稳重、坦率、正直，其说话基调是：语势平稳，语调低缓，起伏变化不大。这段台词中，开始简·爱都是很平稳的表达，语气是温和的，与自己真心相爱的人在一起很高兴，但她明白这种爱是海市蜃楼，不会有好的结果时，她的话不但语气、语调较高，语势更是海阔飞瀑，一泻千里。但表达基调决定了她不会歇斯底里地大吼大叫，可以配合表情、姿态去体现。

罗密欧与朱丽叶

［英］莎士比亚

罗——罗密欧

朱——朱丽叶

（罗密欧走出。）

（朱丽叶出现在楼上的窗口。）

罗：哈！轻点，那边窗子里亮起来的，是什么光？啊！那就是东方，朱丽叶就是太阳。

起来吧,美丽的太阳。那是,我的意中人,那是我的爱,唉,但愿她知道,我在爱着她。她欲言又止,可是她的眼睛已道出她的心思。我多想回答她。不,不,我不要太鲁莽,她不是对我说话,天上有两颗最灿烂的星星,要是她的眼睛,变成了天上的星星。天上的星星,变成了她的眼睛。那会怎样呢?她脸上的光辉会掩盖星星的明亮,像灯光在朝阳下,黯然失色一样,在天上的她的眼睛,会在天空中大放光明,使鸟儿误认为黑夜已经过去,而唱出它们的歌声。瞧,她用纤手托住了脸,那姿态多么美妙呀!啊!但愿我是那手上的手套,好让我亲一亲她脸上的香脂。

朱:(低微)唉!

罗:她说话了。哦,再说下去吧!光明的天使。因为我在这夜色中,仰视着你。就像一个城市的凡人,张大了出神的眼睛,张望着一个生着翅膀的天使,驾着白云缓缓地驶过了天空一样。

朱:罗密欧,罗密欧!为什么你偏偏是罗密欧呢?否认你的父亲,抛弃你的姓名吧!也许,你不愿意这样做。那么,只要你宣誓做我的爱人,我也不愿意再姓凯普莱特了。

罗:(踌躇自语)我还是继续听下去呢?还是现在就对她说话?

朱:只有你的名字才是我的仇敌(无可奈何),你即使不姓蒙太古,仍然是这样的一个你,姓不姓蒙太古又有什么关系呢?它又不是手,又不是脸,又不是身体上任何其他的部分。哦!换一个姓名吧!姓名本来是没有意义的。(渴望)我们叫作玫瑰的这种花,要是换了个名字,它的香味还是同样的芬芳。罗密欧,要是换了个别的名字,他的可爱的完美,也绝不会丝毫改变。罗密欧!抛弃你的名字吧!我愿意把整个的心灵,全身心地赔偿你这一个身外的空名。

罗:那么我就听你的话,朱丽叶(惊然地)啊!你只要把我叫作爱人,我就重新受洗,重新命名。从今以后,永远不再叫罗密欧了。

朱:啊!你是谁?在黑夜里躲躲闪闪地偷听人家的话。

罗:哦,我没法告诉你,我叫什么名字。敬爱的神明,我痛恨我自己的名字,要是把它写在纸上,我一定把这几个字,撕成粉碎!

文学作品朗诵艺术

朱：啊！（喜）我的耳朵里还没有灌进从你嘴里吐出来的一百个字，可是，我认识你的声音。（喜）你不是罗密欧、蒙太古家里的人吗？啊！

罗：不是，美人。要是你不喜欢这个名字。

朱：告诉我，你怎么会到这里来，为什么到这里来？花园的墙这么高，是不容易爬上来的。要是我家人瞧见你在这里，他们一定会让你没命的。

罗：我借着爱的翼飞过园墙，因为砖石的园墙是不能把爱情阻隔的。爱情的力量所能够做到的事，他都会冒险尝试，所以我不怕你家里人的干涉。

朱：要是他们瞧见了你，一定会把你杀死的。（怕）

罗：啊！你的眼睛比他们二十柄刀剑都还厉害啊，啊！只要你用温柔的眼光看着我，他们就不能伤害我的身体。

朱：我怎么也不愿意让他们瞧见你在这儿。

罗：朦胧的夜色，可以替我遮住他们的眼睛，只要你爱我，就让他们瞧见我吧！与其因为得不到你的爱情，而在这世上捱命，还不如在仇人的刀剑下丧身。

朱：哦，谁叫你找到这儿来的？（平静）

罗：爱情，怂恿我探听着这个地方，她替我出的主意。我不会操舟驾舵，可是即使你在遥远遥远的海滨，我也会冒着风浪，寻访你这颗珍宝。

朱：啊，幸亏黑夜替我罩上了一层面纱，否则为了我刚才被你听去的话，你一定可以看见我脸上羞愧的红晕。我真想遵守礼法，否认已经说过的言语，可是这些虚文俗礼，现在，只好一切置之不顾了。

你爱我吗？我知道，你一定说是的！我也一定相信你的话。可是，也许你起的誓只是一个谎。人家说，对于恋人的寒盟背信，天神是一笑置之的。

温柔的罗密欧啊，你要是真的爱我，就请你真诚地告诉我。你要是嫌我太容易相信相从，我也会堆起怒容，装起倔强的神情。

罗：朱丽叶，凭着这一轮皎洁的月亮，它的银光涂染了这些果树的梢端，我发誓！（啊！）

朱：不要指着月亮起誓，它是变化无常的。每个月，都有盈亏圆缺。你要是指着它起誓，也许你的爱情也会像它一样无常。

罗：那么，我指着什么起誓呢？

朱：不要起誓吧！或者，要是你愿意的话，就凭着你优美的自身起誓吧！那是我所崇拜的偶像，我一定会相信你的。

罗：要是我的出自深心的爱情……

朱：好了，别起誓了，我虽然喜欢你，却不喜欢今天晚上的密约，它，太仓促、太轻率、太出人意料了。正像一闪电光，等不及人家开一声口，已经消陷了下去。好人，再会吧，（依恋）这朵爱的蓓蕾靠着夏天暖风的吹拂，也许，会在我们下次相见的时候，开成鲜艳的花束。晚安！晚安！但愿恬静的安息，同样降临到你我两人的心头。

罗：你就这样离我而去，不给我一点满足吗？

朱：啊！你今夜还要什么满足呢？

罗：你还没有把你的爱情的忠实的盟誓跟我交换。

朱：你要把它收回去吗？为什么呢？爱人？

罗：为了表示我的慷慨。我要把它重新给你，可是，我只愿你要我已有的东西，我的慷慨像海一样浩渺，我的爱情，也像海一样深沉，我给你的越多，我自己越是富有，因为这两者都是没有穷尽的。

（奶妈在叫。）

朱：我听见里面有人在叫。亲爱的，再会吧！（急向内）就来了，好奶妈——（对罗）哦！亲爱的蒙太古，愿你不要负心。啊！你还是再等一会儿吧！我就会来的。（下场）

【朗诵指导】

威廉·莎士比亚（1564—1616），英国文学史上最杰出的戏剧家、作家，当时人文主义文学的集大成者，以及全世界最卓越的文学家。

1590年到1600年是莎士比亚创作的黄金时代。他的早期剧本主要是喜剧和历史剧，在16世纪末期达到了深度和艺术性的高峰。莎士比亚流传下来的作品包括37部戏剧、154首十四行诗、两首长叙事诗。

《罗密欧与朱丽叶》是莎士比亚的一部经典的悲剧之作。全文以朱、罗

文学作品朗诵艺术

二人的悲剧性爱情为线索,拓开笔墨,披露了封建家族礼法对人性自由的摧残。本部分选自剧中朱、罗二人在凯普莱特邸中花园秘密相见一节。二人发自内心的真情吐露所展现出来的是激动、昂扬、喜悦之情,这种感情的流露绝不是随心所欲的"嘴上功夫",朗诵时要找到感情的基点,将感情把握得贴切和谐,声音的起伏应在作品感情基调的牵动下进行,要与作品合辙。下面具体分析。

朱、罗二人的对白是在和谐平静的环境中进行的,二人倾吐的都是对对方的爱慕之情,虽激动,但由于家庭的恩怨和封建礼教束缚了两人感情的流露,使他们不能将感情赤裸裸地表现出来,只能压抑心底。朗诵时气息要有阻塞感,藏而不露。

开头罗密欧的独白处几次用到了感叹词"哈""啊",朗诵时绝不能放开嗓子喊,要与情境吻合,因为罗是偷偷摸摸进入花园的。表达时要将声音压低,运用气音,节奏既轻且快,内含喜悦之情,"她说话了"更是喜中带乐。

而朱丽叶在独白时表现的感情就截然不同了,"唉"字意味深长,用叹息声,出声低微,字音延长,当说到罗密欧姓蒙太古时,要以责怪口吻去读,但这种责怪是低声的,更多的是无可奈何,她渴望罗能抛弃他的姓氏,朗诵时语速要加快,语调要提升。

在朱丽叶发现罗密欧,而罗密欧讲明自己的来意后,朱丽叶的担忧得以平息,二人的对话也像他们独白时一样,要以平和口气表达,在道明真情时要急促、激动。

全篇看似无大的波澜起伏,但也有不少微波涟漪之处,朗诵时要具体把握:朱在未见罗之人而闻其声时要以惊诧的口气读出,声音要略带颤抖,以表惊惧之态,而认出是罗之后,更多的是"喜悦"之情,节奏要加快,声音由含恨惊慌转为明朗愉快;当知道罗是爬墙而入时,内心再度出现恐惧,声音又随之变化,"不要指着月亮……像它一样无常"节奏要缓慢,语气要低沉,读出悲哀色彩。"再会吧,再会吧!"声音要急促并依依不舍,以此来表现朱丽叶不愿离去又不得不离去的复杂心情。

参考文献

[1] 张颂著:《朗诵学》,湖南教育出版社,1983年8月。

[2] 孙潜著:《文学作品的朗诵》,中国青年出版社,1956年10月。

[3] [苏联]符·尼·阿克肖诺夫著:《朗诵艺术》,广播出版社,1984年2月。

[4] 李学明主编:《朗诵名家谈朗诵艺术技巧》,中国国际广播出版社,1993年2月。

[5] 卓燕生著:《朗诵、播音、节目主持人》,内蒙古大学出版社,1993年12月。

[6] 赵兵、王群著:《朗诵艺术创造》,汉语大辞典出版社,2001年8月。

[7] 刘元鸣、赵兴科著:《朗诵与主持艺术》,中国戏剧出版社,2006年10月。

[8] 李红岩著:《诗歌朗诵技巧》,中国广播电视出版社,2001年1月。

[9] 陆澄著:《诗歌朗诵艺术》,上海人民出版社,2007年11月。

[10] 罗莉著:《文艺作品演播》,北京广播学院出版社,2003年8月。

[11] 周殿福著:《艺术语言发声基础》,中国社会科学出版社,1980年5月。

[12] 郭薄澜著:《话剧台词艺术教程》,中国戏剧出版社,1982年4月。

[13] 刘胜国、李晓峰编著:《语声形象的塑造》,国防科技大学出版社,2002年5月。

[14] 谢伦浩主编:《千古名篇朗诵指导》,石油工业出版社,2005年3月。

[15] 谢伦浩主编:《学生朗诵艺术》,石油工业出版社,2013年11月。

[16] 谢伦浩著:《青少年朗诵手册》,中国社会出版社,2000年1月。

[17] 谢伦浩主编:《青少年节日活动朗诵指导》,石油工业出版社,2005年3月。

[18] 谢伦浩主编:《普通话水平测试朗诵指导》,石油工业出版社,2005年3月。

[19] 谢伦浩主编:《新课标必备古诗文诵读指导》,石油工业出版社,2005年3月。

[20] 谢伦浩主编:《少儿启智诵读指导》,石油工业出版社,2005年3月。

[21] 谢伦浩主编:《中外美文佳作朗诵指导》,石油工业出版社,2005年3月。

[22] 谢伦浩主编:《学生口才艺术》,石油工业出版社,2013年11月。

[23] 谢伦浩主编:《朗诵比赛与活动指南》,石油工业出版社,2015年3月。

［24］谢伦浩主编：《世界诗词精华品读》，石油工业出版社，2003年8月。
［25］谢伦浩主编：《世界散文精华品读》，石油工业出版社，2003年8月。
［26］谢伦浩主编：《世界著名小说精华品读》，石油工业出版社，2003年8月。
［27］谢伦浩主编：《世界著名台词品读》，石油工业出版社，2003年8月。

后　　记

　　朗诵作为一门口耳艺术，具有悠久的历史，几乎与人类劳动同时诞生。随着文学作品的出现，可以说朗诵和文学又成为一对孪生兄弟，发展迅速，相得益彰。《孟子》中的"诵其诗，读其书"就明显地反映了先秦乃至更早时期朗诵的盛况。从那以后，朗诵便成为社会进程中文化教育生活的重要组成部分。长期以来，朗诵一直伴随着我们的生活，战争年代，朗诵成了斗争的武器，许多仁人志士振臂高呼，倾心呐喊，吟诵着发自肺腑的诗文佳作，向民众宣传救国救民的道理；长征途中的宣传队员，用深情的朗诵，鼓舞红军战士克服着从"三皇五帝到于今"从未有人遇到过的生与死的困难，走向胜利；中华人民共和国成立初期，多少热血青年在长诗《向困难进军》《雷锋之歌》的鼓励下满怀豪情到边疆去、到祖国最需要的地方去，建设社会主义；在改革开放的新时期，朗诵更是以其巨大的艺术魅力为人们喜闻乐见，它被广泛应用于人际交往、教学活动、媒体宣传中。

　　正是朗诵艺术巨大的社会功能，朗诵长期被人们尤其是青少年青睐。他们希望尽快提高朗诵水平、掌握朗诵技巧，希望及时得到一些更为实用、可操作性强的理论技巧指导。出于此需求，笔者依托长期专业实践与教学经验综合分析、潜心写作，历时一年，向广大朗诵艺术实践者与研究者奉献一本"应需之作"。

　　本书分为上下两编，上编阐释朗诵理论技巧，下编是朗诵文本指导，技巧阐释力求简洁明了，应用指导力求针对性强，可以成为朗诵爱好者的指导读物，也可以作为播音主持专业核心课程《文艺作品演播》教材配套使用。

　　著作的出版，凝结着自己呕心沥血的写作，也汇聚了更多师长亲友的关照。感谢先哲前贤的奠基之功，他们深厚的理论建构与丰富的实践经验奠定了我的理论基石，他们的美文佳作支撑了作品的范例体系。遗憾的是有些范文作者还未能联系上，敬请相关作者尽快与我们联系（电子邮箱是 xielunhao@sina.com）。

感谢中国广播影视出版社领导的大力支持，感谢黄月蛟编辑的辛勤劳动。

湖南大学播音系　谢伦浩
2020 年 1 月 18 日